인도 비즈니스 문화의 이해

DOING BUSINESS IN INDIA

Rajesh Kumar · Anand Kumar Sethi 지음

최동주 · 김희원 옮김

삼성북스
SAMSUNG BOOKS

DOING BUSINESS IN INDIA
by Rajesh Kumar and Anand Kumar Sethi

새로운 경제 대국을 누릴 명석하고 역동적인 인도의 젊은이들에게 바칩니다.

저자서문

인도 관광협회는 유명한 유적지, 호랑이나 코끼리와 같은 상징적 표상들 그리고 인도인들의 다양한 삶을 보여주는 아름다운 사진 등을 통해 "인디아아아아아!" 라는 탄성이 절로 나오도록 인도를 홍보하고 있다. 이러한 탄성은 인도를 꽤나 잘 나타내 주고 있다. 이 경이로운 나라는 사람들을 때로는 기쁘고 전율하게 만들며, 때로는 유혹하기도 하고 격분의 감정상태로 몰아 넣기도 한다. 또한 이러한 탄성은 때론 반갑지만 때로는 그렇지 않은 인도의 소리, 냄새 그리고 색감을 두루 완벽하게 담고 있기도 하다.

최근 영국 방송 협회는 런던 근교의 집을 팔았지만 크리스마스 휴가를 예약하는 것을 잊어버린 한 영국 여성에 대한 방송을 내보냈다. 이 여성은 인도 께랄라(Kerala) 광고를 보고 이 곳을 크리스마스 여행지로 정하게 된다. 이 여행을 준비하면서 온갖 복잡한 일들을 겪고 머리카락이 자랄 정도로 오랜 시간 공항에서 달려온 후에야 코친(Cochin, 인도 남서부 께랄라에 있는 항구도시)에 도착했다. 호텔에서 체크인을 하려는 순간 그녀는 화가 머리 끝까지 나 여행사에 전화해 바로 그 다음날 집으로 돌아가는 비행기 표를 예약한다. 하지만 점점 시간이 흐르자 그녀는 놀랍게도 그 장소와 그 곳의 사람들을 좋아하게 된다. 그녀는 결국 집으로 돌아가는 항공편을 취소하고 영국에서라면 꿈도 못 꿀 정도로 적은 돈으로 께랄라에 꿈 같은 맨션을 구입한 채 지금까지 살고 있다.

이런 이야기는 주변에서 쉽게 들을 수 있다. 처음에는 회의적인 마음과 인도인들의 습관, 도덕성, 관습 그리고 다른 모든 것에 대해 비판적이었지만 짧은 시간 안에 이 나라와 문화에 동화되어 이제는 인도를 '집' 이라 부르는 은퇴한 외국인 매니저나 외교관이 인도전역에는 수도 없이 많다. 우리도 개인적으로 몇몇 사람을 알고 있는데, 이들 모두 본국으로 돌아갔다가 또 다시 인도에서 일하고 싶어할 만큼 인도를 그리워하는 사람들이다.

물론 규율이 엄격한 사회나 회사에서의 삶에 익숙해져 인도의 모든 것을 싫어하고 빨리 인도를 떠나고 싶어하는 사람들도 있다. "황제 같은" 태도를 버리고 현지에 동화되어 "인도화된" 사람들이 결국 인도를 좋아하게 된다. 그 외에는 인도를 떠나고 싶어하는 이들이다. 이러한 현실은 우리가 이 책에서 강조하듯 인도에 설립된 모든 회사에 동등하게 적용된다.

인도 비즈니스 역사는 과거 세계 여러 나라 상인들과 인도의 활발한 무역 활동이 최초로 국제화된 경제체제의 기초를 제공했음을 말해준다. 또한 인도는 전 세계의 주요 종교가 시작된 곳이기도 하다. 따라서 인도는 '동화' 됨을 중요시 여기며, 오랜 다문화 관계와 '인내' 라는 문화가 뿌리깊게 박혀있다. 무굴이 인도에 정착하고 융화되어 통치하게 된 역사가 이를 말해준다.

하지만 영국은 달랐고 특별히 예외적인 경우로 명백하게 제국주의적이며 식민주의적 경향을 가지고 있었다. 이러한 특성은 반감을 불러 일으켰으며 결국 1947년 영국은 인도에서 물러나게 된다. 재미있게도 인도 역사를 살펴본 이들은 강력한 경험적 증거를 제시한다. 이는 과거 식민지배를 겪은 나라의 회사나 기관은 식민지배를 겪지 않은 나라들보다 성공할 확률이 더 낮다는 것을 보여준다. 이것은 인도에 상주하고 있는 미국회사와 영국회사, 스웨덴회사와 덴마크회사(과거 식민지배국), 독일회사와 네덜란드회사의 태도와 일의 성과를 바탕으로 비교한 것이다.

이 책에서 우리는 외국출신의 매니저에게 인도의 배경과 이해, 비즈니스 문화, 사람을 다루는 법, 관료제도 그리고 인도에서 일할 때 일반적으로 어떻게 성공전략을 짤 것인지에 대해 소개하려 한다. 또한 이 책은 몇몇 회사에서 성공적으로 수행된 사례연구도 소개할 것이며, 이 책의 독자들이 그러한 성공담 속에서 교훈을 찾아내기를 바란다.

우리는 지사를 어떻게 설립하고 법과 제도는 어떻게 만들것인지, 그리고 세금문제나 정부정책과 같은 일반적인 내용들은 의도적으로 포함시키지 않았다. 이러한 내용들은 쉽게 접할 수 있는 것들이기 때문에 우리는 독자들에게 관련정보에 대한 연결고리만을 제공할 것이다.

인도가 너무나 쉽게 일을 할 수 있는 곳이라는 사실에 대해 불평하는 사람은 아무도 없다. 단지, 너무나 성공적으로 회사를 이끄는 이야기들만이 가득할 뿐이다. 2004년 7월, 인도상공회의소연방(The Federation of Indian Chambers of Commerce and Industry)이 실시한 다국적 기업에 대한 조사에 따르면, 투자자들은 굉장히 강하고 높은 수준의 자신감을 보인다. 설문에 응한 회사들 중 93%가 현재 일하고 있는 분야에 매력을 보이고 있으며 추가적으로 투자할 기회가 있길 희망하였다.

또한 인도는 현재 투자 선호 지역으로 급속하게 부상하고 있다. 인도는 A.T. Kearney, 일본국제협력은행(Japanese Bank for International Cooperation), 유럽연합(EU)이 정한 전 세계 투자지역 우선순위 3위 안에 드는데 이러한 그룹들은 인도에 투자하고 싶어하는 그룹 중 극 소수에 불과하다. IT, 비즈니스 프로세스 아웃소싱, 다른 IT 관련 서비스와 관련해 인도는 이미 특별한 위치에 있는 것이다.

지난 몇 년 간은 인도에는 아웃소싱 엔지니어링과 서비스 관련 디자인 프로젝트뿐만 아니라 생명공학, 헬스케어 그리고 제약산업과 같은 분야가 물밀듯이 밀려 들어왔다. 하지만 최근 인도에 대규모의 생산공장을 짓고 있는 한국 대기업들, 이탈리아 회사 Piaggio, 핀란드 회사 Elcoteq와 Nokia의 발표에 따르면, 인도가 제조업에 있어서는 차세대 주자가 될 것이 확실시 되고 있다.

따라서 우리는 이 책이 인도에 투자하려는 서양권 사람들이 거대한 나라 인도를 이해하고 자기 것으로 어떻게 흡수할지 배워, 인도가 글로벌 수준의 리더십을 가지게 되고 과거의 영광을 재연할 수 있도록 인도에서 성공적으로 사업을 일으키길 희망한다.

역자서문

인도와의 인연은 한국에 IMF 사태가 오던 해에 시작되었다. 거의 매년 인도를 방문하여 학회에 참여하고 인도학자들과 공동저술을 하면서, 대학원 유학시절 "간디의 비폭력 저항"이라는 주제를 통해 접했던 인도에 대해 너무나도 많은 것들을 새롭게 느끼고 흥분하고 실망하는 시간들을 가졌었다. 전세계에서 가장 많은 시민단체들이 있지만 한편으로는 국제기구로부터 가장 많은 관심과 지원을 받는 나라, 경제대국으로 그 위상을 높여가고 있지만 부의 분배는 아직도 구조적으로 가장 왜곡되어 있는 나라, 합의를 이루는 민주적 정치체제를 가지고 있지만 특수 계층에 의해 국가사회 전반의 리더십이 독점되고 있는 나라. 이런 이유로 사회과학을 공부하는 사람들에게 너무나도 많은 공부거리를 제공하는 나라가 인도이다. 칭기스칸의 몽골제국이 변방국가인 무굴을 세운지 수백년이 지났지만 우리에게 인도는 여전히 유럽도 아시아도 아닌 묘한 지역에 있는 "대규모 노동시장"이자 우리의 전략산업들이 진출할 수 있는 "거대 성장시장"으로만 인식된다.

이 책에서 저자가 경험적 연구를 통해 밝혔듯이 인도에 진출하여 "성공"을 한 글로벌기업들은 대개 동아시아권 기업들이지 유럽기업들이나 미국기업들이 아니다. 특히 한국기업들의 성공적인 시장적응과 현지화는 베스트 프렉티스로 인정된다. 그러나 "성공"의 이면에는 많은 손실과 경험적 오류들이 있었다. 이는 앞으로 우리 기업들이 시장활동을 증대하고 투자를 확대하면서 더 많은 오류들이 발생할 수 있음을 의미한다. 세계시장으로 깊숙이 편입되고 있는 인도의 경제와 사회는 또 다른 색깔의 문화들을 창출하고 있기 때문이다.

평소 저개발국 정치경제학을 공부하는 학자로서 문화적 요인에 대한 관심이 상대적으로 적었다. 문화적 접점을 논하는 이 책을 번역하면서도 문화를 다룬다는 것이 얼마나 "비과학적"이고 어려운 일인가를 새삼 느낀다. 특히 수평적으로 다양한 종족과 집단의 조합이 있고 수직적으로는 경계와 구분이 너무도 뚜렷한 계층 사이의 문화적 차별이 상존하는 인도의 문화를 다룬다는 것, 특히 비즈니스 문화를 다룬다는 것은 정말로 어려운 일이다. 하지만 다른 객체들 간의 문화적 접점(Cultural interface)을 찾는 연습을 하는 것은 인도와 인도에 진출하는 투자가들을 위해서는 물론, 경제가 정치를 주도하는 국제사회의 뚜렷한 속성을 고려할 때 국제관계의 평화적인 유지를 위해서도 필히 동반되어야 하는 공부의 영역이라는 배움을 얻었다. 이 책의 저자인 Kumar 교수와 Sethi 교수에게 감사하는 이유이다.

이 번역서는 번역이 전문이 아닌 두 사람에 의해 이루어졌다. 공동번역자인 김희원 연구원은 인도에 완전히 빠져있다. 인도에 대한 그녀의 깊은 사랑이 아니었다면 짧지만 조심스럽고 힘든 번역은 아마 끝을 보지 못했을 것이다. 김희원 연구원에게 더 많은 작업의 공을 돌리고 싶다. 인도 최대의 국책사회과학연구소인 CRRID(Centre for Research in Rural and Industrial Development)의 RASHPAL MALHOTRA 소장께도 깊은 감사의 뜻을 전한다. 지난 10년 동안 인도를 모르는 역자에게 인도를 알도록 "강요"한 분이다. 너무나도 긴 시간 인내를 갖고 책의 출간을 지원한 도서출판 삼성북스의 한민희 대표에게는 선배로서 너무 많은 기다림을 요구한 것 같아 미안한 마음을 전한다.

마지막으로 본 역서가 인도에 진출하는 우리 기업인들에게는 인도사회와의 커뮤니케이션을 위한 기초서적으로 활용되고 국제학을 공부하거나 남아시아 지역학을 전공하는 분들에게는 "문화적 접점"이라는 새로운 국제학 연구영역에 대한 관심을 불러일으킬 수 있는 계기를 제공하게 되길 희망한다. 문화를 그냥 존재해오거나 존재하는 것으로 보기보다는 끊임없이 진화하고 변화하는 것으로 인식하게끔 만들어준 번역의 시간과 저자들에게 감사의 마음을 표한다.

런던에서 최동주

목차

제 1 장

인도 : 상업적 관점에서의 역사

나의 조국을 이해하기 위한다면 당신은 내 조국이 영혼을 찾으면서 물리적인 영토를 결정지었던 그 시대로 여행을 떠나야만 한다.
그 시대는 인도가 빛나는 관대와 아량으로 동쪽 수평선에 스스로의 존재를 알리며 주변국가들에게 경이적인 삶을 일깨워주던 시기였다.

노벨 수상자, 라빈드라나트 타고르(Rabindranath Tagore)

인도 : 세계화의 주역

우리가 전통적으로 사용하는 '세계화' 의 개념이 지리나 정치의 영역을 뛰어넘어 지구상 어디에서나 사용 가능한 상품, 서비스, 지식의 이동이 이루어지는 상태를 가정한다면, 인도는 인류 역사를 통틀어 최초로 세계화된 경제 체제를 가졌다고 할 수 있다.

인도 역사[1]를 살펴보자. 기원전 4천년 경 인도사회에는 제 1차 산업혁명을 이끈 무역가들이 이미 왕성하게 활동하고 있었고, 이들의 역할은 훗날 인도가 주요 산업 수출국으로 성장하는 데 큰 역할을 하게 된다. Harvard 대학의 프랭크포트(H. Frankfort)[2] 교수는 이렇게 말한 바 있다. "그리스 문명이 출현하기 전, 인도가 고대의 복합적 문화를 형성해 나가는 데 중요한 역할을 했다는 사실은 의심의 여지가 없다."

기록된 역사를 보면 인도의 막대한 수출입 교역과 상업은 기원전 2천년 대인 페니키아 시대(Phoenicians, 헤로도토스가 기록한 바에 따르면)부터 시작되었다. 당시 인도의 자연 특산물, 직물, 광물 그리고 여러 종류의 제조품이 수출되었는데, 주로 대형운반차로 육로를 통해 운송되거나 해상, 육로가 결합된 형태로 운반되었다. 수입품목은 와인을 비롯한 금, 은, 구리 등의 광물이었다. 솔로몬 왕의 무역선이 기원전 950년경 현재의 께랄라 지역인 크란가노르(Cranganore) 항구에 정기적으로 정박했다는 기록도 내려오고 있다.[3]

상인들 사이에 전해 내려오는 인도의 막대한 부자들에 대한 이야기는 널리 퍼져있다. 인도의 풍부함에 매료된 사람들 중 마케도니아의 알렉산더 대왕은 그리스 법을 제정하기 위해서가 아니라 인도의 교역을 독점하기 위해 기원전 327년 인도 침략을 명령한다.[4] 알렉산더는 그의 제국이 이집트, 인도, 시리아, 페르시아와 같은 국가들에게 국제 무역을 하도록 중요한 영향을 끼치게 된다. 그는 당시 마케도니아 그리스 제국에서 중심이 되는 지점에 상업 도시를 건립하여 그 중 70여 개 도시를(당시 인도의 네 도시 포함) '알렉산드리아' 라고 불렀다.

로마인들이 유럽에서 권력을 장악한 후, 남인도 마두라이(Madurai)의 힌두 지도자가 첫번째 인도인 사절을 파견하여 서기 26년 로마에 도착하게 된다. 몇 년 후 로마와 인도의 해상교역이 매우 활발한 시기인 클라우디스 시저 통치 시절, 또 한명의 사절이 로마로 파견되었다.

서기 45년, 굉장히 중요한 것이 발견된다. 클라우디스 황제를 모시던 히팔루스 제독(Admiral Hippalus)은 인도의 계절풍에 대해 알게 되고 이에 대해 연구하기 시작한다. 이러한 발견을 통해 로마인들은 알렉산드리아와 인도의 항구를 잇는 거대한 무역선을 내보내게 된 것이다. 매년 7월 백여대가 넘는 무역선이 와인, 구리, 납, 주석 그리고 놀랍게도 노예까지 싣고 홍해를 건너 인도의 항구를 향했다. 이 무역선은 11월 몬순이 물러가는 시기의 역풍을 이용해 후추, 진주, 다이아몬드 그리고 직물을 가득 싣고 돌아오게 된다.

유럽이 그리스의 지배에서 로마시대로 전환기를 맞고 있는 동안, 인도에서는 중요한 변화가 일어나고 있었다. 찬드라굽타 마우리아(Chandragupta Maurya)의 후계자인 거대 인도 제국의 아쇼카 황제는 자신으로 인해 시작된 전투에서 대학살이 일어나고 유혈사태가 빈번하게 발생하자 기원전 262년 불교도가 되기로 결심한다. 이에 따라 찬드라굽타 마우리아의 통치기간 동안 인도는 이미 아시아 전역에 불교를 보급하게 된다. 이러한 과정은 아쇼카 제국이 불교국가로 융성 하는 데 탄력이 붙도록 도왔고, 이 영향으로 중국, 캄보디아 그리고 태국 역시 불교국가로 발돋움 하게 된다.

씬루 리우(Xinru Liu)는 그의 책[5]에서 인도와 중국의 무역과 상업 발전과 더불어, 불교가 인도에서 중국과 동아시아로 퍼져가는 과정에 대해 굉장히 세부적으로 설명하고 있다. 인도를 여행한 유명한 중국인 파 샨(Fa Xian, 서기430-444)과 쑤안 주앙(Xuan Zhuang, 서기 630-644)은 그 당시 인도와 중국의 교역상황에 대해 세세한 기록을 남겼다.[6]

기원전 111년 중국인들이 광저우를 정복하면서 중국과 인도의 해상무역을 넓혀가는 데에 엄청난 도움이 될 항구를 보유하게 된다. 하지만 진짜 시작은 서기 1000년부터였다. 바로 이때가 중국인들이 승선 상태에서 정확한 방향을 찾기 위해 나침반을 발명한 때이다. 명나라의 제 3대 왕인 영락황제의 재임 기간동안(서기 1403-1424) 항해하면서 나침반을 쓰는 것이 널리 보급되었고, 중국인들은 상당수의 상업용 선박을 갖출 수 있었다. 서기 1405년부터 서기 1433년 사이 최소 일곱번의 중국 대형무역선이 인도를 향했고, 대부분의 항해는 선대 총지휘장이었던 환관 정허의 통솔아래 이루어졌다.[7]

하지만 이러한 거래가 모두 무역이나 상업과 관련된 것만은 아니었다. 불교가 시작되기 훨씬 전부터 인도는 이미 배움의 집합소로 준비 되어 있었다. 인도에서 쓰여진 대부분의 글은 고대에서 시작된다. 인도의 초대 총리 자와하랄 네루(Jawaharlal Nehru)는 그의 서적 *'인도의 발견(Discovery of India)'*[8]에서 고대 인도에서는 "천문학 연구가 특히 중요시 되었고, 이는 때때로 점성술과 융화되기도 하였다. 의학은 문서로 정리 되었고 큰 병원도 많았다"고 서술한다.

제 3장 "인도 소프트웨어 산업의 짧은 역사"에서도 설명하겠지만, 진정 인도가 기여하게 된 것은 바로 수학 분야였다. 인도에서 수학의 발전은 단지 철학적 과대망상의 결과가 아니라 무역과 사회에서 파생된 복잡한 문제들, 예를 들어 세금, 부채, 이자율, 환율, 금의 순도를 계산하는 것 등과 같은 문제점을 해결하기 위해서 탄생된 것이었다.

화학과 야금학 역시 발달되어 있었다. 인도의 대규모 직물 수출 시장 덕에 "인디고"라 불리는 신속한 염색 기술도 발달되었다. 강철을 달구는 기술과 인도의 야금기술을 통해 만들어진 제품은 국제적으로 인기가 많았는데, 특히 무기류가 각광 받았다. 델리 근교에 남아있는 철기둥이 바로 그 증거이다. 이 기둥은 4세기에 지어졌지만 전혀 녹슬지 않고 부서지지도 않았다. 야금술사들은 "미사와이트(misawite)"라 불리는 철, 산소 그리고 수소의 혼합물이 얇은 막으로 형성되어 이 철강기둥이 부식되는 것을 막았다는 점을 알게 되었다. 이 보호막은 철에 있는 인의 높은 함량이 촉매작용을 해 형성된 것인데, 그 함량은 약 1 퍼센트로 오늘날의 철보다 0.05퍼센트 적게 함유되어있다.

하지만 북인도는 인도의 황금시대라 불리는 굽타 왕조(서기 4-6세기)시대가 있었음에도 불구하고 서기 5세기 말 쇠락의 길을 걷게 된다. 북서쪽에서는 훈족의 침입이 잦았다. 훈족은 실제로 북인도 대부분을 50년간 통치했다. 카스트제도의 영향력이 늘어나고 엄격해짐에 따라 점점 화석화되는 사회적 상업적 구조는 전 세계와의 접촉이나 무역뿐 아니라 생산성에도 큰 영향을 미쳤다. 기본적으로 모든 영역이 퇴보하고 있었던 것이다. 반면 남인도는 진보적인 촐라왕조의 통치 아래 외부세계와 꾸준히 상업 관계를 유지하며 번영해 나갔다.

북인도가 쇠락하면서 아프가니스탄, 중앙아시아 등지에서 마구잡이로 침략이 시작되었다. 아랍인과 이슬람은 그들의 영역을 넓힐 준비가 되어있었다. 서기 1000년경 아프가니스탄의 가즈니 출신 술탄 마무드(Sultan Mahmud)는 무차별 공격을 시작했고 북인도의 대부분을 점령했다. 인도가 오랜 세월 중동의 온건 이슬람주의자와의 지식교류 뿐 아니라 무역과 상업을 이끌어 왔지만, 마무드의 야만성과 이슬람의 무자비한 선전 방식은 인도가 이슬람과 그 문화에 대해 인식하는 데 새로운 변화를 가져오게 된다. 결국 이슬람의 승리로 인해 술탄의 통치영역인 델리로 정권이 넘어가게 된다.

칸 황제(첸기즈와 쿠블라, Chengiz and Kubla)는 인도를 침략하지 않았다. 하지만 티무르 황제(Timur)와 투르크족(Turk) 그리고 그의 군대는 북인도지역을 파괴하고 강탈했으며 부를 축적할 수 있을만한 것들을 모조리 뿌리뽑고 모든 상업체계를 파괴시켰다. 북인도가 현재의 우즈베키스탄 근처에서 온 바부르과 같은 침략자의 통치 아래 있게 된 것은 겨우 서기 1526년의 일이었다. 따라서 무굴제국은 200년이 조금 넘는 기간동안 인도 전역을 통치하게 된다.

아랍 세력(바그다드의 칼리프, 역주; 신의 사도의 대리인), 오트만 그리고 징기스칸의 파워가 거세지면서 유럽과 인도의 교역은 급격히 줄어들게 된다. 서기 1292년 마르코 폴로는 중국에서 뱃길로 돌아가는 길에 훨씬 더 풍요로운 남인도에 들르게 된다. 그는 유럽으로 돌아가 인도의 엄청난 부와 무역 잠재력에 대한 이야기를 널리 퍼뜨리게 되고, 특히 유럽이 찾은 인도의 "향신료"에 대해 언급하게 된다.

유럽인들의 인도 정착 : 전 세계 주요 종교의 집합소

십자군운동 그리고 이사벨라(Isabella)와 퍼디낸드(Ferdinand)에 의해 아랍이 패배한 후 유럽 르네상스가 시작되고 나서야 인도에서는 세계화의 다음 단계가 진행된다. 그 당시에는 해양 나침반 기술이 유럽까지 전파되어 있었고, 용맹한 몇몇 선원들은 교회를 얕보고 있었으며 그들은 지구가 둥글기 때문에 주항할 수 있다고 믿고 있었다.

서기 1488년 포르투갈 출신의 선원 발톨로메오 디아스(Bartolomeu Dias)가 희망봉을 거쳐 아프리카의 동쪽 연안을 따라 항해하게 되지만, 불가사의하게도 인도에 다다르지는 못했다. 크리스토퍼 콜럼버스 역시 이 시대의 용맹한 선원 중 하나였다. 그는 서기 1492년 인도를 찾으러 서쪽으로 가보겠다는 의지를 보이며 이사벨라 여왕을 설득시킨다. 그 다음 이야기는 우리가 모두 아는 그 역사이다. 콜럼버스가 인도라는 선물을 찾으려고 애썼지만 그가 찾아낸 것은 산 살바도르(San Salvador)였고, 결국 그는 현재 우리가 알고 있는 엄청난 현대화와 글로벌화 된 무역 국가인 인도를 놓치고만 것이다.

콜럼버스의 역사적 항해가 있은지 몇 년 후, 포르투갈 출신의 바스코 다 가마(Vasco da Gama)는 그의 배를 이용해 희망봉으로 향했고 훌륭한 항해술을 이용해 1498년 5월 20일 인도의 캘리컷(Calicut)에 도착했다. 유럽은 마침내 인도로 향하는 보석과 같은 해상로를 발견하게 되고 육로를 통제했던 적대적인 이슬람 요소들과의 접촉 없이 안전하게 믿을 수 없는 부를 발견하게 된 것이다.

중요한 것은 서기 52년 첸나이(Chennai)에 성 토마스(St. Thomas)가 도착하면서 인도에 기독교가 소개되기는 하였으나, 본격적으로 기독교문화가 소개된 것은 포르투갈 사람들에 의해서였다. 자연히 식민시대 이전의 인도는 세계의 4대 종교인 힌두교, 불교, 이슬람교 그리고 기독교의 집합소가 된다. 따라서 인도인들은 다문화 관계에 있어 가장 뛰어난 민족이 된 것이다.

포르투갈인들의 도착 : 향신료를 찾아서

해상로를 통해 활발하게 교역이 이루어졌던 시기에, 크게 두 갈래의 해상로가 발달했다. 이 중 하나는 인도와 그 주변지역으로, 또 하나는 미국으로 향했다. 물론 이 둘 모두 매우 굉장한 것이었다. 후에 발견된 것이지만, 포르투갈은 인도의 엄청난 부를 챙기려는 것보다는 좀 더 실질적인 문제에 관심이 있었다!

초기에 유럽의 음식은 상태가 좋지 않을뿐더러 맛도 없었다. 저장해 둘만한 가축 사료도 없어서 가을엔 소고기를 염장해 두고 먹었다. 감자, 옥수수, 설탕, 차, 커피 레몬조차 없었다. 그나마 조금 있는 것이라곤 후추, 생강, 정향, 계피 그리고 몇 가지 다른 향신료뿐이었다. 이는 모두 고기 맛을 좋게 하는데 쓰였고 건강상으로나 의학적으로 도움이 되도록 넉넉한 양을 보존하는데 도움이 되었다. 그 당시 의학은 히포크라테스의 가르침에 따라 다량의 향신료를 사용하고 있었다.

몇 세기 동안 아랍인들은 자신들의 이익을 고려해 유럽과의 향신료 무역을 통제했다. 프로핏 모하메드(Prophet Mohammed)는 향신료 무역을 하고 있던 갑부 미망인과 결혼하게 되고, 이슬람 전도사들이 인도에 왔을 때 그들 역시 향신료를 극찬하게 된다. 그들은 인도의 항구로 모여든 중국인이나 자바인 뿐 아니라 인도인들에게도 향신료 공급원을 완전한 비밀로 부치게 된다.

금고의 사용이 가능하게 되자 바다를 통해 인도로 가는 동안에도 아랍 중

개인 없이 귀한 향신료를 훨씬 싼 가격에 살 수 있었다. 점점 선박의 규모가 커져감에 따라 유럽으로의 운송비 역시 줄어 들었다. 운 좋게도 미국으로의 무역길이 동시에 열리면서, 스페인계 미국인의 은광 덕에 유럽의 은 저장량은 대폭 늘어 인도와의 교역에서 발생하는 비용을 지불할 수 있었다.

15세기 포르투갈의 지도자는 귀족의 고결함과 아랍인들에게서 공급 받은 향신료를 유럽에 판매하고 컨트롤하는 베니스와 제노아의 무역인들을 부러워하였다. 전적으로 해상로를 통해서 바스코 다 가마가 캘리컷에 도착한 것은 이러한 불평등을 완전히 개선하기 위한 것이었다. 당시 포르투갈인들은 인도, 동방 그리고 신세계와의 무역에서 최고의 위치를 닦고 있었다. 이는 베니스와 제노아가 무역대상으로 중요성이 줄어들고 그 당시의 아랍 제국의 실질적 멸망에 따른 결과였다.

포르투갈은 16세기 내내 인도와의 무역을 독점하게 되었다. 인도 무역과 관련된 직접적인 통제권은 왕립 무역회사인 "카사 다 인디아(Casa da India)"의 손에 넘어가고 인도에서는 고아(Goa)에 본부를 둔 "에스타도 다 인디아(Estado da India)"가 일을 처리했다. 주지사 아폰소 드 알부퀴에르크(Afonso de Albuquerque)의 감독 아래 1510년 고아에 주도(州都)가 세워졌고 이것이 바로 알렉산더 대왕 이후 직접적으로 유럽인의 통치를 받게 되는 첫 번째 영토가 되었다. 이때부터 포르투갈인들은 인도양에 위치한 전략적 주요 항구들을 통제하기 위해 배를 띄우고 홍해로 진입하는 길목의 아랍인들과 구자라티(Gujarati) 상인들에게 모든 향신료와 직물, 피륙, 말, 금, 상아와 같은 다른 무역품을 모조리 차단했다. 포르투갈은 말라카(Malacca)를 점령한 후 고아에서 말라카와 마카오(Macao)를 지나 나가사키(Nagasaki)로 향하는 해상로에 상업을 목적으로 한 첫 번째 '대선(Great Ship)'을 띄우게 되었다.

포르투갈은 그들의 식민지인 브라질과 우선 순위가 일치해 그 지역의 본래 상업구조와 기업의 인프라를 융합시킬 수 없었다. 결국 막대한 자본을 가진 네덜란드와 영국 두 나라가 인도로 와서 유럽, 브라질 그리고 아프리카에서의 캠페인으로 인해 많이 약해져 있던 포르투갈을 내 몰아 버림으로써 포르투갈은 모든 상업적 기반을 잃게 된다.

1632년 9월 무굴황제는 벵갈(Bengal) 지역에서 포르투갈이 차지하고 있던 모든 것들을 되찾고, 1663년 1월 리클로프 반 고은스(Ryckloff Van Goens)의 명령아래 네덜란드는 포르투갈을 무찌르고 코친을 되찾았다. 1665년 뭄바이(Mumbai)는 영국령이 되고 포르투갈은 고아와 그들이 1961년 말 인도군에 의해 쫓겨나 결국 기념할만한 것도 못 되는 뭄바이 북쪽 다만(Daman)과 디우(Diu)에 작은 영토만을 남긴 채 떠났다.

인도의 네덜란드인과 영국인 : 현대 자본주의의 탄생, 세계 최초의 법인회사 그리고 최초의 다국적 협력

16세기 중반 포르투갈의 퇴거 소식이 영국의 귀에 들어가게 된다. 런던에 사는 비즈니스맨들은 인도와의 사업 가능성에 대해 찬찬히 살펴보게 된다. 아마 1553년 리차드 윌로우바이 경(卿)(Sir Richard Willoughby)이 설립한 것이 최초의 법인회사일 것이다. 윌로우바이는 다른 주주들처럼 상인들과 함께 "*발견되지 않은 지역, 영토, 섬과 장소를 발견하기 위한 상인의 모험을 위한 미스터리와 샴페인(The Mysterie and Compagnie of the Merchant Adventurers for the Discoverie of Regions, Dominions, Islands and Places Unknown*"이라는 다소 로맨틱한 이름의 회사를 설립했는데 후에는 '*무스코비 회사(Muscovy Company)*' 라고 불리게 된다. 이 회사의 설립은 인도로 가는 육상 무역로를 발견하고 점령하기 위한 것이었다. 그러나 *무스코비 회사*가 인도와의 무역을 위해 세워지긴 했지만, 육로의 무역로를 쉽게 찾지 못하고 정작 큰 돈을 벌어들인 것은 러시아와의 무역을 통해서였다.

1588년 프란시스 드레이크(Francis Drake)의 주도로 스페인 무적함대(Spanish Armada)와의 전투에서 이긴 영국해군은 주요 해상 사업을 차지하려는 욕망에 불타올랐고 특히 인도와 극동 지역과의 해상무역에 눈독을 들였다. 1600년 말 엘리자베스 여왕 1세는 "런던의 주지사, 런던의 회사가 동인도로 무역 할 수 있는" 독점적 특허장을 수여하였다. 그리하여 218명의 기사, 런던 상인, 일반 무역업자 그리고 시의회 의원으로 구성된 "합자회사(Joint Stock)"인 *동인도회사(East India Company(EIC))*를 설립하게 된 것이다.

네덜란드인

특히 향신료 무역에 있어서 전통적으로 무역에 강했던 네덜란드인들이 해상으로 인도와 극동지역과 교역할 계획을 세우게 된다. 1602년 암스테르담(Amsterdam), 로테르담(Rotterdam), 미들버그(Middleburg)에서 온 일반 시민들과 무역업자들이 *Verenigde Oost Indische Compagnie*(VOC)라는 네덜란드 동인도 회사 연합을 설립하였다. VOC의 이사회는 17명(the Heeren XⅦ, 히렌 17)으로 구성되어 운영되었고, 전성기에는 인도, 스리랑카, 인도네시아, 향료제도(Spice Islands, 역주; 몰루카의 옛 이름, 동부 술리웨시 섬과 뉴기니 섬 사이에 있는 섬들), 동남아시아, 아프리카, 중동, 중국 그리고 일본의 공장 네트워크까지 활용했다. 1602년과 1796년 사이 VOC는 대략 백만 명이 넘는 유럽인을 오천여 척이나 되는 배에 실어 보내 아시아 지역과의 무역을 위해 힘썼다. 이 규모는 그들의 라이벌이었던 EIC보다도 훨씬 큰 것이였으며, VOC가 세계 최초의 다국적 기업이 되기에 충분했다.

비록 EIC가 VOC보다 몇 해 전에 설립 되긴 했지만, 네덜란드인들은 인도에 상륙하기 위해 그들의 라이벌인 영국을 무찔렀다. 인도에 도착한 첫 번째 네덜란드 무역함은 1604년 해군 쥬리스 반 스필베르겐(Juris Van Spilbergen)의 지휘 아래 실론(Ceylon)에 가기 전 말라바(Malabar) 연안에 먼저 도착하였다. 영국이 인도에 들어오기 2년 전인 1606년에 구자라트(Gurjarat) 지역의 수랏(Surat)에 무역항이 세워진다.

1610년 VOC는 풀리캇(Pulicat, 마드라스 북쪽)과 마술리파트남

(Masulipatnam)에 상관(商館)을 설치하고 무역활동을 적극적으로 넓혀나갔다. 네덜란드는 피터 보스(Pieter Both)를 실론과 인도내의 속령에 첫 번째 주지사로 임명해 그들의 입지를 굳혀나갔다. 그리고 그 다음 주지사인 잔 코엔(Jan Coen)은 네덜란드가 인도와 실론에서 주둔하는 것을 굳건하게 했을 뿐 아니라, 네덜란드가 인도네시아로 세력을 확장할 수 있도록 했다. 1619년 코엔은 자카르타를 점령하고 이를 바타비아(Batavia)로 개명했다. 이 지역은 수십 년간 인도에서 네덜란드가 그랬고 고아에서 포르투갈이 그랬던 것처럼 네덜란드가 향신료, 설탕, 직물, 목재, 보석 등과 같은 것들을 아시아에서 들여올 수 있는 요지가 되었다.

VOC가 점차 인도네시아와 말라카에서의 무역에 집중하게 됨에 따라 1658년 인도에서의 포르투갈 세력이 약해져 리클로프 반 고은스의 명령 아래 네덜란드가 공격하기 전까지 말라바에서는 오히려 카얌쿨람(Kayamkulam)과 카나노르(Cannanore), 벵갈에서는 친수라(Chinsurah, 구스타비우스 요새, Fort Gustavius)와 바라나고르(Baranagore)에 있는 공장에 더 치중하게 되었다. 1658년 투티코린항(Tuticorin), 1661년 퀼론(Quilon), 1663년 크랑가노르와 코친을 점령하고 이어서 말라바르 해안의 모든 지역을 점령하였다. 네덜란드는 코친을 주도로 삼고 그 후 130여 년간 말라바르를 지배하게 된다. 그리고 이 곳의 후추와 계피 무역 역시 독점하게 되었다.

놀랍게도 주변지역인 트라방코르(Travancore)는 아주 짧은 시간을 제외하고는 네덜란드의 손에 넘어가지 않았다. 콜라첼(Colachel)이라는 이름의 작은 연안마을(현재 국립 고속도로 47)을 기점으로 트리반드럼(Trivandrum, 현재의 티루바난타푸람Thiruvananthapuram)에서 케이프 코모린(Cape Comorin, 칸야쿠마리Kanyakumari), 즉 인도의 최남단까지 1741년 가장 놀라운 일이 벌어진다. 주요 해상 전투 중 트라방코르 해군의 함대가 딜라노이(Delannoy) 사령관의 지휘아래 네덜란드 함대를 격파하게 된 것이다. 아시아 해군 최초로 해상에서 유럽열강을 무찌른 것이다. 이것은 1905년 해군 토조(Admiral Tojo)제독이 황해 전투에서 러시아군을 무찌르기 전까지의 유일한 승리이다.

딜라노이는 비록 패배했지만 깊은 감명을 받아 마탄다 바르마(Marthanda Varma)가 트라방코르의 지도자가 되게 하고 그의 군대를 거의 30년 간 그곳에서 훈련시켰다. 딜라노이는 인도에서 여생을 마감하고 현재 현대 인도 해군함에 이름 붙여진 우데이기리(Udaygiri) 요새 안에 묻혔다. 결국 네덜란드와 VOC는 이 전투로 인해 완전히 회복하지 못하게 되었다.

1750년부터 VOC는 특히 인도에서 쇠락의 길을 걷게 된다. 그 당시 영국은 점점 강해지고 독단적으로 변해가고 있었다. 네덜란드의 산업과 상업도 상당히 위축되고 있었다. 1795년 10월 20일 네덜란드는 코친에서의 권력을 잃고 1799년 12월 31일 마침내 모든 위치에서 물러나게 된다. 하지만 네덜란드는 1825년까지 벵갈 지역의 친수라에 대한 통치권은 쥐고 있었지만 이후 영국에게 수마트라(Sumatra)를 교환하기 위한 목적으로 이 통치권 마저 이양하게 된다.

흥미로운 사실은 VOC는 네덜란드의 노력만으로 이루어 진 것이 아니라는 것이다. 오스트리아의 지배를 받던 오스텐드(Ostend) 출신의 상인들은 네덜란드와 벨기에 출신 일부 상인의 도움을 받아 인도와 무역을 하기 위해 회사를 설립했다. 1722년 *오스텐드 동인도 회사(Ostend East India Company)*가 설립되었고(비록 일부 무역은 1715년 이미 시작되었지만) 모차(예멘), 인도 그리고 중국과 무역을 하게 되었다. 오스텐드 회사는 VOC와의 마찰을 피하기 위해 남인도에서 멀리 떨어져 있었고 벵갈에서의 활동에 집중했다. 1723년 반키 바자르(Banki Bazar, 현재 꼴까따Calcatta 주변지역)에 무역거래소와 공장이 세워졌다. 하지만 1727년 3월 회사의 면허장이 일시 정지되고 마침내 1731년 3월 제 2차 비엔나 조약 이후 회사가 망하게 되고, 모든 소유권이 오스트리아 왕정으로 넘어갔다. 오스트리아는 덴마크가 1778년과 1784년 사이 니코바르 섬(Nicobar Islands)을 통치하는 짧은 시간을 빼고는 1744년 회사 문을 닫기 전까지 인도를 손에 쥐게 된다.

인도의 영국인

동인도회사(The East India Company; EIC)는 설립 초기에 처음으로 향료제도로 출항했다. 이를 "Separate Voyages"라고 불렀다. 이는 동인도 회사 내 상인들이 재정적 지원을 했기 때문이었고, 그들은 배가 돌아오면 각자 이익을 나눠 가졌다. 세 번째 항해는 1608년 수랏을 향했지만 막강한 포르투갈에 의해 쫓겨났다.

1610년 영국은 안드라 프라데쉬(Andhra Pradesh) 주(州) 마술리파트남에 무역거래소를 설치했다. 반면 1609년 윌리엄 호킨스(William Hawkins)라는 성격이 강한 선장이 제임스 1세(King James Ⅰ)의 사절로 델리에 위치한 제한기르(Jehangir)의 무굴 제국 궁에 도착했다. 호킨스 대장은 곧 제한기르와 술친구가 되고 무굴 제국의 군사와 기병대에 대한 조언을 아끼지 않게 되었다.

1612년 영군함대가 베스트(Best) 선장의 지휘 아래 포르투갈의 공격을 막아내고 수랏에 영국의 첫 번째 무역거래소를 설치하였다. 1613년 영국은 무굴 황제로부터 구자라트 주변지역에서 독점적으로 무역할 수 있는 권한을 공식적으로 부여 받고, 수랏은 인도 내 동인도 회사 관할 구역이 되었다. 동인도 회사는 시간이 지남에 따라 뭄바이도 관할하게 되었고 더 나아가 인도 상업의 중심에서 중요한 역할을 하게 된다.

1615년 제임스 왕은 토마스 로(Sir Thomas Roe) 경을 첫 번째 공식 대사로 임명해 무굴 제국으로 보냈다. 그는 인도 전역에 무역거래소와 공장을 지을 수 있는 권리를 획득하였다. 1625년 벵갈만 남부 지역의 사령관이던 프란시스 데이(Francis Day)는 요새를 세울 수 있다는 허락과 함께 포르투갈의 정착지였던 산 토메(San Thome)의 북쪽 땅을 지주로부터 획득하였다. 비로소 영국은 최초로 재산권을 갖게 되고 포트 세인트 조지(Fort St. George)라는 이름의 요새를 지어 마드라스를 통치하게 된다.

닉 로빈스(Nick Robins)는 그가 쓴 기사 "동인도 회사를 찾아서(In

Search of East India Company)"[9]에서 아시아가 유럽을 교화시키는 데 큰 역할을 했다고 서술했다. 17세기 중엽부터 목화솜의 유입이 급격히 늘어나 위생상태와 편안함을 증가시켰고, 차는 유럽인들의 관습과 일상생활을 바꾸어 놓았다. 이러한 물품들은 런던의 커틀러스 가든(Cutler' s Garden)에 있는 5 에이커나 되는 큰 저장소들에 이스트 인디아 하우스(India House, 리덴홀 스트리트Leadenhall Street, 런던)에서 열린 경매물품보다 우선적으로 저장되었다. 이 곳에서는 4천명이 넘는 일꾼들이 동인도 회사의 물품들, 인도 직물, 면포, 모슬린, 거친 무명천, 깅엄(역주; 줄무늬나 바둑판 무늬의 면포), 사라사 무명, 박직 리넨, 태피터, '매우 고운 모슬린' 등을 분류하고 감시하였다. 오늘날 커틀러스 가든에 있던 회사의 흔적은 세라믹 타일에 둥글게 글자를 새겨 놓은 것으로 알 수 있다; '실크, 가죽, 차, 상아, 카펫, 향신료, 깃털, 목화' 로 말이다."

1624년 영국은 어마어마한 네덜란드의 비밀을 알게 된다. 그것은 네덜란드의 무역함이 인도에서 네덜란드로 돌아올 때 배 밑바닥에 넣었던 것은 일반돌이 아니라 밸러스트(ballast)라는 초석(硝石)을 넣은 것이라는 사실이다. 확실히 인도의 초석은 칼륨, 질산염의 함량이 높았고, 다른 알칼리성 염분은 그 당시 화약을 만드는 데 중요한 요소였다. 왕은 화약 제조를 위해 동인도 회사에 압력을 넣어 자국의 배가 인도에서 돌아오는 길에 고급의 초석을 잔뜩 싣고 올 것을 명령했다. 하지만 이는 왕의 바람대로 되지 않았고 당시 무역거래 시 화폐와 같던 은을 선박을 통해 인도에 수출 하는 데에도 타격을 입히게 되었다. 결국 인도 전역의 수천 수백 톤의 초석이 영국으로 운반되었고, 이는 그 당시 영국이 전 세계적으로 총을 비롯한 무기류 생산을 지배할 수 있었던 배경이 된다.

동인도회사는 급속하게 권력이 강화되고 인도 지배를 확장해 갔다. 놀랍게도 1759년 비데라(Biderra, 친수라, 벵갈)에서의 소규모 전투를 제외하고는 영국과 네덜란드 사이의 대규모 전투에 대한 증거는 찾아보기 힘들다. 이는 동인도회사가 점차 무역의 범위를 넓혀 갈 수 있었던 요인이었다. 17세기 중반 동인도회사는 남인도에서 수마트라 섬으로 매우 다양한 종류의 옷감을 수

송하게 되었고 아라비아에서 인도로 커피를 가져오게 되었다. 이를 통해 번 돈은 자국에 필요한 향신료를 사는 데 사용되었고, 이 방법을 통해 네덜란드가 향신료 무역을 하는 데 있어서 충돌을 피할 수 있었다.

1661년 인도에 머물던 영국은 뜻 밖의 횡재를 하게 되었다. 영국의 찰스 2세(King Charles Ⅱ)는 포르투갈 브라간자(Braganza) 왕조의 공주 캐서린(Catherine)과 결혼하게 되어 포르투갈을 네덜란드로부터 지켜달라는 뜻으로 뭄바이("뭄 바자Bom baja")를 선물 받게 된다. 돈에 사로잡힌 왕은 많은 돈을 받고 동인도회사에게 뭄바이를 임대해 버리지만 연간 순수 대여료는 10파운드 밖에 되지 않았다. 그러나 초기 뭄바이 주지사였던 제랄드 옹기어(Gerald Aungier, 1669-1677)는 이 도시를 계속 발전시켜 나갔고 인도 상업의 중심지로 성장하게 된 것이다.

(Ⅰ) 인도의 수출, 세계 최초로 무역보호 장벽에 부딪히다 – 닉 로빈슨[10]은 좀 더 구체적으로 서술하여 "(영국에서) 생활양식이 진화하는 것에 대해 아무런 반감"이 없었다. 몇 백 년 동안 인도는 세계 제일의 작업장으로 불리었고 이곳에서는 훌륭한 기술과 놀라울 정도로 낮은 임금이 결합해 직물을 생산해 내었다. 동인도 회사의 수입량이 늘어남에 따라 영국의 제조업자들은 당황하기 시작했다. 1699년 사태는 점점 악화되어 런던의 실크 직조공은 폭동을 일으키며 'East India House'가 인도에서 값 싸게 수입해 오는 것에 대해 공격을 가했다. 호레이스 월폴(Horace Walpole)은 "지금 영국은 뭔가? 인도의 부가 몰락하고 나봅(Nabob, 역주; Nawab을 벵갈지역 발음대로 발음한 것. 사회의 높은 지위에 있으면서 부를 축적한 상인 지도자를 일컬음)으로만 가득 차버렸구나"라는 말로 유명해졌다.

이렇게 되자 의회는 염색되거나 날염 된 모든 인도 옷감이 수입되는 것을 금지시켰고 몇 년 후 영국에서 날염 된 사라사를 착용하는 것을 완전히 금지시켰다. 이렇게 다소 특이한 보호주의 장벽은 훗날 영국의 직물공장이 급속도로 발전하는 데 기여하게 되고, 베틀로 직물을 짜는 인도에서의 직물 산업은 쇠퇴하게 되었다.

반면 동인도회사로 인해 축적된 부는 굉장히 부러운 대상이 되었다. 17세기 말엽 '동인도와 교역하기 위한 기업(*The English Company Trading to the East Indies*)'이라는 이름의 회사가 세워져 동인도 회사의 라이벌이 되고, 동인도 회사의 미래는 심각한 위협을 받게 된다. 동인도 회사의 사장은 "영국 소유의 두 개의 동인도 회사는 한 제국 안에 두 명의 왕이 군림할 수 없듯이 서로서로를 공격하지 않고서는 공존할 수 없다"고 주장했다. 그리고는 상당한 갈등을 겪은 후에야 합의에 이를 수 있었다. 이 문제의 해결을 맡은 고돌핀 경(Lord Godolphin)의 판결 아래 두 회사는 '동인도 교역을 위한 영국상인 통합 기업(*The United Company of Merchants of England trading to the East Indies*)'이라는 이름의 한 회사로 합병되었다. 많은 사람들이 생각하듯 이것은 새로운 회사이지 인도와의 무역을 통제해 결국 1757년부터 1858년까지 인도 주권을 통치했던 예전의 동인도회사가 아니었다. 그러나 동인도 회사의 새 이름은 형식적으로 역사책 속에 묻혀버렸고 이 장에서는 이에 대한 이해를 돕기 위해 사용하였음을 밝힌다.

(Ⅱ) 인도의 영국인 : 제국주의가 자본주의의 자리를 차지하다 - 1743년 로버트 클라이브(Robert Clive)라는 영국의 슈롭셔(Shropshire) 귀족가문 출신의 한 청년이 인도로 와 이 회사의 판매원으로 일하다가 결국 군복무를 하게 되었다. 클라이브는 곧 1751년과 1752년 프랑스(뒤플레Dupleix의 지휘아래)를 상대로 한 전투에서 두각을 나타내고 남인도를 통치하기 직전까지 이르게 되었다. 얼마 지나지 않아 클라이브는 마드라스의 세인트 조지 요새의 사령관이 되었다. 이때부터 인도와 인도 무역의 역사가 결정적으로 변하기 시작했다.

직물 무역에 대한 무역장벽이 유지 되었기 때문에 동인도 회사는 정책을 바꿔야만 했다. 유럽에서 제조활동이 늘어나자 원료가 싼 가격이 필요했다. 또한 영국은 인도로 귀금속, 특히 화폐로 통용되는 은이 인도 무역업자들에게 유출되는 것을 보고 소스라치게 놀랐다. 동인도 회사는 그들의 회사 운영에서 자금으로 활용할 다른 무언가를 찾아야만 했다. 가장 쉬운 방법은 회사를 다각화시키는 것이었다. 다각화로 대량의 불명예스러운 아편무역을 시작하게 되어 많은 돈을 벌 수 있었지만 훗날 아편전쟁까지 일으키게 되고 만다.

자금을 늘리는 또 다른 방법은 군사력을 이용해 영토를 합병시키고 그 지역 사람들에게 세금을 물리는 것이었다. 뭄바이 주지사였던 제랄드 옹기어는 런던에 있는 중역들에게 "지금이 바로 손에 칼을 쥐고 당신의 사업을 직접 관리해야 할 때입니다"라고 편지를 썼다. 그래서 1757년 로버트 클라이브는 문제의 "꼴까따의 블랙홀" 사건과 관련해 확신이 서지 않았지만 플라시 전투에서 벵갈의 상인들(Siraj-ud-daula)을 진압하고 미르 자파(Mir Jafar)를 "허수아비" 나왑(Nawab, 역주; 주州의 지도자가 임명하는 형식으로 지도자의 명령에 따라 임무를 수행한다)으로 세워놓는다. 이 시기 역시 인도 역사에서 주목할만한 전환점이 되었다. 제국주의가 자본주의의 자리를 대체하게 된 것이다.

(Ⅲ) 인도의 값비싼 약탈품이 "산업혁명"의 자금이 되다 – 5년 안에 수입의 67퍼센트 비율로 세금을 거두어 들인 총수입은 300퍼센트나 증가했지만 벵갈 지역 사람들의 삶은 궁핍 그 자체였다. 1769년 엄청난 강탈에 가뭄까지 겹쳐 벵갈 지역은 기아로 허덕였다. 천만 명이 넘는 사람들이 죽었는데도 회사에서는 아무런 구호 활동도 없었다. 세금은 더더욱 늘어만 갔고, 동인도회사는 그들이 독점하고 있던 직물을 다른 무역업자들에게 팔아버릴까봐 감히 엄두도 못 내고 살던 직물공들의 엄지손가락을 잘라버리는 잔인한 방법으로 무역을 보호했다. 네루[11]에 따르면 "에드워드 톰슨(Edward Thompson), G.T.가레트(G.T. Garrett)와 같은 인도의 영국인 역사학자들은 스페인의 코르테즈(Cortes)나 피자로(Pizarro) 시대부터 영국인들의 마음은 금에 대한 병적인 욕망으로 가득 차 있었다고 한다. 특히 벵갈은 그들이 짜낼 수 있는

만큼 짜내기 전까지 평화롭지 못했다" 라고 전한다.

결국 벵갈과 인도에서 약탈된 부가 산업혁명의 길을 열어 준 것이다. 미국인 부르크 아담스(Brooke Adams)[12]는 "플라시 전투 바로 직후, 벵갈에서 약탈한 물품들이 런던에 도착하기 시작했고 동시에 영향을 주었다. 그것은 바로 모든 권력자들이 1770년 '산업혁명' 이 일어나는 것에 동의한 것이다…. 플라시 전투는 1757년에 있었고 그 무엇도 그 빠른 변화의 속도를 따라올 수 없었다. 1760년 직물제조를 목적으로 하는 '플라잉셔틀' 이 등장했고 석탄이 나무땔감을 대신하기 시작했다. 1764년 하그리브스(James Hargreaves)는 다축방적기를 발명했고, 1768년 와트(James Watt)는 증기기관을 발달시켰다. 인도의 귀중한 물품들이 유입되면서 물품들에 대한 평판이 좋아지는 것은 당연한 결과였다. 아마 세상이 시작되었을 때부터 그 누구도 인도에서 약탈한 물품을 양보하고 싶지 않았을 것이다. 왜냐하면 영국은 경쟁자 없이 거의 50년 간을 지배했기 때문이다."

말할 필요도 없이 인도의 산업은 엉망진창이 되었고 농업분야 역시 쇠퇴하고 있었다. 인도의 경제 발전은 18세기뿐만 아니라 19세기 역시 완전히 바닥 상태가 된다. 인도의 제조업과 수출이 심각하게 줄어들면서, 영국은 자국의 물품을 인도에 홍수처럼 쏟아버린다. 네루[13]의 말을 빌리면 "전통적 방식의 현대 식민경제가 시작되었고, 인도는 영국에게 원료를 조달하고 산업을 통해 만든 제품을 팔 시장을 제공하면서 산업화 된 영국의 농업 식민지가 되었다"고 한다. 인도는 20세기가 될 때까지 이 상황을 극복하지 못했다.

흥미 있는 것은 영국에서 인도로 수출하는 물품 중에는 홉으로 진하게 맛을 내고 북미산 얼음덩어리와 보관해 오랜 시간 항해에도 맛을 유지할 수 있는 "인디아 페일 에일"도 있었다. 또한 다량의 진과 토닉(키니네가 든 탄산수)도 인도에 전해졌다. 그건 바로 "(영국에서 온 이들의) 권태를 날려버릴 진과 말라리아로부터 해방시켜 줄 토닉 워터"였던 것이다!

(Ⅳ) 인도 내의 영국 : 제국주의가 식민정책에 길을 열어주다 – 동인도회사와 연관되어 부를 축적한 사람들은 끊임없이 질투의 대상이 되어 영국사회를 개혁해야 한다는 정치적 압력으로부터 자유로울 수 없었는데, 이는 조지 3세의 의견과는 반대되는 것이었다. 1773년 노스 경(Lord North)은 인도를 총독의 통치 하에서 강력히 다스리는 내용을 담고 있는 "인도 법안(The India Bill)"을 의회에 제출하였다. 1784년 윌리엄 피트(William Pitt) 총리는 동인도회사의 운영을 직접적으로 책임을 질 수 있는 운영진에게 효과적으로 권한을 이양하는 내용의 "인도 법령(India Act)"을 의회에 통과시켰다. 닉 로빈슨[14]의 말을 빌리면 "회사 운영 마지막 70년 동안 회사는 전보다 독립성이 결여되고 영국(English) 주(州)(훗날 British)의 반 계약상태의 관리자가 되었다. 이는 공적부분과 사적부분(public-private)이 파트너가 되는 조지왕조 시대를 잘 나타내 주는 예라고 할 수 있다."

워렌 해스팅즈(Warren Hastings)가 최초의 총독 자격으로 인도로 왔을 때, 그는 열정적으로 인도 내의 영국 세력을 키워나갔다. 그 다음 총독의 공격적인 영토정책은 영국에 도전하는 개인 세력뿐 아니라 인도 내의 다른 유럽국가들이 패하거나 추방되는 결과를 낳았다. 이렇게 하여 1856년 영국은 인도 전역을 점령하게 된다. 제국주의 정책이 식민정책에 길을 열어 준 것이다.

불행하게도 동인회사는 인도인들을 인종적 행정적으로 무시했는데, 이는 1857년 "인도 폭동(Mutiny of India)"의 원인이 되었다. 이 잔인한 전쟁은 2년간 계속 되었고 승리한 영국은 무굴 황제를 감옥에 넣고 두 아들을 처형했다. 이것이 인도 무굴 제국의 마지막이었고, 동인도회사는 1858년 11월1일 선언을 통해 문을 닫게 되고 근주와 런던에 세워진 의회가 인도에 대한 직접 통치권을 갖게 되었다. 이 상태는 인도가 영국으로부터 독립하게 되는 1947년 8월 15일까지 지속되었다.

인도의 덴마크인

피터 라븐 라스무센(Peter Ravn Rasmussen)[15]에 따르면 1615년 네덜란드 상인 잔 드 빌렘(Jan de Willem)과 헤르만 로젠크란츠(Herman Rosen krantz)가 덴마크와 노르웨이의 군주인 크리스챤 4세에게 VOC와 동인도 회사와 경쟁하게 될 덴마크 무역회사를 세우고 싶다는 제안서를 가져왔다. 1616년 3월 17일 왕은 12년간 덴마크와 아시아간의 무역을 독점 할 수 있는 *The Ost Indisk Kompagni*(DOIK–The Danish East India Company, 덴마크 동인도 회사) 특허장을 발행하였다. 라스무센[16]에 의하면 덴마크 동인도 회사는 VOC의 기관규약 일부를 제거했으나 기본적으로 VOC와 유사했다.

첫 항해가 가능할 만큼 자금이 모아진 것은 1618년이었다. 이 항해는 원래 VOC에서 근무했던 롤랜트 크래프(Roelant Crappe)의 조언에 따라 인도의 코로만델 연안(Coromandel Coast)으로 가려고 했던 것이었다. 하지만 마셀리스 드 보슈워(Marselis de Boschouwer)라는 네덜란드인이 "실론 제국"을 비밀리에 조사해 크리스찬 4세를 만났고, 1618년 3월 덴마크와 실론 황제 사이(사실 Rajah of Kandy)간에 "원조와 무역에 관한 조약(Treaty of Aid and Trade)"을 맺도록 설득하였다.

1618년 8월 18일 덴마크 함대 "외레쥰드(Oresund)"가 롤랜트 크래프의 명령 아래 코펜하겐에서 인도로 왔고, 얼마 후인 1618년 11월 29일 오브 제드(Ove Gjedde)의 지휘 하에 주요 함대 네 척이 추가로 인도에 들어왔다. 하지만 덴마크에서 오랜 시간 항해해 오는 동안 보슈워는 사망했고, 실론에 도착한지 얼마 되지 않아 "외레쥰드"는 포르투갈의 공격으로 침몰했다. 롤랜트 크래프는 체포되어 탄조르(Tanjore) 지방의 지도자(나야크Nayak, 역주; 주로 군 지도자를 일컬음)인 라구나타(Raghunatha)에게 넘겨졌다. 이로 인해 오브 제드는 실론에 도착해 마음에 드는 것을 아무것도 찾지 못했고 결국 인도의 코로만델 연안으로 가기로 결정하게 되었다. 1620년 10월 레버렌드 루트큰(Reverend Lutken), 페더릭 4세의 군종신부와 함께 탄조르의 나야크

궁에 도착하게 되었다. 그리고 그 해 11월 나야크가 덴마크 왕을 대신해 조약을 체결하고, 훗날 "트란퀴바르(Tranquebar)"라고 불리게 되는 타란감바디(Tarangambadi) 마을에 ("단스보그Dansborg")요새가 세워지는 것이 허락되었다.

1621년 "단스보그"가 잘 세워지자 "코벤하븐(Kobenhavn)"(코펜하겐)이라는 이름의 선박이 트란퀴바르에서 테나스림(Tenassrim, 메르귀Mergui)까지 태국 서쪽해안을 항해한 뒤 후추를 잔뜩 싣고 돌아왔다. 1622년 제드는 자유의 몸이 된 크래프를 트란퀴바르에 책임자로 두고 덴마크로 돌아왔다. 1624년 덴마크는 마카사르(Macassar, 현재의 인도네시아)로 배를 보내 무역지대를 넓혔고 그 곳에서 정향을 가득 싣고 돌아왔다. 이러한 초기 성공을 통해 덴마크는 인도에서의 활동에 대담해졌다. 1625년 안드라 연안(Andhra Coast)의 마술리파트남에 덴마크 소유의 회사를 세우고 오릿사(Orissa)의 파이플리(Pipely)와 발라소르(Balasore)에도 비슷한 회사를 세웠다.

그러나 덴마크 동인도 회사를 인도에서 운영하는 데 드는 자금이 제대로 관리 되지 않았고, 1627년 덴마크는 자신들의 무역함이 포르투갈과 네덜란드에 제 3자 중립 전세 계약선으로서의 역할이 줄어들게 되었다. 상황은 더욱 악화되어 롤랜트 크래프는 탄조르의 나약에게 약속한 로열티를 지불하지 못하고 계약 해지 통보를 받게 된다. 크래프는 VOC와 협상을 해 트란퀴바르를 넘겨 받으려 하지만, 네덜란드는 아무런 관심이 없었다. 크래프는 자금을 조달해줄 사람을 찾기 위해 덴마크로 돌아가기로 결심하고 인도에 있는 회사를 다른 네덜란드인 페사르트(Pessart)에게 넘겼다. 하지만 페사르트는 그의 잘못된 경영 방식으로 인해 재정 상황을 더욱 악화시켰고, 1638년 그와 그의 가족은 마침내 덴마크가 해결하지 못한 자금 대신에 인질로 잡히게 되었다.

덴마크동인도회사의 대주주들는 자금 측면을 고려해 크리스챤 4세에게 회사를 폐업 처리하기 위한 탄원서를 제출했다. 하지만 왕은 다른 생각을 가지고 있었다. 1639년 "솔른(Solen)"과 "크리스챤샤븐(Christianshavn)"이라는 두 척의 선박이 인도 내 덴마크 소유권을 임명 받은 새 주지사 윌리엄 레옐(William Leyel)과 함께 트란퀴바르로 보내졌다. 인도에 도착해 "솔른"은 부유한 지방 사업가에게 속한 배를 강탈할 수 있었고 페사르트와 그의 가족은 배에 대한 대가로 풀려날 수 있었다.

안타깝게도 레옐과 페사르트 사이에 심각한 의견차이가 생겼다. 페사르트는 마침내 포르투갈 선박에게 남아있는 모든 돈, 금, 은, 최고급 총 그리고 무엇보다도 회계에 관련된 책들로 빚을 갚게 된다. 결국 덴마크인들에게는 단 한 푼도 남지 않게 되어 그들의 전통적 상업 방식을 끝내야만 했고 불행하게도 파이플리와 벵갈 뿐 아니라 남인도에서의 해적 활동으로 인해 상황은 더더욱 악화되었다. 1648년 폴 핸슨 코르소르(Poul Hansen Korsor)의 통솔 아래 많은 덴마크인들은 성공적으로 반란을 일으키게 되고 레옐은 덴마크로 돌아가게 되었다. 덴마크동인도회사에 대한 해적활동은 점차 강화되었고 지금은 완전히 파산했다.

덴마크동인도회사 : 문을 닫게 된 최초의 유럽 동인도회사

1648년 크리스챤 4세가 사망하고 프레드릭 3세가 덴마크의 국왕이 되었다. 하지만 그 당시 스웨덴과 계속되는 전쟁 때문에 프레드릭 3세는 덴마크동인도회사의 인도회사에 대해서는 관심이 없었다. 1650년 많은 주주들의 요청에 의해 마침내 덴마크동인도회사는 문을 닫게 되었다. 이는 유럽국가가 설립한 회사 중 최초로 문을 닫는 회사로 기록되었다. 덴마크동인도회사는 브란덴부르그(Brandenburg)[17]의 선거인과 네덜란드를 상대로 트란퀴바르를 팔려고 계속 시도하였지만 아무런 성과가 없었다.

폴 핸슨 코르소르 역시 1655년 사망했다. 그 당시 인도 영토 내 덴마크 인구는 급격히 줄어들었고 통치권도 에스킬드 앤더슨 콩스바크(Eskild Andersen Kongsbakke) 최고 포병장교에게 이양되었다. 돈을 지불한 덴마크에 치를 떨게된 탄조르 나약왕조는 트란퀴바르에 위치한 단스보그를 공격하기로 마음먹었지만, 콩스바크와 남아있던 두 명의 덴마크인 그리고 몇몇 포르투갈 용병은 지역주민들의 도움을 받아 공격을 물리쳤다. 덴마크에 충성심을 보였던 콩스바크는 늘어난 사략선 활동을 통해 얻은 수입을 통해 트란퀴바르를 강화시켜 나갔고 자신이 소유한 영토의 자금을 늘리기 위해 힘썼다. 1660년 그가 인도에 남아있던 유일한 덴마크인이라고 기록되어 있고 코펜하겐에 정기적으로 보고를 하게 되었다. 하지만 그 보고서들은 믿음을 주지 못하였다. 마침내 1688년 그는 개인적으로 네덜란드 관할구역 하사관이던 기르트 반 하겐(Geert van Hagen)을 대리인으로 보냈다. 1669년 덴마크 정부는 트란퀴바르에 "파로(Faroe)"라는 군함을 급파하여 이 식민지역의 오랜 고립 상황을 종결시켰다. 콩스바크는 그 지역에 살던 인도 여자와 결혼해 왕족이 되었고 인도 내의 덴마크 영토를 발전시키고 통치하기 위해 그 곳에 머물게 된다. 그리고 1674년 사망해 트란퀴바르에 묻혔다.

1670년 11월 20일 두 번째 덴마크동인도회사가 크리스챤 5세에게서 동인도와 40년간 독점적 무역을 할 수 있는 덴마크 왕립 설립 허가증을 발급 받았다. 새로운 회사[18]가 인도 회사를 통합시키고 말레이시아, 말라카, 수마트라 그리고 중국으로 교역국을 확대시켰다(알려진 바에 의하면 노예도 포함해서). 트란퀴바르는 1687년부터 1714년까지 설탕, 향신료, 초석 그리고 직물을 수출해 엄청난 번영을 누리게 되었다.

1698년 단마크스나고르(Danmarksnagore)는 벵갈의 곤달파라(Gondalpara)에서 발견되었고 후추 무역을 하기 위해 추가적으로 말라바 연안에 무역거래소가 세워졌다. 1699년 벵갈지역 세람푸르(Serampore)에 "프레데릭스나고르(Frederiksnagore)"라는 이름의 거류지가 세워진다. 그러나 같은 해 탄조르의 나야크는 트란퀴바르를 공격하고 약탈했으며 모든 것을 파괴시켰다. 이 공격의 결과로 무역이 줄어듦과 동시에 두 번째 덴마크동인도회사 또한 프레드릭 4세가 더 이상 원조 하는 것을 거부해 1729년 4월 문을 닫게 되었다.

1732년 *Dansk Asiatisk Kompagni(DAK)*라는 새로운 회사가 설립되어

40년간 아시아 지역의 무역을 독점하게 하게 되었다. 1752년 DAK는 캘리컷에 후추 무역센터를 세웠다. 같은 해 두 척의 덴마크 군함이 식민지 건설을 위해 또 다시 트란퀴바르에 도착하고 앵글로-프렌치 전쟁의 영향으로부터 이 지역을 보호하려고 노력하게 되었다. 또한 그들은 세람푸르에 있는 프레데릭스나고르에 다시 정착해 벵갈 지역과의 무역을 또 다시 시작하기로 결심했다.

무역의 주요 품목은 직물, 초석, 소금, 후추, 흑설탕, 등나무, 인디고 그리고 차였는데, 그 양은 몇 백만 "릭스달러(Rigsdalers, 역주; 1873년까지 덴마크에서 쓰였던 화폐단위, 1 릭스달러 = 약 27.5 달러)"에 다다랐다. 무역을 통해 거래된 "차"는 주로 덴마크에서 영국으로 밀수되었고 이 점이 동인도회사에게 큰 걱정거리가 되었다.

1756년 덴마크 원정대가 트란퀴바르에서 니코바르 섬으로 파견되었는데 니코바르 섬은 그 당시 덴마크 왕의 이름 아래 점령된 상태였고 "프레데릭소엔(Frederiksoerne)"(프레데릭의 섬, the Islands of Frederik)으로 불리고 있었다. 대(大) 니코바르 섬에 "니 단마크(Ny Danmark)"라고 불리는 무역거래소가 세워졌다. 그러나 열대병 때문에 추방당한 덴마크 사람들의 대규모 죽음과 1778년과 1784년 사이 니코바르 섬을 점령하고 있던 오스트리아와의 많은 전투 때문에 니코바르 섬에서의 무역활동은 번성하지 못했다.

1801년 영국과 덴마크 사이의 적대감과 충돌로 인해 트란퀴바르와 세람푸르는 영국군에 의해 점령되었지만 아미앵조약(Treaty of Amiens)에 의해 덴마크로 반환되었다. 6년 후 전쟁이 다시 시작되었을 때 두 지역 모두 또 다시 식민지가 되었고 1808년부터 1815년까지 영국에게 점령당하게 되었다. 그리고 또 다시 덴마크에게 엉망이 된 상태로 반환되었다.

1845년 마침내 인도 내의 모든 덴마크 식민지는 동인도 회사에 125만 루피(110만 릭스달러, 약 $300)에 매각되었다. 니코바르 섬은 덴마크 통치 하에 있었고 프레데릭쇼(Frederikshoj)는 난코우리(Nancowrie) 섬의 또 다른 기지는 작은 니코바르 북쪽의 폴로 밀로 섬에 세워졌다. 열대병으로 인해 니코바르 내의 덴마크 인구는 더욱 감소하게 되었고, 이 섬은 결국 1868년 250

년 간의 인도에서의 덴마크의 무역과 식민지배를 마치며 영국에 무상으로 할양되었다.

인도의 프랑스인 : 세계 최초의 회사간 "전쟁"

많은 전투에서 영국과 대적한 프랑스는 인도와 동방세계와의 무역을 위해 탐험을 시작했다. 1611년 루이 12세는 프랑스 회사에게 인도와의 무역을 할 수 있는 독점권을 부여했다. 그러나 이를 통해 많은 것을 얻지는 못했다. 1664년 당시 황제이던 루이 14세가 장 밥티스트 콜베르(Jean Baptiste Colbert)가 세운 회사에 허가증을 발급해주고 인도와의 무역을 시작할 수 있도록 황제 명의의 증서를 발급해 주었다.

콜베르의 *Compagnie des Indes*(CDI 프랑스 동인도 회사)는 부르본 섬(Reunion)과 아프리카 동쪽 해안 근처에 있는 일 드 프랑스(Il de France, 모리셔스)에 무역거래소를 지었다. 프랑스는 마드라스 남부인 폰디체리(Pondichery)에 도착하여 인도에서 첫 번째 식민지를 건설하였다. 1719년 그들은 인도 남쪽에 자리를 잡게 되고 추가적으로 마술리파트남, 카라이칼(Karaikal), 마헤(Mahe) 그리고 심지어 벵갈지역의 찬데르나고르(Chandernagore)에도 공장과 식민지*(Etablissments Trancaises dans L'inde)*를 짓기에 이른다.

덴마크 동인도회사처럼 인도 내의 프랑스 회사는 초창기에는 큰 성공을 거두지 못했고 그 상태는 1741년까지 지속된다. 이때 인도 내의 프랑스 식민지에 조셉 프랑수아 뒤플레(Joseph Francois Dupleix)라는 야심 가득한 주지사가 부임했다. 그는 영국인뿐만 아니라 인도사람들에게도 매우 공격적인 정책을 펴붓기 시작했다. 동인도회사의 무역과 상업활동을 약화시키려는 뒤플레의 노력과 각 지역의 인도 지도자들을 향한 정치적 음모는 영국과의 직접적 대결을 피할 수 없게 만들었다.

이로 인해 두 개의 다국적 회사 간에 충돌이 일어났다. 이것이 바로 세계 최초의 "회사간 전투(corporate battles)"인 것이다. 현대사회와는 다르게 이 전투에서는 진짜 총, 기병대, 보병대가 동원되었다. 1746년과 1763년 사이 인도에서는 프랑스와 영국 간에 전쟁이 세 번 일어났는데, 가장 마지막 전쟁에서 프랑스는 클라이브의 지휘 하의 영국에게 대패(大敗)하게 되고 인도와의 무역거래나 인도 내의 식민지를 상당부분을 잃었다. 뒤플레는 프랑스로 소환되지만 폰디체리 같은 식민지를 포함한 프랑스 식민 통치 지역은 1949년 독립국가인 인도에게 양도 되기 전까지 그들의 통치 하에 있었다. 자금이 충분치 못했던 CDI는 파산하게 되고 1769년 마침내 문을 닫았다.

인도의 다른 유럽인들

포르투갈, 네덜란드, 영국 그리고 프랑스만이 인도와 무역을 하거나 상업활동을 한 나라가 아니었다. 17세기 말과 18세기 초(필리핀에 정신이 팔려있던) 스페인을 제외한 거의 모든 서유럽 해상국가들은 크고 작게 여러 경로로 인도와 무역을 하고 있었다.

예를 들어 스웨덴은 1731년 진취적인 스코틀랜드인 콜린 캠벨(Colin Cambell)의 주도로 구텐베르그(Gothenburg)에 *Svenska Istindiska Companierna*(SOC)를 설립했고, 그는 영국에 대적할 그만의 무기가 있었다. 그와 찰스 그라함, 찰스 모포드, 찰스 어빈과 같은 영국인들은 제 2차 비엔나 조약 이후 1731년 문을 닫은 오스텐드 동인도 회사의 자리를 차지하고 싶었다. SOC는 다른 동인도회사들의 활동과 문제점을 통해 교훈을 얻을 수 있었고 식민지화에 의존하지 않고 단지 무역에만 집중하기로 결심했다. 이러한 정책은 동방에 있는 그 어떤 식민지도 지원해줄 필요가 없었기 때문에 SOC는 큰 돈을 벌 수 있었다. 오늘날 인도에서 스웨덴 회사가 상대적으로 성공을 거두고 있는 것은 아마 과거 SOC의 정책이 식민지와는 무관했기 때문일 것이며 또한 스웨덴이 전통적 중립성을 지켰기 때문일 것으로 분석된다.

스웨덴의 초기 활동은 1732년부터 1733년 사이 최초의 스웨덴 동인도 회사의 원정에 대한 기록인 콜린 캠벨의 "중국으로 가는 길"에 서술되어 있다. 스톡홀롬에 있는 테라 노바 조선소에서 지어진 "프리에데기쿠스 렉스 수에샤(Friedericus Rex Suecia)" 함선은 1732년 게오르그 헤르만 트롤(Georg Herman Trolle) 선장의 지휘 아래 인도와 중국으로 첫 항해를 시작했다. 이 함선은 벵갈과 중국의 캔톤(Canton, 역주; 지금의 중국 광저우廣州)을 가기 전 구자라트 지역의 수랏에 도착했다. 1731년부터 1813년까지 SOC는 동방으로 서른여덟 척("EastIndiamen")의 함선을 보내어 훗날 중국의 제도술에 초점을 맞추게 된다. 흥미로운 사실은 SOC가 최근 에릭스버그(Eriksberg)에 있는 테라 노바 조선소(Terra Nova Shipyard)에서 "구텐베르크"라 불리는 새로운 "EastIndianman"를 재건하는 역사프로젝트로 회생했고 2002년 광저우로 출항했다는 사실이다.

1647년 *Compagnia Genovese delle Indi Orientali(제노바 동인도 회사)*가 설립되었다. 이 회사의 활동에 대해 벵갈 지역과의 관련된 무역활동 외에는 많은 것이 알려져 있지는 않다. 1754년 프로이센은 엠덴(Emden)에 "프로이센 벵갈 회사"를 설립하지만, 그들의 활동 역시 기록이 많이 남아있지 않다. 1779년 마이소르(Mysore)의 지도자인 하이데르 알리(Haider Ali)는 영국과 문제가 있는 기간 동안 반대파가 되어 독일 동인도 회사를 설립하고 오늘날 카르나타카(Karnataka) 지역인 난단가드(Nandangade)에 회사를 세웠다. 하지만 이 독일 회사는 1789년 문을 닫게 된다. 1780년 "필리핀-스페인 동인도 회사(Philippines-Spanish East India Company)"가 설립되었지만, 필리핀과 벵갈 간의 무역 규모는 그리 크지 못했다. 인도를 향한 오스트리아의 관심은 1722년 설립된 오스텐드 동인도 회사를 통해서 알 수 있다. 하지만 1731년 제 2차 비엔나 조약 이후 이 회사는 문을 닫게 되고 모든 소유물은 오스트리아 왕이 가져갔다. 비록 벵갈 지역의 오스트리아 식민지가 공식적으로는 1744년 막을 내리게 되지만, 오스트리아는 1778년 덴마크로부터 니코바르 섬을 빼앗아 1784년 덴마크에 의해 패배해 쫓겨나기 전까지 그 곳에 머물렀다.

북미인와 인도

우리가 잘 알고 있듯 크리스토퍼 콜럼버스는 1492년 인도로 가는 해상로를 찾기 위해 스페인에서 출발하지만 뜻밖에 미국에 도착하게 된다. 그러나 영국이 인도를 침략한 직후 북미와 인도간에 대화가 시작되었다. 그 당시 포르투갈은 이미 남미(브라질), 인도(고아)와 상업교류를 하고 있었다.

동인도회사는 1625년 두 개의 큰 영국 식민지 간에 중요한 무역의 연결고리 역할을 하였다. 영국 정부의 행정관들뿐만 아니라 동인도회사의 관리자 및 간부들 역시 이 활동에 적극적으로 참여하였다. 그들 중 뛰어난 인물이 있었으니 바로 로드 발티모어(Baltimore, 메릴랜드 설립자이자 1620년대 동인도 회사의 관리자)와 엘리후 예일(Elihu Yale, 예일 대학 설립자이자 1687년부터 1692년 동인도 회사의 마드라스 주지사)이었다.

동인도 회사의 고위 공무원들에게는 "돈이 될 것 같으면 되팔 수 있는 하인이나 노예를 몇 명씩 두는 것이 일반적인 일이었고 노예들은 신세계[19]에 있는 식민지로 옮겨졌다." 프란시스 아시시(Francis Assisi)는 그의 막대한 연구 자료에서[20] (그의 원래 인도 이름에서 확실히 개명한) "피터 피셔(Peter Fisher)"를 로드 발티모어가 미국으로 데려간 최초의 노예로 규정하였다. 그는 자연히 메리 몰로이드(Mary Molloyd)라는 이름의 백인 아일랜드계 하녀와 결혼하였고 첫 딸 메리 피셔(Mary Fisher)는 1680년 태어나 최초의 인도계 미국인으로 기록되었다. 이는 미국 내 최초의 노예가 인도인이라는 증거이다.

그러나 미국이 최초로 직접적으로 인도와 교류하게 된 것은 1784년 필라델피아 항구에서 출발해 "마데이라, 담배, 구리, 납, 철강"[21]을 싣고 1784년 12월 인도의 폰디체리에 도착한 "United States"라는 함선을 통해서였다. 이러한 항해는 필라델피아에 사는 토마스 윌링(Thomas Willing)이 금전적으로 지원하였다. 그는 "미국 동인도 회사"를 세우기 원했지만 피할 수 없이 일어났던 역사적 사건들 때문에 결국 이루지 못했다.

바가트(Bhagat)[22]에 따르면 프랑스와 영국 간의 전쟁에서 중립적 입장이던 미국상인들은 인도와의 무역을 통해 막대한 부를 획득할 수 있었다고 한다. 살렘(Salem, 메사추세츠)에 살던 엘리아스 하스켓 더비(Elias Hasket Derby)는 미국 최초의 백만장자 되기도 했다. 1795년부터 1805년까지 미국과 인도의 무역은 유럽 모든 국가의 총 무역량을 훌쩍 뛰어 넘게 된다.

하지만 유럽국가들의 경계의식이 점점 늘어감에 따라 영국과 프랑스가 미국 함선을 공격했고 제퍼슨 정부는 외국과의 통상금지 정책을 실행하게 되면서 번영을 거듭하고 있던 해안지역의 경제에 크게 부정적 영향을 주게 되었다.

비록 1809년 봉쇄정책은 끝이 나지만, 1812년 영국과의 전쟁을 선포하게 되어 국제 무역에 대한 제재는 풀리지 않았고, 특히 영국이 통치하는 인도지역에 대한 무역 제재는 더욱 심해졌다. 이러한 규제는 미국의 산업화에 예측하지 못한 이익을 가져다 줬고, 1816년 미국 의회는 인도에서 수입되는 품질 좋은 물건, 특히 직물을 대상으로 수입금지 관세를 부과하기 시작했다. 따라서 몇 년간 미국으로 인도수입품이 들어오지 못하게 된다.

하지만 더욱 재미있는 것은 1833년 보스턴 출신의 프레드릭 튜더(Frederic Tudor)라는 미국 기업인이 미국에서 꼴까따에 있는 영국인에게 얼음을 수출하려 했다는 점이다. 뉴 잉글랜드 지방의 연못에서 깨끗한 물로 얼린 얼음이 메인 주(州)에서 가져온 톱밥으로 잘 싸서 녹지 않도록 포장해 선적되어 꼴까따로 보내졌다. 얼음의 3분의 2가 냉장고 없이도 녹지 않고 잘 보존되어 꼴까따로 전해졌다. 영국인들은 기쁜 마음으로 수입된 얼음을 저장하기 위해 꼴까따에 "얼음 집"을 지었다. 튜더는 꼴까따로 얼음을 수출한 것만으로 20만 달러를 벌어들였다. 이 이야기는 "얼음 무역(The Frozen Water Trade)"[23]이라는 책에 잘 기록되어 있다.

찬란한 태양볕이 감싸는 인도라는 특별한 나라가 있기까지 인간이든 자연이든 할 수 있는 것은 모든 것을 쏟아 부었다는 것이 현재까지 나의 판단이다.
인도를 위해 간과된 것도 잊혀진 것도 아무 것도 없다.

마크 트웨인

인도의 상업 : 성숙의 시대

인도의 기업과 산업에 대한 "라지(Raj) – 인도의 지배"가 시작되다.

한 특정 상업적 기업을 위한 정부는 어느 나라를 막론하고 가장 최악의 정부이다.

아담 스미스, 국부론, 동인도 회사에 대해 언급하며

유럽인들이 도착하기 이전 몇 세기 동안 인도의 비즈니스는 대부분 전통적 비즈니스 방법을 고수하며 일부 소수에 의해 이루어졌다(예를 들면 마르와리스Marwaris 라자스탄 출신의 비즈니스 커뮤니티, 파시스Parsis 원래 페르시아에 살았으나 회교도의 박해로 8세기 인도로 피신한 조로아스터교도의 자손, 그리고 구자라티Gujaratis 인도서부 구자라트주에 거주하며 대개가 상류의 부유한 카스트 출신임). 그러나 영국 군주에게 승인을 받아 무역을 독점하고 있던 동인도 회사에 관심을 가진 영국회사가 설립되어 18세기 후반부터 그 지역의 인도 회사에 큰 손실을 입혔다. 앞에서 언급 되었듯이 영국이 지배하게 된 것은 시장의 힘이 아니라 비경제적이고 합법적이고 가혹한 세금과 다른 강제적인 요인들 때문이었다.

운 좋게도 인도 비즈니스 커뮤니티가 종속적으로 설립되었음에도 불구하고 완전히 소멸되지는 않았는데, 이는 인도 상인들과 금융업자들이 영국에게 유용하다고 인식되었기 때문이다. 예를 들어 벵갈에서는 실크, 고운 면화, 옷감, 인디고와 같은 물품을 얻기 위해서 인도 중개인이 꼭 필요하였다. 산업혁명 후에 영국에서 산업 생산품이 막대하게 늘어나자, 인도 전역의 중개상인들은 영국에서 수입된 물품들을 마케팅하고 교환하기 위해 급격하게 수요가 늘었다. 반면 그 지역 고리대금업자들은 상품 제조업자들에게 단기 대출을 해주었고 영국이 다스리는 인도 정부에게는 국세를 냈다.[24]

영국인들에게 신임을 얻은 중개인 몇 명과 꼴까따 주변 지역의 지주(자민다르Zamindars, 역주; 무굴 제국의 공조 징수 관리) 자본가는 영국과 인종

차별 없는 무역을 하는 것과 이와 관련된 회사를 설립하는 데 큰 용기를 얻게 된다. 첫 번째 회사는 노벨상 수상자 라빈드라나드 타고르(Rabindranath Tagore)의 할아버지인 드와르카나드 타고르(Dwarkanath Tagore)에 의해 설립되었다. 1834년 그는 "Carr, Tagore & Co."를 설립하여 광업, 금융업, 보험, 해운업, 플랜테이션 그리고 수출입 관련 분야의 개척자가 되었다.

"라지 – 인도의 지배"기간 동안 영국의 정책은 영국에 있는 공장들이 원활히 돌아가기 위해 인도에서 생산되는 농산물, 광물 그리고 미네랄 수출을 장려했고, 이 제품들은 대부분 인도에서 판매하기 위해 제조 되어 다시 수출되는 형태였다. 역시 그들에게 인도의 산업발전은 중요하지 않았던 것이다. 1911년 심지어 저명한 경제학자 존 메이나드 케인즈(John Maynard Keynes)[25] 조차도 "각 국가가 전문성을 가지는 것은 좋은 일이지만, 인도에서 교육받은 계층의 사람들은 애국심을 바탕으로 인도의 산업화를 갈망하는 것 같다. 하지만 이러한 산업화는 바람직하지도 일어날 것 같지도 않을 것이라고 본다"고 설파한 바 있다.

"그림으로 보는 인도(A Pictorial History of India)"[26]라는 책에서 사비야사치 바타차르야(Sabyasachi Bhattacharya)는 "영국이 인도에 자본을 투자하는 것은 19세기에 타바코, 경화유, 전자기구, 제약 그리고 석유에 이어 황마 제분소, 광산, 차 플랜테이션을 제외하고는 산업발전에 큰 영향을 주지 못했다"고 서술한다. 따라서 인도의 산업과 상업의 발전은 전통적인 비즈니스 집단에 속해있던 인도의 애국심 강한 교육 받은 계층의 손에 달려 있었다.

영국의 엄청난 통제 아래 이루어지던 수출입 무역의 막대한 양 때문에 "라지"기간 동안 설립된 초기의 기업들은 1773년 워렌 해스팅즈 총독 시절 당시 꼴까따에서 "General Bank"와 사업을 시작한 은행과 보험회사였다. 1793년 "Calcutta Laudable Mutual Insurance Society"가 문을 열었고, "Bank of Calcutta"는 1806년 문을 열었다. 1809년 "Bank of Calcutta"는 "Bank of Bengal"로 개명하고 1947년 인도가 독립하면서 "State Bank of

India"가 되는 "Imperial Bank of India"와 1921년 합병했다. "State Bank of India"는 현재 인도 최대의 은행으로 자리잡았다.

최초의 인도 회사법(Indian Company Act)이 1850년에 제정되었고(1856년 유한책임회사를 포함시키려 개정되었다), 최초의 인도회사 "New Oriental Life Insurance Co. Ltd."가 1851년 인도 회사법 아래 등록되었다.

그러나 인도인 소유의 제조 회사를 짓는 데 선구자 역할을 했던 것은 서인도에 있던 파시(Parsi) 비즈니스 커뮤니티였다. 이 커뮤니티는 1843년 영국에서 직물 기기 수출 제한이 철폐된 이후 19세기 중반에 최초의 방직소를 세웠다. 연이어 이들은 1854년 7월 7일 카와지 나나바이 다바르(Cawasji Nanabhai Davar)가 "Bombay Spinning and Weaving Co."를 세웠고 한 달 후 마네크지 나사르반지 페티트(Manekji Nasarvanji Petit)가 "Oriental Spinning & Weaving Co."를 설립하였다. 인도 최고의 복합기업인 Tata Group의 설립자인 잠셰디 나사르반지 타타(Jamshedji Nasarvanji Tata)가 1887년 나그푸르(Nagpur)에 "Empress Mills"을 세우고 얼마 후 뭄바이에 "Swadeshi Mills"를 설립했다.

다른 지역의 인도 비즈니스 커뮤니티는 사업을 시작하는 것이 다소 느렸다. 꼴까따에 식민지 주도를 둔 동인도는 영국으로부터 정치적 행정적 지배를 받고 있었다. 또한 남쪽뿐 아니라 동쪽도 거의 완전히 영국 소유이거나 영국이 통제하는 대리경영 체제(Agency Houses)에 의해 완벽히 지배를 받고 있었다. 하지만 북인도 지역은 인도가 1857년 독립전쟁을 할 때까지(영국은 이를 "인도 폭동"이라 불렀다) 무굴 황제의 통치하에 있었다.

황마 산업을 통해 동인도는 돌파구를 찾게 되었다. 1855년 벵갈 출신의 기업가 비숨버 센(Bysumber Sen)이 조지 아크랜드(George Acland)와 손을 잡고 인도 최초의 조직화 된 황마 제분소를 설립했다. 1860년대 크림전쟁 이후, 그 당시 포장 재료였던 대마의 공급량이 줄어들자 인도의 황마 수출에 큰 도움이 되었다. 비숨버의 몇 년간의 노력 끝에 (훗날 인도 비즈니스와 산업에 1인자가 되는) G.D 벌라(G.D. Birla)가 영국 대리경영 체제와 정부가 제기할 강력한 반대를 무릅쓰며 "Birla Jute Mills"라는 이름의 더 큰 제분소를 세웠다.

하지만 제 1차 세계대전이 일어나면서 벵갈 출신의 많은 영국 사업가들이 군사적 혹은 다른 이유로 본국으로 돌아가게 되었을 때, 영국이 가지고 있던 황마에 대한 관심이 인도인들에게도 전해져 더 많은 제분소를 세우는 결과를 낳았다. 인도 소유의 황마 제분소는 1차 세계대전 동안 매년 100퍼센트가 넘는 배당률로 엄청난 돈을 벌었고 이로 인해 꼴까따로 옮겨간 많은 마르와리스(라자스탄 출신의 비즈니스 커뮤니티)가 돈을 벌게 된 것이다.

남인도 비즈니스 커뮤니티의 극단적 보수주의와 그 지역의 영국 대리경영 체제(Parry' s, Binnys, Arbuthnots, Best & Co. 등)의 지나친 간섭으로 인해 상대적으로 인프라가 충분하지 못했던 남인도에서의 기업 활동은 늦게 시작될 수 밖에 없었다. 마드라스(Madras)의 첫번째 직물 제조 공장도 뭄바이 출신의 기업인이 시작한 것이다.

인도에서의 공학사업은 "동인도 회사 군수품 회사(East India Company Ordnance Company)"가 뭄바이에 설립되고 난 직후인 1823년 시작되었다. 하지만 기록에 따르면 처음으로 회사 설립 계획서가 작성된 것은 1830년 조쉬아 마샬 히스(Josiah Marshall Heath)[27]에 의해 쿠달로르(Cuddalore) 근처에 설립된 "Porto Novo Steel & Iron Co."였다. 훗날 마드라스에 "East India Iron Co."가 되는 이 회사는 1866년 무슨 이유에서 였는지 문을 닫았다. 이 지역의 철광석과 석탄 덕분에 1874년 아산솔(Asansol) 근처에 "Bengal Iron Works"가 설립되었지만 이 역시 영국 소유의 회사였다.

잠셰디 타타는 그의 천재성과 비전으로 인도가 산업화의 길목에 접어 들도록 애썼고, 이는 그의 회사인 "타타 철강회사(TISCO)"가 설립되면서부터 시작되었다. 뒤젠드라 트리파티(Dwijendra Tripathi)는 「그림으로 보는 인도 비즈니스 역사(A Pictorial History of Indian Business」[28]에서 이렇게 서술했다. "인도에서 철강을 생산하려는 잠셰디 타타의 꿈은 과거에 이 일에 손을 댔었던 모든 사람들에게 불가능해 보였고, 현재의 상황을 고려하더라도 가능성은 높아 보이지 않았다. 하지만 잠셰디는 말도 안 되는 규제도 이겨냈고, 도움을 주지 않는 정부, 자금핍박 그리고 기술인력의 부족까지도 견뎌냈다. 유감스러운 것은 그가 그의 꿈의 프로젝트가 실현되는 것을 보지 못했다는 것이다. 하지만 1907년 마침내 TISCO가 실현되었고 이는 모두 그의 통찰력과 과단성 있는 결심 덕분이었다. 그가 기술자를 찾기 위해 미국에 갔을 때에도 그는 아들 도라브지(Dorabji)에게 비하르(Bihar)에서 진행되는 프로젝트의 전반적 사항에 대해 하나하나 공들여 지시사항을 보내는 것을 멈추지 않았다"

잠셰디 타타가 로드 런던 정부에서 인도의 국무장관 역할을 하던 조지 해밀턴(Lord George Hamilton)을 만났을 때, 로드 해밀턴은 잠셰디에게 타타 그룹에서 생산하는 철강을 모조리 집어 삼킬 준비가 되어있다고 장담했다. 하지만 그로부터 몇년 후 TISCO는 최고 품질의 철강을 생산하게 되고 런던 금융시장은 잠셰디 타타가 160만 파운드를 증자하려 할 때 그를 저지하였다. 잠셰디 타타는 저지 당하는 것을 막기 위해 인도인들에게 애국심에 호소했고, 몇 주 후 8천명의 인도인 주주들 덕에 그 양만큼 값을 증자할 수 있었다. 이에 대해 빅토리아 여왕은 "우리는 놀라지 않았다"고 말했다. TISCO는 "아이러니하게도"(농담어조로) 인도가 세계 2차 대전 동안 지배를 받았던 영국에게 믿음직한 고급 강철, 철도 그리고 다른 생산품의 공급원이 된 것이다.

1909년 뭄바이에 위치한 Victoria Jubilee Technical Institute에서 "엔지니어링 드로잉"을 가르치던 락스만라오 킬로스카(Laxmanrao Kirloskar)는 표면상으로는 인종적 이유로 승진에서 탈락하자 사직서를 내고 벨감(Belgaum, 현재의 카르나타카Karnataka, 주도州都는 뱅갈루루, 옛 이름은 마이소르)으로 건너가 쟁기와 다른 농기구를 제조하는 공장을 세우게 되었다. 이러한 산업은 역사상 처음 있는 일이었다. 몇 년 후[29] 공장은 모두 키르로스카와디(Kirloskarwadi, 코라푸르Kohlapur)로 이전되었고 디젤 엔진이나 원심펌프와 같은 생산품목이 추가되었다.

그 후 킬로스카 제국(Kirloskar empire)은 기계 장치, 전기 모터, 변압기, 압축기, 연소엔진과 같은 것들을 제조할 수 있는 추가적인 공장을 충분히 설립하게 되었다. 1945년 킬로스카 가문은 최초로 영국회사와 "Associated British Oil Engines Export Ltd."라는 합작회사를 운영하게 되었다. 현재 이 회사는 원래 생산하던 제품의 종류를 떠나서 일본 도요타와 합작해 승용차도 생산하고 있다.

반면 Tata Group은 제 1차 세계대전 이후 특히 영국의 운송수단과 공급이 심각하게 분열되었을 때, 인도 내의 영국회사의 재정력과 인력이 약해지게 되는 틈을 타 거대하게 몸집을 부풀리기 시작했다.

1910년 Tata Hydroelectric Power Supply Co.가 설립된 배경은 매우 흥미롭다. 1902년 "Kolar Goldfields Power Company"는 미국회사 GE와 연합해 카우베리 폭포(Cauvery falls, 뱅갈루루에 전기를 공급함) 근처 시바순다람 섬(Sivasundaram Islands) 마이소르주(州)에 설립되었다.[30] 이것은 미국 회사가 인도에서 활동한 공식적인 첫번째 기록이다. (비록 1882년 토마스 에디슨이 영국에 "Edison's Indian and Colonial Electric Light Co."를 설립해 인도와 그 외 영국이 지배하는 다른 식민국가에 전력 관련 프로젝트를 수행하려 했었지만 말이다.) 해리 파커 깁스(Harry Parker Gibbs)는 이 프로젝트의 수석 엔지니어 자격으로 미국 GE사(社)로부터 인도로 파견되었다. 깁스는 1916년 "안드라 계곡 전력 공급 회사(Andhra Valley Power Supply Co.)"를 포함한 전력회사 설립을 위해 타타에 채용되었고 1919년 이 회사는 "타타 전력 주식회사(Tata Power Co. Ltd)"가 되었다.

1900년대 초반 Tata는 세계적으로 유명한 "타지마할 호텔(Taj Mahal Hotel)"을 뭄바이에 열었고 1912년 제 1차 세계대전 직후 다른 회사와 합작해 최초의 시멘트 회사를 설립하였다. 이 모든 대형 프로젝트를 수행하기 위해 Tata Group은 "타타 건설 회사(Tata Construction Company)"를 설립했다. 1920년 Tata Group은 젊은 기업인 월찬드 히라찬드(Walchand Hirachand)를 초빙해 이 기업의 파트너로 삼고 회사를 경영하게 했다. 1923년 월찬드[31]는 나식(Nasik) 근처에 넓은 땅을 사 환금작물을 기르고 이는 훗날 "Ravalgaon 라바가온"을 설립하는 데 필요한 설탕, 사탕, 사탕제조

공장 그리고 훗날 판지, 종이, 식용유와 알코올의 공급원이 되었다(역주; 라바가온은 인도의 대표적 사탕제조사이다).

다른 영역에서 그랬던 것처럼, 열렬한 애국심은 인도인 기업가와 제조업자들이 영국의 독점적 무역형태에 도전하기 시작했다. 아흐메다바드(Ahmedabad) 출신의 직물 제조업자 마파트랄 가간바이(Mafatlal Gaganbhai)는 영국이 벵갈에서 황마에 대한 물권을 가지고 있는 것에 도전하여 해안가에 "Ratnakar Steam Navigation Co."라는 소규모 선박회사를 차렸다. 하지만 진정 영국의 독점상태에 도전한 것은 월찬드 히라찬드였다. 그는 세 명의 파트너와 함께 1919년 "Scindia Steamship Navigation Co."를 차리게 되고 "Ratnakar Steam Navigation Co"를 합병시킨다. 물론 영국은 이에 대해 불편한 심기를 드러내게 된다. 월찬드는 당시 "British India Navigation Co."의 사장이던 로드 인취케이프(Lord Inchcape)에게 "인도인들은 모국의 연안에 우리 손으로 지은 증기선을 띄울 권리가 있다"고 말했다.

1940년 12월 월찬드는 마이소르의 마하라자에게서 선물 받은 땅 뱅갈루루에 "힌두스탄 항공 회사(Hindustan Aircraft Company)"를 설립하였다. 회사는 미국의 "Intercontinental Aircraft Company"와 합작한 것으로 할로우 트레이너, 쿠티스(curtiss 미국 전투기) 호크 조종사 그리고 버티(vultee) 공격 폭탄 전투기와 연합한 것이었다. 1941년 그는 비샤카파트남(Vishakapatnam)에 최초로 인도인이 소유한 현대식의 "힌두스탄 조선소(Hindustan Shipyard)"를 설립하였다. 독립 이후 이 두 회사 모두 인도 정부에게 소유권이 넘어가게 되었고, 오늘날에는 인도의 국방에 필요한 물품을 생산하는 회사로 자리잡았다.

인도 비즈니스와 산업의 선구자들은 영국의 독점적 물권에 강하게 도전했다. 그들은 직접적으로 재정적 도움을 준다던가 어떤 경우에는 투옥되기도 하였지만, 마하트마 간디가 제창한 "Quit India[32]"나 비 협력 운동과 같은 저항운동에 참여하는 방식으로도 인도의 독립운동에 참여하였다. 애국심과 국수주의는 기업가로부터 시작되어 전문직 종사자, 상인, 무역업자 그리고 소상인들에게도 널리 퍼졌다.

영국의 지배에 대항하려는 노력은 제지, 차, 탄광과 같은 다양한 산업분야에서 일어났다. 꼴까따에서 수은혼합물에 대한 연구로 세계적인 명성을 누리고 있던 Edinburah 대학 박사 출신의 P.C 레이(P.C. Ray)는 인도인들은 값이 저렴한 약을 구입할 수 있어야 하고 영국 제약회사의 지배에서부터 벗어나야 한다고 주장했다. 1899년 그는 인도 최초의 의약제조 회사인 "Bengal Chemicals & Pharmaceuticals Works"를 설립했다. 이런 점들을 고려할 때 인도의 독립 즈음, 인도 기업이 국내시장의 70퍼센트 이상을 점유했다는 것과 은행 자본의 80퍼센트 이상을 컨트롤 할 수 있었다는 점, 그리고 자급자족이 가능했다는 점은 그리 놀라운 일이 아니다.

인도 독립 이전의 영국 회사

이미 언급되었듯이 영국의 인도 상업에 대한 지배는 현저하게 무역에 기반을 두고 있었다. 이러한 투기적 기업에 전형적으로 투자하는 자본의 양은 많지 않았고, 보통 개인이나 Andrew Yule, Bird-Heilgers, Jardine Skinner, Rallis, Killick Nixon, Brady & co., British India Corporation과 같은 운영 에이전시에 의해 직접적으로 이루어졌다. 이 회사들은 황마나 면화 제분소, 기초 엔지니어링 공장, 광산회사, 차 플랜테이션과 같은 제조 공장을 운영하긴 했지만, 대리경영 체제로 황마, 황마 제품, 차, 면화, 셸락과 같은 제품을 원래 수출하고 있었고 면직물, 방사, 제지, 여러 종류의 소비자 제품 그리고 제조 기기와 같은 제조 된 물품을 수입하고 있었다.

그 당시 꼴까따는 영국령의 수도로 도시에 전기를 공급하는 중요한 역할을 하였다. 1879년 7월 24일 P.W. Fleury and Co.에 의해 최초로 도시에 전기가 들어왔다. 하지만 런던에 본부를 둔 "Calcutta Electric Supply Company Corporation"가 1897년 도시에 전기를 공급할 수 있는 라이센스를 취득하기까지는 그 이후로도 20년이나 걸렸다. 그럼에도 불구하고 단지 뉴욕보다 12년 그리고 런던보다 11년 늦은 1899년에 도시에 전기가 들어왔을 때, 이는 인도와 꼴까따의 중요성이 입증되는 순간이었다.

그러나 제 1차 세계대전 이후 영국의 대(對) 인도 투자성향이 바뀌기 시작했다. 이 전쟁으로 인해 인도는 수입에 덜 의존하면서 산업발전을 이룰 수 있게 되었고 1929년부터 1933년까지 대공황을 겪으며 제조품보다 농작물의 가격을 낮춤으로써 이를 산업성장의 자극제로 삼았다. 결과적으로 1913년부터 1938년까지 영국이 인도를 지배하면서 산업생산물은 꾸준히 증가하였다.

두 번의 세계대전 기간 동안 산업혁명과 전후(戰後) 성장에 대한 요구에서 비롯된 추진력으로 영국 다국적 기업이 증가하였다. 그리하여 네빌 챔벌린(Neville Chamberlain)의 아버지이자 영국 미래 총리감이었던 조셉 챔벌린(Joseph Chamberlain)이 부분적으로 소유하고 경영했던 Imperial Chemical Indistries, Unilever, General Electric Company(영국), Guest Keen Nettlefolds와 같은 회사들이 탄생하였다. 인도 내의 기업들 중 특히 영국계 회사에 보호막이 설치되어 많은 다국적 기업들이 인도에서 회사 경영을 시작했다. 비록 에드워드 드워어(Edward Dwyer)가 1855년 솔란에 드워어 양조장(Dwyer Breweries, 훗날 드워어 미킨Dwyer Meakin으로 불림)을 세우고 레버 형제(Lever Brothers)가 1888년 "Sunlight" 브랜드 비누의 수입과 판매를 위해 꼴까따에 회사를 세우게 되지만, 진정한 의미의 회사 법인이 최초로 세워진 것은 1911년 꼴까따에 세워진 GEC의 전기기기와 선풍기 회사였다.

1911년 Brunner Mond라는 영국 회사가 염료와 알칼리를 판매하기 위해 꼴까따에 판매회사를 설립했다. 이 회사는 1926년 Imperial Chemical Industries로 합병되는 네 개 회사 중 하나이다. 1929년 인도 회사는 Imperial Chemical Industries India Ltd.라고 개명하고 1939년 웨스트 벵갈 리슈라(Rishra)에서 "Alkali and Chemical Corporation of India"라는 자회사로 완전한 규모를 갖춘 제조업을 시작했다.

다른 영국 다국적 기업들도 곧 꼴까따로 진출하였다. Britannia Biscuit(Peak Frean & Co.의 다른 이름)는 1918년에, Dunlop은 1926년, Metal Box는 1933년, 훗날 Guest Keen Williams로 개명되는 Guest Keen Nettlefold는 1931년에 Henry Williams India Ltd.,와 함께, 그리고 British Oxygen은 1935년 Indian Oxygen & Acetylene co.와 함께 진출했다. 1947년 인도가 독립했을 때 인도 내의 영국 개인자본점유율의 절반 정도가 영국회사의 자회사였고, 이는 외국인 직접투자의 형태였다.[33]

하지만 1947년 독립투쟁을 향한 전조로써 인도의 비즈니스는 이미 인도 내의 영국 회사들에게 도전하고 있었고 시장점유율을 높이고 있었다. 독립 후 많은 영국 회사들이 그들의 회사와 경영을 맡았던 대행사를 인도 대기업에 매각했다. "유니언 잭(Union Jack)"과 함께 인도 내 영국 비즈니스는 몰락했고 1980년대가 되어서야 되살아나기 시작했다.

인도 독립 이전의 미국과 유럽 회사

인도에서 최초로 "얼음무역" 외에 최신식 미국 비즈니스가 시작된 것은 전력 분야와 연관이 있다. 앞에서 언급되었듯이 마이소르의 마하라자는 General Electric과 합작해 주(州)에 최신식 발전소를 지었다. 같은 해에 미국 재정 기관인 "International Banking Corporation"은 꼴까따에 은행을 설립하고 황마, 실크 그리고 면화직물의 무역과 수출을 금전적으로 도왔다. 2002년 12월 15일 이 기관은 인도 설립 100주년을 기념하였고 현재는 "Citibank"라는 이름으로 존재하고 있다.

1910년 재봉틀을 제작하고 판매하는 "Singer Sewing Machine Company"가 설립되고 1912년 이 회사는 인도에서 최초로 진정한 의미의 다국적 제조기업이 된다. Singer는 인도인들의 손으로 전해져 내려와 지금까지도 널리 알려진 브랜드이다.

자동차는 1900년에 최초로 인도에 전해졌다고 기록되어있다. 하지만

1928년 "General Motors"가 봄베이(현재는 뭄바이)에 조업공장을 설립하여 Buick and Chevrolet marquees 브랜드로 차와 트럭을 매년 만 천대씩 생산하기 시작했다. 이것은 1946년 Walchand' s Primier Automobiles와 합작 해 Dodge DeSoto와 Plymouth로 이어진다. 이미 언급되었듯이 월찬드는 미국의 "Intercontinental Aircraft Company"와 합작해 뱅갈루루에 "Hindustan Aeronautics"라는 항공 합자 회사를 설립한다.

인도 내 최초의 유럽회사는 스위스 회사 "Volkart Brothers"였다. 이 회사는 1851년 봄베이에 본부를 두고 대규모 무역회사를 세워 커피, 면화, 그리고 공산품을 교역하였다. 1857년 첫 번째 커피 회사 "Volcafe"를 열게 되고 인도에서 커피 재배 지역 근처인 텔리체리(Tellicherry)에 계속해서 시설을 증대시켰다.

덴마크 회사 "Dumex"는 1920년 유아식 회사를 설립하고 이어 1928년 제약회사를 설립하였다. 다른 회사들도 뒤를 이어 Swedish Match AB(Western India Match Company처럼)는 1923년 회사경영을 시작하고, 체코 · 캐나다 회사 "Bata Shoe Company"는 1931년 인도에 상륙하여 1936년 꼴까따 바타나가르(Batanagar)에 최초로 최신식 신발공장을 세우기도 했다. 필립스가 1939년 인도 최초의 전기램프 공장을 세우는 동안 스웨덴 회사 "Vulcan(벌칸 전력회사)"(Alfa Laval)은 1937년 푸나(Poona)에 영업기지를 구축했다.

인도 독립 후의 비즈니스 : 사회주의의 도래

1947년 8월 15일 인도가 독립하면서 사업에 있어서 변화가 발생했다. 독립하기 전에도 J.R.D. 타타, 월찬드 히라찬드, 파담팟 싱하냐(Padampat Singhania)와 같은 1940년대의 거물들을 포함해 인도 산업에 있어서 1인자라 할 수 있는 인물들이 "The Bombay Plan"을 수립했다. 이 플랜은 "인도의 자본가 계층 리더들이 애국심을 가지고 개인의 이익을 '버리고 –

eclipse' 인도 산업의 부활을 위해 받아들인 청사진" 이었다.[34] 인도의 뛰어난 자본가들이 속해있는 The Federation of Indian Chambers of Commerce and Industry(FICCI 인도상공회의소 협회)는 마하트마 간디가 장려했던 기관으로, 여당인 인도 국민회의파(Indian National Congress)의 정책이 "인도를 부강하고 스스로 경제력을 갖춘 나라를 만들겠다는 전략"이 되도록 강력히 지지했다.[35]

막 독립한 국가의 정부에게 성장을 위한 경제정책이 주어졌을 때, 정책수립은 그 전 식민지배 시절의 경험과 통치 기간 동안 받았던 불평등과 결핍되어었던 것들에 의해 큰 영향을 받게 된다. 인도의 유명한 외교관 아비드 후세인(Abid Hussain)은 "오랫동안 식민지배를 받다가 독립을 하게 되면 국가와 국민들은 과거의 영광과 광채에서 벗어나 고통을 겪게 된다. 인도문명에서의 창조성은 식민지배로 인해 줄어들었다. 가난, 굶주림 그리고 무지(無知)로 똘똘 뭉친 소시민들은 생산력을 높이기 위한 힘을 모조리 잃어버렸다. 그들은 암흑에서 벗어나 간디나 네루와 같은 훌륭한 비전을 가진 이들을 통해 되살아나야 한다"라고 호소했다.[36]

아비드 후세인은 "인도의 경기는 독립 당시 정체상태였다. 경제구조는 아무런 산업 없이 농업에 기반을 두고 있었다. 대부분의 사람들이 굶주림과 절망 속에서 농촌에 살고 있었다. 소가 끄는 수레, 나무로 만든 쟁기, 물레 그리고 이엉으로 엮은 오두막처럼 삶은 최소한의 것으로 이루어져 있었고 상상조차 할 수 없을 정도로 힘겹고 단조로웠으며 처절했다. 20세기 전반 농업성장율은 1년에 고작 0.3퍼센트 정도였다. 식민정부는 면화, 황마 그리고 차와 같은 수출작물을 제외하고는 경작방법을 향상시키는 것에 대해 관심이 없었다" 라고 말했다.

영국의 산업 정책은 그들 소유의 공장에서 물품을 제조해 전 세계로 수출하기 위해 인도에서 원료와 중간생산물을 획득하는 것이었다. 따라서 영국은 인도의 산업적 기반을 향상시키는 데에는 관심이 없었다. 이는 인도에서는 제조업과 일자리 창출이 이루어지지 않았지만, 인도에서 들여온 원료를 기반으로 하는 리버풀이나 맨체스터에서는 일자리 창출이 쉽게 이루어지는 결과를 낳았다.

1947년 네루가 인도의 초대 총리가 되었다. 캠브리지 대학에서 수학하는 동안 윌리암 모리스(William Morris)나 조지 버나드 쇼(George Bernard Shaw) 그리고 1945년 영국 노동정부의 페이비언 사회주의에 영향을 받은 네루는 소련이 가지고 있던 중앙집권적 체제를 우러러보았고, 이를 새롭게 독립한 국가를 다스리는 데 이상적인 방법이라고 생각하였다. 앞에서 언급되었듯이 이렇게 중앙집권화 된 통제 시스템은 인도의 기업가와 상인들에게도 지지를 받았다.

결과적으로 독립 직후인 1948년 중공업과 공공분야에 중점을 두는 인도의 "Industrial Policy Resolution(산업 정책 결의안)"이 마련되었다. 이러한 체제 하에 정부는 철강, 텔레커뮤니케이션, 석유와 같은 중요한 산업분야를 독점하게 되었다. 다른 열여덟 개 분야의 산업은 중앙정부의 통제 하에 놓여졌다.

안타깝게도 전시(戰時) 통제로 인해 식민정부의 유산이 되어버린 수출입, 환전, 산업허가, 자본 발행과 같은 경제상의 제재는 이미 이루어 지고 있었다. 그 당시 이러한 제재는 새로운 정부의 산업 정책으로 통합되어 소련 스타일의 "5개년 계획"이 정기국회에서 비준되었고, "국가기획위원회"는 간과되었다.

상황은 더욱 악화되었다. 1955년 정기국회에서 여당은 "정책은 생산품에 대해 사회가 소유하고 이에 따라 통제 된다는 사회주의 패턴을 사회에 정착시키는 방향으로 만들어져야 한다"는 것과 "더 나아가 전략적 통제, 개인적 신용이나 카르텔로 인해 생기는 무질서한 산업 발전의 악한 부분을 감독하고 방지해야 한다"라는 내용의 결의안을 통과시켰다. 이러한 분위기는 1956년 "Industrial Policy Resolution 산업 정책 결의안"으로 나타나게 되었고 1961년과 1969년 "Monopolies and Restrictive Trade Practices Act(독점과 제한적 무역에 관한 법령)"와 같은 엄격한 수단이 추가되었다.

처음에 중앙집권적 통치를 지지했던 인도의 사기업들은 "곤경(pickle)"에 빠지게 된다. 그들의 회사와 모든 활동은 이제 엄격한 정치적, 관료적 통제하에 놓이게 되었고, 민영부분의 "소득창출"은 사회악으로 비추어졌다. 월세를 받아 먹으려는 정치가와 관료들의 욕심을 채워 줘야 만이 살아남을 수 있었다. 그들은 사기 힘든 산업허가증이나 수입허가증을 매점하는 방법을 썼는데, 이것이 바로 "License-Permit Raj"이다. 현재 인도상공회의소 협회의 사무총장 아밋 미트라(Amit Mitra)는 "사기업은 수입 대체 체제에서 소규모 경제운영으로 인한 비용과 의무 채용, 낮은 생산력, 품질 저하, 시대에 뒤떨어진 기술, 면하기 어려운 월세, 국제 사회에서의 고립을 감수하면서까지 직무상으로 남아 있기 위해 정처 없이 방황했다"고 말했다.[37]

이러한 상황은 인도인민당(Baratiya Janata Party - 힌두 극우 정당)이 이끄는 야당정부가 정권을 잡은 1977년부터 1979년까지 지속되었다. 더욱 안타까운 것은 이 기간이 IBM, ICL, Cocacola와 같은 다국적기업이 철수하는 시기였다는 것이다.

인도의 경제 자유주의

그러나 인디라 간디(Indira Gandhi)가 집권을 시작한 1980년 인도의 비즈니스와 산업 체제가 더 이상 엄격한 사회주의 방식을 따를 수 없다는 것이 명확해졌다. 1980년 정책 변화가 일어나긴 했지만, 아밋 미트라[38]에 의하면 새 정부는 "신중하고 자기 반성적이었으며 두 거대한 산업 라이센스를 취소하는 것, 수출하는 제조회사가 수입할 수 있도록 접근하는 것, 최신식 기술 습득에 대한 마인드를 변화시키는 것에 초점을 맞추었다. 이렇게 앞뒤가 맞지 않게 실행되는 관리 해제 정책의 결과는 놀라웠다. 1980년대 경제 성장률은 3퍼센트에서 5.5퍼센트까지 훌쩍 올랐고 생산력 역시 향상되었다. 인도는 시장과 민간기업을 통해 새로운 정경체제로 들어설 준비가 되어있었다. 쇠락이 멈춘 'License-Permit Raj'는 이제 제한되었고, 인도는 강인한 신세계로 접어들고 있었다"고 말했다.

규제완화와 라이센스, 국가 보조금, 국가보조금과 다른 정치적 관료적 방해물을 점진적으로 철폐해 가면서 예전에 설립되어 규제와 월세를 받아먹으려는 구질서의 "게임"에서 이겨 살아남은 사업체들은 곧 심각한 문제에 봉착하게 되고, 이후 무능한 기업들은 문을 닫기 시작했다. 특히 주(州)에 위치한 사기업이 능력이 모자라면 이는 정말 심각한 문제였다. 이때 새로운 컨셉과 현대적 경영방식, 규모의 경제, 그리고 전 지구적 관점에서 문제를 해결하려는 접근 방식을 소유한 경쟁력 있는 산업영역에서 디루바이 암바니(Dhirubhai Ambani) 같은 제 1세대 기업인들이 나타나기 시작했다. 특히 IT, 생명공학 그리고 텔레커뮤니케이션과 같은 첨단 기술 분야가 현대적 사고 방식의 소유자 라지브 간디(Rajiv Gandhi)와 천부적 재능을 지닌 조언자 샘 피트로다(Sam Pitroda)에 의해 촉진 되었다. 이로 인해 Infosys, HCL, Biocon, Bharati Telecom, Dr. Reddy's, Ranbaxy와 같은 기업이 마구 생겨났다. 마치 개벽하는 것 같았다. 새로운 부 창출자들이 나타난 것이다.

하지만 무능력한 기업과 구질서에 대한 통제는 계속되었고, 이는 특히 환전 통제 과정에서 심각하게 드러났다. 1980년 후반까지 인도 경제는 글로벌 스탠다드에 도달하기 위해 사력을 다하고 있었고 수입에 대한 의존도가 심화된 상태였다. 인도의 경제는 국제사회의 재정 시스템의 압력과 변화에 영향을 받았다. 이로 인해 인도의 국제수지와 외채 의존도는 더욱 취약해졌다. 1991년 인도는 "빚의 덫(debt trap)"에 갇히게 되었고 전면적인 혁신 외에는 다른 대안을 찾을 수 없게 되었다. 결국 1991년 그 당시 재경부 장관이자 이 책을 쓰는 지금 총리인 만모한 싱(Manmohan Singh)이 집권하게 되면서 엄청난 경제 개혁이 시작되었다. (2008년 현재 재경부 장관; 팔라니아판 치담바람Palaniappan Chidambaram, 총리; 만모한 싱Manmohan Singh) 라이센싱이 철폐되고 Monopolies and Restrictive Trade Practices Commission(독점 및 제한적 무역위원회)을 해산시키고 수출입에 대한 규제를 거의 없앴다. 가장 중요한 것은 환율이 제대로 자리잡았고 중요한 국고를

낭비한 직원들이 해임되었다. 그 외의 것들은 사람들이 이야기 하듯 역사일 뿐이다. 인도는 현재 2020년을 목표로 전 세계에서 네 번째로 거대한 경제적 슈퍼파워가 될 준비가 되어있다.

제 2 장

인도의 부상 : 서양과의 대립

현재 인도는 점차 지식을 기반으로 한 활동을 중시하는 세계경제에서 떠오르는 강대국의 위치에 있다. 전 세계에서 두 번째로 높은 경제 성장률을 보여주고 있으며 2005년과 2006년 사이 GDP 8퍼센트 성장을 예상하고 있다. (역주; 2007~2008 회계연도 8.7퍼센트) 세계화와 더불어 정보기술 분야의 빠른 성장과 규제철폐는 급속도로 변화하는 환경 속의 기업들에게 도전뿐만 아니라 새로운 기회를 열어주었다.

변화된 시나리오에서 인도는 세계 경제에 활발한 참여자가 되는 동시에 유럽, 북미 그리고 아시아 지역의 정부뿐 아니라 외국인 투자자들의 관심의 대상이다. 여러 측면에서 인도는 세계 경제로 통합하고 있고 이를 입증하는 많은 지표가 있다. 첫째로, 인도 내 외국인 직접 투자가 급속히 증대하고 있다. 2001년 외국인 직접 투자는 66퍼센트나 증가되었다.[1] 인도의 외국인 직접 투자규모는 1990 - 1991년 1억3백만 달러에서 2001 - 2002년 59억 달러로 증가했다.[2] 1991년부터 2002년 사이 인도는 외국인 직접 투자로 240억 달러를 유치한 것으로 추정된다. 물론 이 수치는 훨씬 더 많은 액수 외국 기관의 투자를 제외한 것이다. (역주; 1990년부터 2007년까지 외국인 직접 투자는 총 546억 달러이다.)

인도에서 경제체제의 변화가 여전히 진행 중이라는 수치도 있다. 골드만 삭스의 연구에 따르면 인도는 2035년 미국과 일본에 이어 세계에서 세 번째로 큰 경제 규모를 가지게 될 것으로 예측된다.[3] Forbes 지(紙)가 선정한 세계 최고의 500대 기업에는 Indian Oil, HLL, Infosys, Reliance, WIPRO와 같은 인도 기업이 9개나 순위에 올라 있다.[4] 1999년, 인도는 아시아 자동차 시장에서 세 번째로 큰 규모를 자랑하게 된다.[5]

많은 외국 기업들이 인도에 들어옴에 따라 경쟁이 치열해져 인도기업은 그들 제품의 질을 향상 시켜야 했고 이익창출을 위해 열심히 경쟁할 수 밖에 없었다. 인도는 외국 기업이 그들의 사업을 외주 제작할 회사를 찾는 정박소처럼 되었다. General Electric은 인도에서 외주제작 함으로써 한 해에 3억 5천만 달러를 절약했다고 한다.[6] IBM이 1억 5천만 달러에서 2억 달러 정도의 가치를 얻을 수 있다고 판단하여 인도에서 세 번째로 큰 비영업 부문 서비스 회사인 Daksh(3장에 자세한 설명) 매입 결정을 내린 것은 투자대상으로써 인도가 얼마나 매력적인지를 알려준다.[7] 인도에는 셀 수 없는 많은 수의 콜센터가 있는 것으로 추정되고 자금 회전율은 20억 달러 정도되며 15만 명이 Citibank, Deutsche Bank, HSBC, Dell Computer, SAS 그리고 Compaq과 같은 회사에서 일하는 것으로 알려졌다.[8]

중요한 경제 행위자로서의 인도의 부활은 역사 속에서 이미 선행되었다. 19세기 초반 인도는 세계 GDP의 16퍼센트를 차지했던 것으로 알려졌다.[9] 이 책의 1장에서 언급되었듯이, 서기 200년 경 인도는 중요한 무역국가였고 서기 327년 알렉산더 대왕이 인도를 침입 했을 만큼 상업이 발달한 나라로 명성을 누리고 있었다.[10] 인도는 로마제국에도 인도의 제품을 수출했고 로마 제국 멸망 후에는 남아시아뿐 아니라 그 지역의 계승자들과도 관계를 발전 시켜나갔다. 무역에 있어서 인도인들의 활발한 활동은 인도인들의 강력한 기업가 정신을 보여준다. 이 정신은 식민지배와 외부 침입에 의해(사라지지는 않았지만) 줄어들게 되고 독립 후에는 혁신적인 사고방식을 막는 제재적 레짐 때문에 약화되기도 했다.

이러한 기업가 정신이 오늘날까지 살아있다는 증거는 인도의 IT산업 발전뿐 아니라(제 3장 참고), 해외로 이주한 인도기업인들이 다수의 이익뿐 아니라 개인의 이익을 위해 기업가 정신을 발휘했다는 데 있다. 예를 들면 실리콘 밸리 엔지니어의 3분의 1이 인도 출신이고, 하이테크 기업의 7퍼센트가 인도인을최고 경영자로 두고있다.[11] 이와 마찬가지로 Microsoft 직원의 3분의 1, IBM 직원의 4분의 1, Intel 과학자의 6분의 1이 인도 출신이다. 물론 다른 예도 있다. 자이나 교인(Jain community)들의 경우이다. 이들은 국제 다이아몬드 시장의 50퍼센트 정도를 소유하고 있는 것으로 추정된다.[12] 인도의 선두그룹인 Tata Group과 Birlas는 영국지배 하에서 발전했고, 1947년 이후 제재적 레짐 속에서 그들의 위치를 견고히 다져나갔다. 현재 2천5백만 인도인들이 해외에서 거주하고 있고, 그들의 중요성은 점점 높아지고 있다.

인도가 경제 강국으로 부상한다는 것은 인도에서 사업을 시작하려는 외국인 투자자들에게 어떤 의미가 있을까? 이것이 바로 우리가 지금 중점적으로 다루려는 주제이다. 비록 인도가 경제 강국으로 부활할 것이라는 것이 학자들과 기업인들의 생각이지만, 인도는 여전히 경제 변환의 과정 속에 있다. 인도의 시장이 많은 기회를 제공하게 되면, 그 기회는 올바른 방향으로 이용되어야 할 것이다.

인도에서 사업을 시작하려면 이러한 노력과 인도 비즈니스 환경에 대한 깊은 이해가 선행되어야 한다. 이를 위해서는 인도의 경제적 상황을 좌지우지하는 인도의 정치적, 문화적 그리고 경제적 현실에 대한 정확한 지식이 요구된다. 비록 모든 비즈니스 기회가 유일하긴 하지만 이 기회를 모두를 위한 윈-윈(win-win) 전략으로 만들기 위해서는 환경을 둘러싸고 있는 현실에 대한 꼼꼼한 이해가 필요하다.

우리는 이 장(章)에서 구조적 환경으로 인해 인도와 북미 그리고 유럽국가들에서 발생하는 차이점과 이 나라들에서 비즈니스를 하기 위해 알아 두어야 할 관습들을 광범위하게 살펴보도록 하겠다. 정치적 문화적 환경에 대한 구체적인 분석은 이 책의 뒷부분에서 차차 다룰 것이다. 구조적 환경은 경제적, 정치적 그리고 사회문화적 측면을 모두 포함한다. 이러한 측면들을 서로서로 완전히 분리해서 생각할 수 없겠지만, 우리는 명확한 구분을 위해 이것들을 각각의 독립된 개체로 설명할 것이다. 이 책에서는 유럽 국가들이 모두 다 똑같은 환경을 가졌다고 전제하여 설명하지 않을 것이고, 유럽국가의 비즈니스 환경은 북미와는 분명 다르다는 것을 인식하며 설명 할 것이다. 그러므로 이러한 구조적 차이는 서유럽 국가들과 미국 사이보다는 인도와 서양국가들 간에 더욱 클 것이다.

인도와 서양국가 간의 제도적 대립

"19세기는 유럽, 20세기는 미국 그리고 21세기는 아시아의 시대가 될 것이다."[13] 이 말은 각 지역에서 일어나고 있는 발전을 느끼고 있는 전문가들의 낙관론을 보여준다. 일부 전문가들은 아시아에서 오래 전부터 지켜온 강한 기업가정신을 가진 인도가 중국을 넘어 설지도 모른다고 주장한다.[14] The Global Entrepreneurship Monitor of the London Business School은 전 세계 기업가 정신을 순위로 매겼을 때 인도를 2위에 두었다.[15] 이 나라에 엄청난 잠재력이 있다는 것은 자명한 사실이다. 또 다른 주장의 배경은 인도와 서양국가 사이의 구조적 차이의 감소, 그리고 과거 서양국가와 인도 사이에 그랬듯 한 방향으로 지식이 흐르는 것이 아니라 쌍방향으로 지식의 흐름이 가능할 것이라는 것이다.

정치적 측면

2001년 스티븐 코헨(Stephen Cohen)은 그의 저서 *Emerging Power; India(떠오르는 대국; 인도)*에서 "인도는 현대적 국가이지만 고대의 문명국가와 같기도 하다"라고 서술하고 있다.[16] 인도는 1947년 영국으로부터 독립하면서 현대적 국가의 모습을 갖추게 된다. 고대 문명국으로써 현대의 인도는 인더스 계곡 문명에서 시작되었다. 이 문명은 기원전 3천년 대에 전성기를 누리게 된다. 이는 엄청나게 세련된 문명으로 상업이 중요한 역할을 하였다. 이 문명은 지리적으로 매우 큰 규모를 자랑했고 마치 이란의 동쪽 국경에서부터 인도 동쪽까지 넓게 퍼져있는 것만 같았다. 인더스 계곡 문명은 인도 – 아리안 문명이 시작되면서 몰락하기 시작했다. 인도 – 아리안 문명은 인도가 문명국가로서 자리잡을 수 있는 정신적 기둥이 되었다. 인도의 성서(聖書)(예, Vedas) 역시 바로 이 시기에 쓰여졌다.

초기 인도 정치질서에서 독특한 특징은 오랫동안 불안정한 상태를 유지했다는 것이다. 이 시기에는 사회를 변화시킬 수 있는 힘을 가진 기관이 절대적으로 부족했다.[17] 사회의 안정은 정치적 질서보다는 *Brahmanism*에 기반한 문화적 이데올로기에 의해 형성된 사회적 질서에 의존하였다. *브라민(Brahmin)*은 사회구성원 모두가 따라야 하는 문화적 법칙을 만들어 정치권력을 사회적 권력과 교환하였다. 카스트 제도가 가장 대표적인 예이다. 이 제도는 사회의 각 영역을 구분하게 되었고 계급사회의 바탕이 되었다. 힌두교 지도자들은 강압적으로 카스트제도를 적용시켰고, 그들의 임무는 힌두 사회제도를 보존하는 것이었다.[18]

정치권력과 사회권력의 분리는 초기 인도 문명의 특징이다. Brahmanism이 지배권 보다는 사회적 행위를 강조하게 된 것은 많은 중요한 의미를 내포한다. Brahmanism은 1450년부터 1670년 사이 개혁이 일어나고 르네상스가 부활하면서 정치 지도자들이 국경을 넘어 영향력을 넓혀가는 양상을 띠었던 유럽국가들의 발전양상과 대조적이다. 정치력 뿐만 아니라 경제력도 이 현상의 기동력이 되었다.[19] 이는 19세기 중반 유럽이 근대 민족국가가 되는데 선구자 역할을 하였다.

영국의 식민지배는 인도사회에 깊은 발자국을 남겼지만 인도의 발전에 어느 정도 영향을 미쳤느냐는 여전히 엄청난 논쟁거리이다. 식민지배의 장단점이 무엇이건 간에, 인도가 국경을 한정 지을 수 있는 주권을 확립한 국가로 자리잡게 한 것은 바로 영국이었다.[20] 그러나 권력을 유지하기 위해 인도 엘리트 층에 의존하고 있던 영국과 인도간의 엄청난 문화적 차이는 사라지지 않았다. 영국의 정책은 정당간의 문화적 차이를 좁히지 못했고 국수주의자들의 반발을 야기했다. 이로 인해 1885년 설립된 정당인 인도 국민회의파가 탄생하게 되었고 독립 후 의회파로 반 영국의 선봉적 역할을 하게 된다.

인도인의 사고방식에서 식민통치의 영향이 간과되어서는 안 된다. 식민지배는 외국인 투자에 대한 인도의 태도를 결정하였고 자립과 국가 발전 전략의 자치권, 그리고 더 포괄적으로는 전통적으로 외국과 교류를 할 때 더욱 신중을 기하는 결과를 낳았다. 1991년 규제완화 조치 이후, 인도의 태도는 변하기 시작했고 현재는 과거 어느 때보다 외국 자본에 대해 관대하다. 하지만 과거에 신중을 기했던 두려움은 여전히 남아있고, 이러한 감정이 완전히 사라질 때까지는 시간이 걸릴 것이다. 이는 산업에 있어서도 국수주의 감정이 완전히 사라지지 않았다는 것을 의미한다. 이런 국수주의적 반응은 산업화를 이룬 국가들의 경우에서도 찾을 수 있다. 예를 들면 노르웨이에 있는 외국 자본들 즉, 덴마크의 Danske Bank, 핀란드의 Fortum, 프랑스의 Elf Aquitane 그리고 스웨덴의 Telia는 그 지역 회사를 손에 넣는데 국수주의적 압력에 의해 엄청난 방해를 받았다.

인도가 1947년 독립하면서 자와하랄 네루는 인도의 초대 총리가 되었다. 인도의 독립을 위해 사투를 벌였던 카리스마를 지닌 정치인 네루는 급속히 현대화를 추진하게 된다. 비록 네루 정부가 추구한 경제정책은 결국 역효과가 났지만, 네루의 집권 초기는 인도에 민주주의가 확고하게 자리잡을 뿐 아니라 국가능력을 향상시키고 강화시키는 데 중요한 시간이었다. 실제로 인도에 대해 가장 놀라운 것 중 하나는 민주주의가 뿌리깊게 자리 잡았다는 것이다. 비록 1950년 서유럽과 미국에서 민주국가가 수립되기 위한 필수조건이었던 민족국가의 선재(先在), 낮은 문맹률, 활기 넘치는 중산층, 고도의 산업화 상태와 같은 것이 존재하지는 않았지만 말이다.[21] 서양의 민주주의가 귀족과 평민 사이의 경쟁으로 생긴 것인 반면, 인도에서는 민주주의가 식민지배에 저항한 인도인의 투쟁의 산물인 것이다. 서양과 인도 사이의 더 큰 차이점은 서양국가에서 민주주의의 발전은 국가의 권한을 제한시켰지만, 인도의 민주주의는 국가의 권력을 강화시켰다는 데 있다.

현재 인도는 세계에서 가장 큰 민주주의 국가로서 산업화 된 그 어떤 나라보다 높은 투표율을 자랑한다. 최근 2004년 여름 선거에서 예상과는 달리 투표자들은 인도국민당(Bharatiya Janata Party, BJP)을 몰아내려 연합했고, 이는 발전하고 있는 민주주의 문화를 여실히 보여주었다.

독립 후 50년간 인도국민당과 다른 반대세력이 만들어져 1970년대 후반

잠시 집권했던 짧은 시간을 제외하면, 인도는 국민회의파가 계속 집권하고 있었다. 반대세력이 있었다면 이는 경쟁하는 다른 당보다는 당 내부에서 존재했다. 1980년대 말 인도국민당이 떠오르기 시작하면서 상황이 변하기 시작했다. 인도국민당은 힌두 국가주의 혹은 "힌두트바(Hindutva)"의 부활에 초점을 맞추고 있었다. 이 이데올로기는 많은 측면을 포함하고 있었다. 그 중 하나는 식민지배 기간 동안 소멸위기에 처했던 인도의 위대함을 재발견 혹은 재창조 하는 일이었다. 그리고 또 다른 하나는 국가 인구의 대부분을 구성하는 힌두교 신자들의 이익을 지켜주려는 것이었다.

1998년 인도국민당이 실시한 핵 실험은 과거 인도의 영광을 재연하고 강대국으로의 위치를 다지게 되는 극단적인 예이다. 인도국민당은 이전 정부의 취약성을 자본으로 평가했고 다 죽어가는 경제상황과 연관해 무역업자들에게 비중을 두었던 선거 지지기반을 소시민과 중산층으로 확대시켰다. 인도국민당은 비록 중요한 시기에는 권력을 쥐지 못했지만 1996년 최대 정당으로 거듭나게 된다.

비록 인도국민당이 분명 인도 정치에서 중요한 역할을 했지만, 국가를 중요시 여기는 열망을 완전히 충족시키는 능력은 "힌두트바" 강령에 동참하지 않는 연합파트너에게 의지 해야 하는 현실 때문에 제한 될 수 밖에 없었다. 1999년 인도국민당은 처음으로 권력을 확대시켜 연합정부를 수립하였다. 2004년 임기 6개월 전 선거를 실시했을 때, 인도국민당은 연합세력과 함께 또 다시 집권하게 될 것이라 기대했다. 하지만 이 기대는 어긋났고 이는 정치논평가들 뿐 아니라 일반 시민들에게도 놀라운 결과였다.

최근 연합정치가 등장하게 된 것은 인도 정치 정황을 볼 때 두드러지는 측면이다. 새로운 의회가 이끄는 정부 역시 연합정부이다. 일부에서는 정부가 자유화를 중요시 하지 않는 공산주의자들의 지원을 받고 있어 그들이 바라는 것을 얻기 위해 엄청난 개혁을 할지도 모른다는 우려의 시각도 있다. 현재 인도 총리 만모한 싱은 이러한 우려를 떨쳐내고, 그가 이끄는 정부는 개혁방법에 있어서 그 어떤 어려움도 없을 것임을 선언하였다.[22] 비록 결정적 증거는 정부의 행동에 의해 보여지겠지만, 공산주의자들도 그들이 다스리는 웨스트 벵갈 주의 개혁과 자유화를 촉진시켰다.

최근 각 지역의 정당의 수가 늘어나고 있고 이 정당들은 가까운 미래에 결정적으로 인도 정치 발전의 양상을 만들어가게 될 것 같다. 특히 선거 과정에서 낮은 계급의 카스트 사람들이 점점 더 많이 동원되어 지역 정당 수가 증가한 것은 인도 정치 발전에 활력을 불어 넣었다. 이들은 자신들의 이익을 최대화 시키기 위해 최선을 다하면서 인도국민당이 제시한 국가 우선주의 비전에 반대했다. 이 비전은 상위 카스트 계급 사람들을 기반으로 한 힌두 정당이 압도적이었기 때문이다.

연합정당의 등장은 정치의 역동성에 예측 불가능한 성격을 더했지만, 예측 불가능함이란 인도에게 있어서 그리 특별한 것이 아니었다. 덴마크, 이탈리아, 독일과 같은 많은 유럽 국가들은 연합정치의 형태를 띤다. 연합정부가 성장을 지속시키는 데 불리하다는 사실은 1990년대 인도 GDP가 1년 기준 6.3퍼센트 상승했다는 것이 보여주고는 있지만, 이 기간은 정치가 불안정한 시기이기도 했다.

앞서 언급되었듯이 인도의 경제정책에서 핵심 유권자의 지지로 인해 경제개혁 속도가 시종일관 가속력을 내도록 할 수는 없겠지만, 동시에 역행하지도 않을 것이라는 예측을 가능하게 한다.

경제적 측면

당연히 인도와 유럽, 미국간 GNP의 차이는 엄청나다. 2002년 세계은행의 통계자료를 보면 인도의 일인당 GNP는 미화 480달러(역주; 2007년 978달러),[23] 미국은 35,060달러, 프랑스는 26,220달러, 독일은 26,180달러 그리고 유럽은 25,870달러였다. 거의 3분의 1 정도의 인도 국민이 빈곤선(poverty line) 아래서 생활한다. IMD(International Institute for Management Development, 스위스 로잔에 위치한 국제경영개발원)가 평가한 세계경쟁력

순위에 의하면 2003년 50위에 있던 인도는 2004년 34위로 평가되었다. 비록 이것은 그 전에 비해 엄청나게 향상된 것이지만, 지금도 인도의 성장과 발전은 낙후된 인프라와 공공재정의 비효율적 관리 때문에 발목이 묶여있다. (역주; 2008년 평가 29위)

전력, 교통수단, 항만 그리고 텔레커뮤니케이션 분야에서 인프라의 병목현상은 수 없이 많다. 1999년 세계 경제 포럼에서 실시한 인프라에 대한 조사를 보면 인프라의 적절성 여부에 대한 순위는 59개국 중 인도가 55위를 차지하게 된다. 낙후된 인프라가 인도의 경제성장에 방해가 되었음은 물론이고, GDP의 3퍼센트만이 투자 되었을 것이라는 것이다.[24] 좀 더 자세한 연구결과를 보면 문제의 본질에 대한 추가적인 견해를 가질 수 있다. 예를 들어 인도에서는 산업을 하면서 드는 전력 비용이 1킬로와트 당 8센트인 것에 반해 다른 국가에서는 1킬로와트 당 4내지 6센트인 것으로 알려졌다.[25] 인도 기업의 70퍼센트 이상이 전력공급의 불확실성 때문에 회사 내에 발전기를 가지고 있는 것으로 나타났다.

이 문제를 인식해오던 인도정부는 1991년 외국 투자자들에게 발전(發電)산업 분야에 문을 열어준다. 하지만 그 결과는 실망스러웠다. 인도 정부는 1991년에서 2000년 사이 1만 메가와트 정도의 발전능력을 기대했으나, 실제로는 2천 메가 와트 밖에 되지 않았다.[26] 수 많은 외국계 회사들이 발전시키려던 가능성 있는 프로젝트에서 손을 떼기 시작했다. 비록 프로젝트 철수에는 많은 이유가 있었지만, 공통적인 이유는 이 프로젝트를 통해 전력을 구입한 State Electricity Board로부터 돈을 받을 수 있느냐가 불명확 했기 때문이었다. State Electricity Board가 과도하게 전기 매수를 했거나 혹은 절도로 인해 재정적으로 어려운 것은 누구나 아는 사실이었다. 2002년 전기 배분을 민영화 하는 첫 번째 시도는 델리에서 실시된다. 델리에서 전기를 훔쳐가는 것은 전송과 배분과정에서 50퍼센트를 훌쩍 넘어선 상태였다.

국내에서의 교통비도 높아 오히려 인도 산업체들 간에 경쟁을 부추기게 되었다. 예를 들어 중국에서 첸나이로의 화물수송 비용은 톤당 미화 20달러인

데 반해, 구자라트에서 첸나이로의 화물수송 비용은 톤당 미화 40달러 정도라고 한다. 인도에 있는 항구도 효율성이 떨어지기는 마찬가지이다. 1999년 싱가폴에서는 배를 선회하는 데 6-8시간이 걸린 것에 반해, 인도에서는 4.7일이 걸렸다.[27] 이는 역으로 인도의 수출경쟁력 하락으로 이어졌고, 모든 시스템의 효율성이 폭포처럼 떨어지게 했다. 비록 항만분야의 개인투자를 장려하기 위한 정책이 마련되었지만, 투자환경을 둘러싼 조건은 외국인 투자자들에게 최소한 아직은 그리 매력적이지 않았다.

텔레커뮤니케이션 분야에서의 개혁은 전력 분야에 비해서 좀 더 순조롭게 진행되었다. 비록 1990년대 초반에 비하면 훨씬 많은 것들이 이루어졌지만, 발전 속도는 좀 더 빨라질 필요가 있었다. 예를 들어 1997년 인구 천명 당 전화선 보급이 한국은 444대, 브라질은 107대, 멕시코는 96대 인 것에 반해, 인도는 18.6대가 보급되어 있었다. 10년 전 인도에서 정보기술 체계는 중국과 비슷했다. 그러나 2000년 인도에서는 인구 천명 당 전화선이 32대인 반면에 중국에서 "전화선 보급밀도(teledensity)"가 112대나 되었다. 마찬가지로 인도는 인구 천명 당 4.5명이 컴퓨터를 가지고 있었던 것에 반해 중국은 15.9대를 보유하고 있었다.[28] 그러나 이 책을 쓰는 현재는 성장과 현대화의 중요한 지표인 인도의 핸드폰 사용자 수는 유선전화 사용자를 넘어 이미 4천 5백만을 기록하고 있다. (역주; 2008년 핸드폰 사용자 수 3억 명 예측)

앞으로 이루어야 할 것이 더 많다는 것은 분명한 사실이다. 그럼에도 불구하고 인도는 최근 놀라운 성장을 했고 여기에는 현재 인도 경제에서 보여지는 역동성이 저변에 깔려 있는 것이다. 인도는 현재 경제 개혁의 필요성에 대한 대중의 합의를 이끌어낸 단계에 와있다. 이는 더 이상의 후퇴 없이 앞으로 나아가는 것만이 남았음을 의미한다.

인도에서 과거에 일어났고 현재에도 일어나고 있는 변화 규모를 완전히 이해하려면 1947년 독립 이후의 역사적 맥락에서 현재 인도 산업 성장과 발전 양상을 주의 깊게 살펴야 할 것이다. 1950년 인도의 1인당 소득은 미화 95달러 정도 되었을 것으로 추정된다.[29] 인구의 70퍼센트 이상이 농업에 종사했지만, 농업으로부터 얻는 소득은 GDP의 50퍼센트를 넘지 못했다.[30] 학자들은 인도가 식민통치를 받은 것이 경제에 어떠한 영향을 미쳤는지에 대해 의견이 분분하다. 영국이 기능적인 시장경제를 만드는 구조적 기반을 다져주긴 했지만, 인도는 여전히 독립 후 산업에 기반을 크게 두지 못했던 상태였기 때문이다. (제 1장 참고)

제 1장에서 설명했듯이 그 당시 총리였던 자와하랄 네루는 인도를 산업화로 이끄는 수입 대체 정책을 폈다. 이 정책은 그 당시 역사에서 사상적으로 존경 받게 되고 많은 국가들이 이 정책을 적용하게 유도했다. 인도가 이 정책을 추구했던 근본적 이유는 새롭게 등장한 런던 정경대(大) 출신의 정치인들에게 뿌리깊게 박혀있던 생각들 즉, 수출을 증대 시키기 어려울 것이라는 비관론, 빠른 산업화에 대한 열망, 페이비언 사회주의(Fabian Socialism)[31]를 근본적으로 수립하고자 하는 이끌림 때문이었다.

실제로 이 정책이 함의하는 것은 일부 산업 분야는 국가가 독점하고 다른 산업분야는 국가와 기업이 공동으로 개발할 수 있다는 것이었다. 여기서 말하는 다른 산업분야는 민간영역(private sector)을 뜻했고, 이 모든 것은 라이센스 체계와 외환관리 하에 이루어졌다. 실제로 "좋은 의도로 수립된" 정책은 관료와 정치인이 최고의 위치에서 통치하는 성가신 형태가 되어버렸다. 많은 논평가들은 기업이 관료제도에 의해 극단적 형태로 세세한 것까지 간섭받았던 이 기간을 "라이센스 라지(License Raj)"라고 표현한다. 자연스럽게 많은 기업들이 이러한 간섭을 피하려 했고, 과정에서 부패는 더욱 심각해졌다. (제 5장 참고, "인도 이해하기")

인도의 국제무역량이 줄어든 것 역시 국내 규제가 기업활동에 영향을 미쳤음을 보여준다. 인도의 무역규모가 전 세계 무역규모에서 차지하는 비중은 1947년 2.4퍼센트에서 1990년 0.4퍼센트로 하락하였다.[32] 흥미로운 것은 1948년 인도의 세계 상품 수출량은 중국의 0.9퍼센트, 일본의 0.4퍼센트를 초과하는 2.2퍼센트였다는 것이다.[33] 내성(內省)의 결과는 너무나 참담했다. 1950년부터 1980년까지 인도의 GDP성장률은 한 해 3.75퍼센트였고 이는 경멸적 용어인 "힌두 성장률 Hindu rate of growth"로 불리어졌다.

1970년대 말과 1980년대 초 당시 가지고 있던 성장 전략이 차선의 결과를 낸 다는 것이 확실해졌다. 분석가들은 인도를 "낮은 임금과 느린 경제 성장"으로 분류했다.[34] 라지브 간디가 1980년대 초 집권하게 되었을 때 경제 자유화 시도가 있었지만 스웨덴의 Bofors가 무기 구입을 한 사건이 방해요인이 되었던 것처럼, 다른 많은 이유들로 인해 개혁안이 완전하게 적용되지는 않았다.[35]

1991년 국제수지 위기가 닥치자 정부는 인도 경제에서 장애물이 될 것들을 모조리 제거하게 된다. 경제를 개혁해야 하는 필요성은 충분했지만, 소련의 붕괴와 세계무대에 강대국으로 등장한 중국에 의해 인도 정부는 대담하고 중대한 결정을 내려야만 했다. 1991년 당시 재경부 장관이자 현재 총리인 만모한 싱이 바로 이 개혁의 선두에 있었다. 그는 다양한 제 1세대 개혁안을 내 놓았고, 이 내용은 산업정책, 무역과 환율 정책 그리고 금융시장에 대한 개혁을 포함하고 있었다. 정부는 실용성을 극대화 시키기 위해 사업 라이센스를 폐지하고 외국 투자자들에게 인도 투자기업의 지분 소유권(equity) 51퍼센트를 자동적으로 허락하였으며, 수입에 대해 관세와 많은 규제를 없앴다. 경제자유화에 앞서 인도에서 관세는 평균적으로 125퍼센트였다.[36]

제 1세대 개혁의 성과는 말할 필요도 없이 성공적이었다. 분석가들은 시골과 도시지역의 빈곤선이 3분의 1로 줄어들었다고 평가했다.[37] 정확한 수치로 말하자면 극빈곤층의 수는 1973-74년 6천 만명, 비율로 따지면 55퍼센트에서 1999년 26퍼센트로 줄어들었다.[38] 이를 통해 식자(識字)율도 1991년 52퍼센트에서 2001년 65퍼센트로 증가하였다.[39] 이것은 상당부분 개혁 후 시대의 높은 성장률의 결과라고 할 수 있겠다. 개혁을 통해 GDP에서 농업, 산업 그리고 제조업이 차지하는 비율도 변화하였다. GDP에서 농업이 차지하는 비율은 1971년에서 1980년 사이 40퍼센트였으나 1991년에서 2000년 사이 28.3퍼센트로 줄었다. 반면 GDP에서 서비스가 차지하는 비율은 1971년에서 1980년 사이 34.4퍼센트에서 1991년에서 2000년 사이 44.4퍼센트로 증가하였다.[40] 또한 인도의 경제개방은 인도 수출업자들에게도 많은 기회를 제공했다. (역자 주; 2006년 기준 농업 19.9 퍼센트, 서비스업 60.7 퍼센트)

마침내 세계 경제에서 인도의 시장이 점차 개방되고 통합되자 외국 투자자들에게 인도는 사업하기 좋은 곳이라는 깊은 인상을 남기게 되었다. 이렇게 좋은 인상을 가지는 것은 투자자들로 하여금 외국인 직접 투자를 유치하는 데 결정적 역할을 하기 때문에 매우 중요하다. 인도의 경우 1991년 이전에 무역과 투자방식이 매우 제한적이었기에 국가이미지의 개선은 두 배로 중요한 의미를 가졌다.

비록 지금까지 많은 것들이 이루어지긴 했지만, 분명 더 많은 것이 이루어져야 한다. 정책입안자들은 노동자를 더 쉽게 해고할 수 있는 노동법 개정과 같은 제 2세대 개혁에 초점을 맞추어야 한다. 효율성이 떨어지는 공공분야 기업을 민영화 하는 것은 여전히 논란의 여지가 있지만 새로 선출된 연합정부는 국부의 유출을 막기 위해 이 과정을 계속 실행시키는 데 전력투구 해야 할 것이다. 민영화부(Ministry of Privatization)는 이미 해산되었지만, 이것이 나쁜 방향으로 작용하지는 않을 것이다.

재경부 장관으로 P.C. 치담바람(P.C. Chidambaram)이 임명된 것은 그가 개혁을 열렬하게 지지하는 사람임을 감안할 때 매우 고무적인 일이다. GDP의 10퍼센트 정도로 추정되는 정부 전반에 걸친 적자(중앙 정부와 주 정부 모두)를 해결하는 것은 매우 시급한 일이다. 이러한 적자가 발생하는 이유는 국민이 거의 세금을 내지 않음으로써 발생한 낮은 세금 산출액뿐 아니라, 중앙정부와 주정부가 지급한 과도한 정부 보조금 때문이다. 농부들에게 권력을 이양할 뿐 아니라 배분하는 것, 절도로 인한 손실 등도 중요한 기타 이유이다. 앞에서 지적했듯이 높은 성장률을 지속시키려면 인프라 수준의 향상은 절대적으로 필요한 것이다. 인프라 투자를 위한 정부 재원을 늘리는 것도 실질적인 투자 기회를 더 많이 제공하게 될 것이다.

민주주의의 시각에서 바라보자면 개혁이 원만하게 이루어지지 못하는 것처럼 보이겠지만, 인도가 근본적으로 경제 개혁에 착수 중이라는 인식은 미국뿐 아니라 유럽 국가들에게 널리 퍼져있다. 현재 미국과 유럽 국가들이 인도에 보이는 이러한 큰 관심은 인도가 다른 나라와 좀 더 관계를 맺으려는 열망을 단단해지게 했다. 2000년 당시 미국 대통령이던 빌 클린턴이 인도를 방문한 것은 긍정적인 일이었다. 이는 개혁의 속도가 상황에 따라 더 빨라 질 수도 느려질 수도 있지만, 근본적으로 개혁의 방향을 바꾸지 않을 것이라는 것을 국제사회에 각인시켰다.

인도에서 사업을 하려는 유럽인들과 미국인 투자자들이 경쟁적 관계를 갖게 되는 배경은 무엇일까? 첫째로 인도의 개방성은 세계 경제와 통합하는 것이 엄청난 이익을 가져올 것이라는 인도 사람들의 인식과 결합되어 새로운 정신을 불러 일으켰다. 이러한 개방성은 인도의 정보 통신 산업의 엄청난 발달로 인해 강화되었다(제 3창 참고). 정보 통신 산업은 인도의 주요 수출 분야가 되었고 인도의 힘을 보여주는 중요한 지표가 되었다. 인도의 소프트웨어 수출이 1990년에서 1991년 1억2천8백만에서 2001년 83억 달러로 성장한 것을 보라.[41] 이 분야는 1991년부터 매년 50퍼센트의 성장률을 보이고 있으며 인도 전체 수출품목 중 8퍼센트를 차지한다. 대부분의 서양 회사들은 현재 소프트웨어 개발을 외주제작 하는 국가로 인도를 첫 번째로 손 꼽고 있다.[42] 특히 미국 회사가 그렇다.

1997년부터 1998년까지 인도의 소프트웨어 수출액은 미화 18억 달러였는데, 이 중 58퍼센트가 미국, 21퍼센트는 유럽, 그리고 8퍼센트는 동남아로 수출되었다. 이 산업은 인도 기업의 가치를 점점 높여 현재는 고부가가치 업종이 되었다. 맥킨지의 연구 결과를 보면 인도의 소프트웨어와 서비스 산업의 상품 생산액수는 2008년에 870억 달러까지 오를 것이고 그 중 5백억 달러는 수출될 것이라 전망했다. 기업연합인 나스콤(NASSCOM)은 최근 회계연도에서 총 매상액이 2 백억 달러가 넘을 것이고 그 중 160억 달러는 수출될 것이라고 예측했다.

인도 소프트웨어 기업의 성공에 힘입어, 외국계 회사들 역시 인도가 가진 장점을 누리고 있다. Intel은 뱅갈루루에 소프트웨어 개발을 목적으로 2천5

백만 달러를 투자한 것으로 알려졌다. 그리고 이 투자는 꽤 성공적인 것으로 드러났다. 2003년 인도에 위치한 Intel의 자회사는 63개의 특허권을 등록했다. Intel만이 인도에서 사업을 하면서 이익을 창출하는 유일한 기업은 아니었다. GE, Bell Labs, Du Pont, Caterpillar, MicroSoft, IBM 등 100개가 넘는 다국적 기업이 연구 개발 센터를 지었다. 그 중 GE가 뱅갈루루에 지은 연구 개발 센터가 큰 축에 속한다. 이 센터는 2000년 1억 달러를 들여 지었고 벌써 특허권을 17개나 등록해 놓았다. 뱅갈루루에서 처음 사업을 시작한 기업 중 하나인 Texas Instruments는 Cisco가 120개 특허권을 신청하는 동안 225개를 등록해 놓았다.

이에 필적하는 성공을 거둔 다른 회사들도 많다. 이 산업 분야의 발전은 말할 필요도 없이 영어를 유창하게 하는 다수의 숙련된 인적자원에 의해 크게 도움을 받았다. 인도는 매년 7만5천에서 8만 명에 이르는 소프트웨어 전문가를 양성하는데, 더 재미있는 사실은 뱅갈루루에는 실리콘 밸리에 있는 2만 명 보다 더 많은 14만 명의 전문가가 일하고 있다는 사실이다. 분석가들은 외국계 기업이 생명공학이나 약학 분야에서도 인도를 연구 개발 센터로 활용할 가능성이 높다고 예측한다.

인도 인구를 살펴보면 인구는 점점 젊어지고 있고, 이것은 국가의 성장률과 발전뿐 아니라 기업의 마케팅 전략에도 영향을 미친다. 인도 인구 중 5억이 넘는 인구가 21세 이하이며 중위연령(역주; 전체 인구를 연령의 크기 순으로 일렬로 세워 단순히 균등하게 2등분하는 연령)은 24세인 것으로 추측된다.[43] 이것은 미국의 중위연령이 36세, 중국은 30세인 것과 큰 차이를 보인다.

이러한 인구 변화가 적용되는 영역은 많다. 인터넷 세대와 세계화 시대에 자라난 젊은 세대는 좀 더 포부가 클 것이고, 그들의 큰 포부를 실현시키기 위해 다른 방법을 찾게 될 것이다. 6백 개가 넘는 미국 스타일의 쇼핑몰이 인도에 세워질 지도 모른다. 델리 외곽 구르가온(Gurgaon)에는 이미 쇼핑몰이 들어섰다. 이런 쇼핑몰에는 Nike, Benetton, Pizza Hut과 같은 외국 브랜드가 입점해 있다.

점점 늘어나고 있는 젊은 소비자층으로 인해 다국적 기업은 새로운 환경에 맞추어 마케팅 전략을 새로 짜야 한다. 모토롤라는 젊은 소비자층을 대상으로 저렴한 핸드폰을 출시했다. Citibank는 인도에서 모기지 소유주의 평균 연령이 41세에서 28세로 낮춰졌다고 발표했다. 이 은행은 젊은 층을 대상으로 하는 새로운 상품을 개발하고 있다. 젊은 세대는 인도에서 새롭게 떠오르고 있는 중산층이다. 중산층의 범위가 변하긴 하지만, 미국 상무부의 연구 결과에 따르면 인도에는 연봉이 만3천 달러인 사람이 2천만 명, 3천5백 달러인 사람이 8천만 명, 2천8백 달러인 사람이 1억 명인 것으로 조사되었다.[44]

인구 분포에 변화가 생긴 것은 국가가 실현시키고 유지시키고자 하는 국가 성장률에도 영향을 미친다. 학자들은 한 국가에서 일하는 사람이 늘어나면 저축률도 역시 늘어난다고 이야기 한다. 즉 저축률이 증가하면 이로인해 성장률이 높아지는 것이다.

인도와 유럽과 미국 사이에 상호 의존도가 높아진 이유는 인도에서 활발하게 활동하는 외국인 투자자들이 늘어나고 있고, 국제적으로 사업 규모와 영역을 넓혀가는 인도 기업이 증가하고 있기 때문이다. 외국계 기업들은 인도에서 자동차, 가전제품, 음식가공, 텔레커뮤니케이션, 금융 서비스, 엔지니어링, 정보 기술, 생명공학, 엔터테인먼트, 소매, 의료보험 분야와 같은 많은 영역에서 사업을 하고 있다. Ford는 인도에 3억5천만 달러가 넘게 투자하였고 인도에서 외국으로 차를 수출하고 있다. 그리고 잘 알려진 영국계 회사 Marks & Spencer는 델리와 뭄바이에 체인점을 개설했다.

식민통치 시대의 인도인들이 해외에서 영업한다는 것은 상상할 수 없는 일이었다. 인도 회사들이 해외로 진출하면서 자본주의 이념을 상당히 많이 받아들이게 되었고, 국제 사회에서 요구되는 것들을 따르기 위해 그들의 기업 문화를 수정하게 되었다. 이는 세계 자본주의 시장에 대한 인도경제의 통합을 강화시키는 역할을 하게 된다. 이것이 이미 실현되고 있다는 몇 가지 지표가 있다. 인도는 이미 영국에서 여덟 번째로 투자를 많이 하고 있는 나라이다. 동시에 인도 회사들은 2001년에서 2003년 사이 16억 달러의 가치가 있는 120개의 외국계 기업을 손에 넣었다고 알려졌다.[45] 예를 들어 인도의 제약회사는 해외 지사를 넓히려 애써왔다. Dr.Reddy's 연구소는 미국 회사인 Trigenesis를 천백만 달러에 매입하여 전문 제약 시장에 진출할 수 있었다. Ranbaxy는 프랑스 의약 제조사 RPG Aventis를 7천만 달러에 매입했고, Hindalco는 오스트레일리아 회사 Straits(Nifty) Pty.를 7천9백8십만 달러에 매입하였다. 인도 회사 중 일곱 개가 뉴욕증시에 그리고 세 개가 나스닥에 등록되었다.

인도는 29개 주와 6개의 연합 주로 이루어져 있다. 물론 경제 활동의 내용은 주마다 다르다. 1998년과 1999년 1인당 주별 총생산(Gross State Domestic Product)은 마하라쉬트라(Maharashtra)가 가장 높았고(657달러), 오릿사가 가장 낮았다(238달러).[46] 개혁이 시작되면서부터 카르나타카, 마하라쉬트라, 타밀 나두(Tamil Nadu)와 구자라트에서 가장 높은 성장률을 보였고, 우타르 프라데쉬(Uttar Pradesh)와 비하르는 가장 낮은 성장률을 보였다. 안드라 프라데쉬, 카르나타카, 마하라쉬트라, 타밀 나두 그리고 구자라트는 개혁에 찬성하는 주였고, 인구가 많은 비하르와 우타르 프라데쉬는 좋게 표현해서 마지못해 개혁에 참가하고 있었다. 이 추세가 의미하는 것은 매우 분명했다.

개혁에 찬성했던 다섯 개 주는 민간인 투자가 3분의 2를 차지했는데 이 다섯 개 주에는 인도 전체 인구의 3분의 1만이 살고 있었다. 좀 더 구체적으로 이야기 하자면 타밀나두는 자동차 회사가 활동하는 데 중심 허브 역할을 하여 Mitsubishi, Ford 그리고 현대 자동차 생산시설을 유치했다. 카르나타카와 안드라 프라데쉬는 Microsoft와 Sun Microsystems와 같은 회사를 끌어들이며 정보 기술 분야에 대한 권리를 주장했다.

각 주마다 경제활동이 차이 나는 것은 수 많은 의미를 가진다. 첫째로 어떤 주는 다른 주보다 외국 투자자들에게 훨씬 매력적으로 다가왔다는 것이다. 각 주마다 차별적인 경제정책의 방향성은 외국인 투자자들에게 매력적으로 다가갈 수 있는 투자 환경을 조성하는 동기와 능력의 차이뿐 아니라 거버넌스의 질과 인프라의 질을 결정한다. 이런 의미에서 델리 주변, 인도 남쪽 주(州)들 그리고 서쪽 지역은 우타르 프라데쉬, 비하르 그리고 오릿사보다 외국인 투자자들에게 훨씬 더 매력으로 다가왔다.

외국인 투자가 장래성이 보이는 주에서 이루어지다 보니 성장률이 높은 주와 낮은 주 간의 차이는 점점 벌어지게 되었다. 이러한 지역적 불균형은 점점 증가될 것이고 경제상황이 좋지 않은 주에서는 중앙으로부터 더 많은 자원이 배당되기를 원하기 때문에, 주 간의 갈등을 야기시킬지도 모른다. 비록 이러한 갈등이 일시적으로 성장의 하락을 불러일으킬 수는 있겠지만, 민족국가로써 인도가 가지는 존엄성을 근본적으로 위협할 것 같지는 않다.

인도에서 우수한 지역이 떠오르는 것도 볼 수 있다. 남쪽에 위치한 주, 특히 카르나타카의 벵갈루루(Bangalore)는 인도 정보 기술과 생명공학 산업의 중심지가 되었다. 이러한 중심지들은 세계 경제와 더욱 통합되어있고 이 분야에서 작업 루틴은 세계 규범을 따르고 있다. 결국 특정 지역에서 외국인 투자가 다수로 이루어 지는 것은 외국인 투자자들 사이에 시너지 창출의 잠재적 기회를 제공하고 있는 것일 수도 있다.

문화적 측면

많은 학자들은 인도가 동양에 속하느냐 서양에 속하느냐를 놓고 논쟁을 벌였다. 결국 인도는 아시아 보다는 유럽과 미국 쪽에 가까운 것으로 결론을 내렸다. 독일 출신의 인도학 학자 막스 뮬러(Max Mueller)는 "인도는 미래에 유럽에 속하게 될 것이고 인도-유럽 세계에 자리잡고 있다, 인도는 우리의 역사 속에 있다, 역사에서 진짜 삶은 무엇인가? 인류 마음의 역사 말이다"라고 서술했다.[47] 이에 대한 좋은 예는 인도 아리아인의 언어인 *산스크리트어와 그리스어, 라틴어 그리고 앵글로 색슨 언어* 사이의 밀접한 연관에서 찾아 볼 수 있다. 학자들은 이 언어들은 모두 굉장히 큰 공통점을 가지고 있는데, 그

것은 이 언어들 모두 아리안 문화를 공유하고 있다는 것이다. 기원전 1500년경 인도로 이주해 왔을 것이라 추측되는 아리아인들은 산스크리트어를 썼고, 이것이 요즘 인도에서 사용하고 있는 언어의 기초가 된 것이다.

우리가 공유하는 지식영역에서 행동영역으로 넘어오더라도 공통점은 있다. 예를 들어 인도인들은 공격적이고 토론하길 좋아하며 감정적이고 분석력이 강하다. 이러한 특징은 아시아에서 중시 여기는 "유교적 선비(Confucian gentleman)"와 거리가 멀다. 일본의 인류학자 치에 나카네(Chie Nakane)는 인도인을 매우 논리적이라고 설명했고, 그들의 사고 방식은 동양사람보다는 서양사람에게 가깝다고 지적했다.[48] 인도에서 20년 이상 ABB매니저로 일한 사람은 한 작가에게 인도인과 논쟁을 벌여 이기는 것은 극도로 어려운 일이라고 말했다.

분명 인도와 유럽 · 미국 문화 간에는 차이점이 있다. 문화적 차이는 옛날부터 전해져 온 생각과 행동양식에서 비롯되지만 모든 사회는 진화하고 끊임없이 적응해 간다는 것을 기억해야 한다. 그러므로 문화란 순응 가능할 뿐만 아니라 안정적이기 때문에 그 잠재적인 영향력을 무시할 수 없는 것이다. 이 시점에서 우리는 고대부터 현재까지 인도 문화에 엄청난 영향력을 행사하고 있는 몇몇 측면을 살펴보고자 한다. 우선 카스트 제도와 가족에 대해서 알아보자.

(Ⅰ) 카스트 제도 – 인도의 사회 제도에서 카스트 제도보다 더 많은 이목을 끈 것은 없을 것이다. 비록 인도사람과 외국인 모두 이 제도에 대해 비판을 했고 지금도 해오고 있지만, 현대 인도의 삶에서도 카스트 제도는 많은 부분을 차지하고 있다. 카스트 제도란 계급제도 중심의 사회적 질서체계를 의미하고 일반적인 서양 사회의 특징, 특히 스칸디나비아의 특징인 사회적 평등과는 거리가 먼 것이다. 비록 계급제도가 모든 사회의 공통된 특징이라고 하지만, 카스트 제도에서의 계급제도는 극도로 엄격하고 이 엄격함 때문에 과거와 현재의 많은 논평가들의 근본적으로 이 제도를 비난의 대상으로 삼고 있는 것이다.

*카스트*라는 용어는 가족의 결속력, 혈연 혹은 인종을 뜻하는 포르투갈 단어 "*카스타(casta)*"에서 파생되었다. 이 단어는 16세기 인도와 교역하던 포르투갈 출신 무역업자들에 의해 처음으로 사용되었다. *카스트*를 의미하는 산스크리트어는 "*자티(jati)*"이다. *자티*는 네개의 바르나로 구분된다. 계급 순서대로 하자면, *브라민(Brahmins*, 성직자), *크샤트리아(Ksatriyas*, 전사), *바이샤(Vaishyas*, 상인) 그리고 *수드라(Shudras*, 노동자)이다. 계급 순대로 각각의 그룹은 사회의 안녕을 위해 맡은 임무가 있다. *브라민*은 이 서열에서 최고 위치에서 사회의 지도자 역할을 하였다; *크샤트리아*는 국내외의 위협으로부터 국가를 보호했다. *바이샤*는 사회에서 상업적으로 윤활유 역할을 했고, 수드라는 하인역할을 하였다.

각각의 카스트는 무엇이 허용되고 무엇이 허용되지 않는 행동인지를 규정한 *다르마(dharma)*라는 행동규범양식을 가지고 있었다. *브라민*은 채식주의자이어야 하고 술을 마셔서는 안되며 신앙심을 가지고 있어야 했다. *크샤트리아*는 강하고 용맹스러워야 하며 술은 마셔도 되고 채식주의를 고집하지 않아도 되었다. *바이샤*는 평범한 상인이었고 *수드라*는 올바르게 행동하지 못하는 계급으로 인식되었다.

인도의 카스트제도는 3천년 전에 인도-아리안족이 인도로 이주해 왔을 때 시작되었다. 디팍 랄(Deepak Lal)은 초기 아리안 문명 때 가지고 있던 정치적 안정성 문제에 대한 반응으로 인도에 카스트 제도가 생겨났다는 재미있는 주장을 펼쳤다.[49] 이때에는 아리안족이 인도-강게틱 평원(Indi-Gangetic plain)에서 농사를 짓고 있었고 이 평원의 농사는 노동집약적이었기에 노동력이 안정적으로 공급되어야만 했다. 당시에는 효율성을 강조하는 중앙 집권적인 주(州)로써의 역할이 부족해 강제적인 방법으로만 노동력을 통제할 수 있었다. 따라서 권한을 분산시켜 통제하는 시스템만이 이 방법을 실현시킬 수 있었던 것이다. 카스트 제도라는 이름 하에 그 어떤 개인이나 계층이 도망가는 것은 불가능했다. 자발적으로 계급에 맞게 임무를 완수해야 할 충분한 기술이 없었기 때문이다.

비록 카스트 제도의 기원은 좋을지 모르나, 그리고 초기 베다 시대에는 카스트 제도가 그리 엄격하지 않았을지 모르나, 카스트제도로 인한 차별을 명백히 금지하고 있는 정부의 법과 규율이 있음에도 불구하고 카스트 제도는 현존하고 있다. 현존하는 카스트제도는 원래 네 개의 카스트에서 세분된 결과이고 약 2천에서 3천 개의 카스트가 존재하고 있을 것으로 추정된다.

지위와 소득 사이의 완전한 상호관계는 없지만, 더 높은 지위에 속한 사람이 전반적으로 소득이 더 높은 것은 사실이다. 현재 인도가 두각을 나타내고 있는 정보 기술 산업분야는 대부분 *브라민*이 차지하고 있었다. 한 논평가는 "소프트웨어 산업에서 지금처럼 이렇게 엄청난 기업가 정신으로 무장된 브라민이 많은 적은 역사상 없는 일이다"라고 말했다.[50] 이는 분명 엄청난 발전이지만, 그리 놀라운 일도 아니다. 왜냐하면 *브라만적(Brahmanical)*으로 지식을 강조하는 것이 정보기술산업의 발전과 잘 어울리기 때문이고, 정보기술산업은 지식집약적이기 때문이다. 거의 모든 정치영역에서의 엘리트들은 상위 카스트에 속하는 엘리트들에 의해 독점되었다. 특히 지금은 그 정치권력으로부터 멀어진 인도인민당(BJP) 집권시기에 그러한 경향은 더욱 강화되었다.

현대 인도에서 특히 비즈니스 영역에서 카스트의 역할은 무엇일까? 당연히 카스트는 시골지역보다는 도시지역에서 그 세력이 약하다. 도시에서는 비즈니스 거래가 익명으로 일어나고, 전문적인 활동이 더욱 두드러진다. 특정 카스트에 소속되어 있다는 것은 상업활동을 하는 데 부정적인 영향을 주지 않을 수 있다. 비슷한 카스트에 속해있다는 것은 확실히 당사자들로 하여금 더욱 열심히 협동할 수 있게 할 것이다. 이러한 맥락에서 비즈니스에서 카스트가 본질적으로 중요하지는 않지만, 그 사람이 그룹 안에 있느냐 밖에 있느냐를 구분하는 데 도움을 주고 그 그룹에 속하는 사람들은 그 그룹에 속하지 않는 사람들보다 훨씬 신뢰를 받고 그 그룹에 속하지 않는 이들보다는 그룹에 속하는 이들과 거래가 쉽게 성사된다.

(Ⅱ) 가족 – 가족은 인도의 사회 제도의 근본과도 같다. 가족은 "*집합가족*(*joint family*)"의 형태를 띠며, 이는 둘, 셋 혹은 네 세대가 함께 사는 것으로 인도에서는 가장 이상적인 가족의 형태로 인식된다. 대체로 인도의 시스템은 특히 한 지붕아래 많은 세대가 함께 사는 것이다. *집합가족*은 특히 도시 지역에서 형태가 변하고 있긴 하지만, 오늘날까지도 많은 인도인들에게 존중받는 가족 형태이다. 이렇게 강한 유대감(identification)은 어릴 적부터 반복적으로 행해진 가족에 대한 의무뿐 아니라 강력한 모자(母子)관계에 기반한다. 부모는 자식을 위해 희생하는 것을 마다하지 않고 그 반대의 경우도 마찬가지이다. 현재 서구의 산업화 된 사회의 기준과는 매우 다른 것이다. 가족은 가장에 의해 의사 결정이 내려지는 계층구조를 따른다. 이러한 서열은 따뜻한 가족주의를 기반으로 하기 때문에 가족 중 서열이 낮은 어린이들도 받아 들이게 된다.

가족 구성원간에 상호의존성이 강하게 존재한다고 해서 갈등이 없는 것은 아니다. 종종 갈등을 덮어버리거나 피하려는 경향이 있지만, 두 방법 모두 그리 성공적이지는 않고, 갈등은 분명 있으며 억제되지 않은 방법으로 표출된다. 가장 중요한 것은 인도에서 사회 생활과 사업을 하는 데 가족의 영향을 과소평가 할 수 없다는 것이다. 다시 말해 인도인의 삶과 세계에서 가족의 역할에 대해 충분히 이해하지 않고서는 인도인 직원이 그 회사에 얼마나 몸바쳐 일할지, 혹은 인도 기관이 결정한 전략적 결정에 대해 설명하기 어려운 것이다.

인도 사람들에게는 먼저 충성하고 몸바쳐야 할 대상이 직장이 아니라 가족이다. 학자들은 인도를 역사적으로 볼 때 국가를 향한 더 포괄적 의미의 충성심이 발달하지 않은 것은 가족이나 카스트 그룹을 향한 충성심 때문이라고 주장한다. 이것은 인도인이 가진 충성심을 더 큰 조직으로 옮겨갈 수 없음을 뜻하는 것은 아니다. 단지 이러한 전이는 공동의 집합적인 문화와 성숙한 리더십이 수반되어야 하는 것을 의미한다.[51]

사업의 전략적 측면에서 가족의 중요성은 여전히 많은 인도 회사가 가족소유라는 것에서 가장 잘 알 수 있다. 인도 시장 자본의 71퍼센트를 가족 경영을 하는 기업이 소유하고 있다. 가족경영 기업들은 경영진의 75퍼센트를 인도사람으로 고용한다.[52] 독립 후 인도 기업은 폐쇄적인 환경의 보호속에서 성장했다. 성공의 열쇠는 관료, 정치인들과 얼마나 좋은 관계를 맺느냐에 달려 있었다. 분석가들은 인도의 회사는 종종 분명한 대상, 단기간의 의사결정, 빈약한 마케팅 기술 그리고 회사의 수익에 있어서 공과 사의 구분을 할 수 없는 문제 등으로 진통을 겪었다고 이야기한다.[53] 아주 적은 수의 가족기업만이(3퍼센트) 3세대를 거쳐 살아남아 현재의 회사 형태를 가지고 있다고 한다. 인도에서 가장 거대한 가족 소유 기업 중 하나인 Reliance Group은 설립자인 아버지의 사망 후 회사를 상속 받은 두 형제간의 권력 다툼을 겪었다.

1991년 이후 인도의 가족 기업체는 다국적 기업의 인도 진출과 관세와 규제의 상당수가 완화 됨으로써 새로운 도전을 받고 있다. 그래서 오랜 시간이 흐른 지금 외국계 기업이 인도로 직접 수출하게 되었다. 변화된 시나리오에서 인도의 가족기업은 어떻게 변화할까? 어떤 측면에서도 이것은 그들에게 쉬운 상황이 아니고 "가족 구성원이 아닌 사람"을 데려다가 회사 경영을 완전히 전문화 시키는 데에는 꺼림직한 감이 있다.

그랜트 쏘튼(Grant Thornton)이 최근 가족기업에 대해 조사한 연구결과를 보면, 가업을 잇기 위해 그 가족에서 후계자가 나와야 한다고 생각하는 유럽인은 24퍼센트, 미국인은 22퍼센트인데 반해 인도인은 46퍼센트가 그렇게 생각한다고 답했다.[54] Ranbaxy처럼 활동이 왕성한 제약회사에서 조차 회사 경영권을 회사 안에서 되찾을 필요가 있다는 압력이 보인다. Ranbaxy의 전문 CEO가 갑자기 떠나게 된 것은 인도 금융 커뮤니티에서 큰 걱정거리가 되기도 했다.

인도 사업 환경에서 큰 발자국을 남긴 가족 기업들이 있다. 인도에서 가장 큰 가족 기업으로는 96억 3천 달러 가치의 Reliance Group, 79억 달러 가치의 Tata Group, 그리고 60억 달러 가치의 Aditya Birla Group 등이다. 비록 위에서 Reliance Group의 형제간의 갈등에 대해 서술하긴 했지만, 변화하는 환경에 적응하기 위해 대담하고 혁신적으로 대응했던 기업들도 많다.

문화적으로 인도를 얘기하자면 이 장의 서두에서 언급한 것처럼 유교사상이 짙은 아시아보다는 유럽과 미국에 가깝다. 이어서 인도인과 유럽인 · 미국인 사이의 결정적인 차이점에 대해 구분했지만, 이러한 차이점은 결정적인 유사성의 맥락에서 봐야 한다. 인도인과 유럽인 · 미국인은 분석적인 경향이 강하고 세계를 더 알고자 하는 열망이 오랫동안 지속되었다. 비록 그들이 어떻게 시작되었고, 그리고 세상을 향해 그들의 지식을 어떻게 활용하는지는 차이가 있겠지만 말이다.

언어의 공통점(영어), 많은 인도인들이 매년 미국과 유럽으로 유학을 가는 현상 그리고 세계정세, 특히 냉전의 종식과 2001년 9월 11일 테러공격은 이러한 본래의 유사성을 두드러지게 했다. 물론 이러한 것들은 차이점을 수반하며 서양에서 건너온 사람들이 인도의 환경에서 살아남기 위한 연결고리이기도 하다. 이 장(章)의 서두에 지적했듯이 인도에서의 환경은 외국계 기업들에게 점점 매력적인 곳으로 다가가고 있다. 앞으로는 이렇게 매력적인 환경에서 어떻게 회사를 운영하는 것이 최선의 방법인지에 대해 논의해 보도록 하겠다.

제 3 장

인도 소프트웨어 산업의 짧은 역사

"I.T" "인도의 내일(India's Tomorrow)"

A.B.바즈파이(Vajpayee) ; 전(前) 인도 총리

서양은 산업혁명으로, 중동은 석유로 부를 창출해냈다. 이제는 인도의 차례이다. 그들은 자연이 인간에게 선물한 부를 통해 이루었지만 우리(인도인)는 우리가 내부에 가지고 있는 것 – 인간의 정신 – 을 통해 만들어 낼 것이다.
역사에 "정신의 세기"라고 기록될 21세기에 인도는 과거의 자존심을 회복할 진귀한 기회를 갖게 된 것이다.

라젠드라 파와(Rajendra Pawar), 선두에 있는 인도 IT회사 NIIT의 사장,
India Today's 특별기사(2000) The New Nirvana에서 인용

인도 소프트웨어의 역사는 인도 고대 서적 "베다스 – Vedas"("vid"에서 유래됨, "알다 – to know"를 뜻함)에서 그 기원을 찾을 수 있다. 이론적이고 논리적이며 이성적인 사고방식을 중시하는 이 서적은 인도인의 모든 배움과 교육에 있어 기초를 형성하고 있다. 베딕 수학은 16개의 "수트라(sutras)" 혹은 인간의 정신이 자연스럽게 움직이는 양식과 적절한 분석과 해결책을 모색하는 직접적 방법, 그리고 심적으로만 계산하는 방법에 근간을 두고 있다.

베다스에는 "지식이 부(富)이다(Knowledge is wealth)"라는 말이 있다. 이 격언은 배움과 교육을 그 어떤 투자보다 중요시 여기는 인도 대부분의 가정에서 가훈으로 삼는다. 따라서 베딕의 가치에 흠뻑 젖어 들어 수평적 사고와 마음속에서 추상적으로 가설을 세우려는 특별한 재능과 인도역사를 통해 인도인들이 수학분야에 특별한 업적을 세운 것, 그리고 인도의 "휴먼웨어(humanware)" 혹은 "웨트웨어(wetware 인간의 두뇌)"인 소프트웨어 전문가들의 등장은 그리 놀랄만한 것이 아니다.

인도의 초대 총리였던 자와하랄 네루는 그의 저서 「*인도의 발견(Discovery of India)*」에서 고대 인도는 현대의 산수, 기하학, 대수학 그리고 인도에서 유래된 아라비아 숫자의 기초를 마련했다고 서술한다.[1] 더 나아가 인도가 가장 크게 세계에 공헌한 것은 현대 소프트웨어와 모든 계산에 있어서 없어서는 안될 개념인 십진법뿐 아니라 "0"을 발견한 것이다.

인도가 수학분야에서 큰 공헌을 한 것은 삼각법뿐만 아니라 분수, 곱셈과 나누기, 3수법, 제곱과 루트 제곱 그리고 각각의 기호, 세제곱과 루트 세제곱, 마이너스 표시, "파이" 값의 계산 등이다.

University of South West Louisiana의 T.R.N. 라오(T.R.N. Rao)와 S. 칵(S. Kak)의 저서 「고대 인도의 *컴퓨터 공학(Computing Science in Ancient India)*」[2]에서 "전통적인 사고방식을 복잡한 문제를 풀어내는 논리적인 명령문이라 정의한다면, 첫 번째 소프트웨어 프로그램은 위대한 인도 수학자와 천문학자인 아리아바타(Aryabhata, 서기 476)과 바스카라

(Bhaskara, 서기 628년)가 만들어냈다"고 주장했다.

인도의 현대 정보 기술 산업은 인도 정부의 국방, 핵과 우주, 연구 개발 분야에 대한 투자와 사회적이고, 중앙집권적이며, 계획된 "중앙 통제 경제" 체제에서 수년간 지속해온 다양한 공공부문에의 투자로 인해 가능했다. 최초의 디지털 컴퓨터는 1956년 캘커타(Calcutta, 현재는 꼴까따Kolkata)의 정부 통계연구소(Government's Indian Statistical Research Institute)에 들어왔다.

인도에서 소프트웨어 개발의 역사는 컴퓨터 하드웨어 분야와 서로 연관 되어 있다. 1960년대 중반까지 보조 소프트웨어 뿐 아니라 컴퓨터 하드웨어는 주로 인도에 자리 잡은 두 개의 다국적 기업 IBM과 ICL(영국)이 만든 것이었다. 기본 프로그램 뿐 아니라 시스템을 작동시키기 위한 소프트웨어는 해외에서 많이 개발되었고, 종종 메인 하드웨어의 부속품으로 거의 무상으로 제공되었다. 물론 이런 방식이 국제적으로 널리 행해졌다.

그러나 인도의 전략적 연구 개발 센터 수립, 국방 그리고 앞서 나가는 공기업을 위해서는 단순한 소프트웨어 이상의 것이 필요했다. 소프트웨어가 늘어나면서 다국적 컴퓨터 하드웨어 회사는 이러한 요구에 부응하기 힘들어졌고, 국가안보와 관련되어 기밀로 처리해야 할 것들도 있었기에 국내의 엔지니어들은 그러한 특별한 요구를 충족시켜야만 했다. 그러나 소프트웨어 개발 업무는 자신들의 회사를 위해 사내 엔지니어들이 맡았다.

1960년대 중반부터 외환 자금의 감소와 인도의 비밀 핵폭발 실험 이후 선진국의 제재로 인해 그 당시 인도 정부는 전략적 전자공학 분야에서 국내인 우선채용을 실시하였다. 이 과정에서 Electronics Corporation of India Ltd.(ECIL)와 같은 인도 공공 부문 회사에서 지역적으로 연합하고 있던 컴퓨터 정책이 시작되었고 당시 연화(soft currency) 거래 파트너였던 구 소련과 공산권 경제 상호 원조 위원회(역주; COMECON – Council for Mutual Economic Assistance) 국가들의 지원을 받게 되었다.

게다가 대형 하드웨어 시스템은 완전히 조립된 상태로 인도의 공공부문

전자공학 관련 무역을 중개하는 국가들에서 수입되었다. 불행하게도 그런 기술과 하드웨어의 조달은 아주 기초적인 소프트웨어를 통해서만 이루어졌고, 그 부족한 부분을 채우는 것은 현지 인도 기술자들의 몫이었다. 그래서 1970년대에 정부와 학술연구를 위한 컴퓨터 사용자들은 선택의 여지 없이 하드웨어에 딸려온 수입된 소프트웨어에 의존할 수 밖에 없었고 점차 인도 소프트웨어 엔지니어들은 구 소련과 COMECON국가에서 지원을 받아 IBM과 대적할만한 IBM-360 시리즈와 같은 제품을 생산하라는 압력을 받는다.

이즈음 프랑스가 그들의 회사 CII(훗날 Honeywell-Bull의 일부가 됨)에서 개발한 IRIS 계열의 컴퓨터와 기술을 제공 해 주었다. ECIL와 법인설립 계약서를 주고 받고 기초적인 시스템과 기술전이가 이루어졌다. 안타깝게도 IRIS 기계는 IBM의 기술을 따라올 수 없었고, 결국 특별한 소프트웨어의 기술을 향상시키는 것이 인도 엔지니어들에게 또 다시 요구되었다. 인도 디자인이건 프랑스, 구 소련, 폴란드 그리고 불가리아 라이센스로 제작되었건, 국내 하드웨어 생산량이 증가하면서 연구와 교육기관 뿐 아니라 인도 상업기관들은 더 개발이 이루어 질 것에 대한 기대가 폭증하는 상태에서 컴퓨터를 사용하기 시작했다. 이제 막 걸음마를 시작한 소프트웨어 산업이 인도에서 시작된 것이다.[3]

컴퓨터를 지속적으로 조달하는 어려움과 하드웨어의 비싼 가격 때문에 기업인과 컴퓨터 전문가들은 사기업에 서비스를 제공하기 위한 컴퓨터 사무국처럼 되어버렸다. 이러한 사무국에 있는 컴퓨터는 수입 제품이었기 때문에 이 컴퓨터를 사들이기 위해 외화를 얻는 방법은 인도 정부에게 수출을 통해 상당한 돈을 벌어 들이겠다는 약속을 하는 것이었다. 최초로 이러한 시도를 한 것은 1974년 봄베이(현재 뭄바이)의 Tata Consultancy Services(TCS)였고 이는 인도 소프트웨어 수출 산업의 시초가 되었다. 이 책을 쓰는 현재 TCS는 "10억 달러"가 넘는 거래액을 보유한 IT회사이자 인도 최대의 소프트웨어 업체이며 세계 최고의 소프트웨어 회사 중 하나다. 1970년대 말 일부

대기업의 데이터 프로세스 부서와 하드웨어 회사의 소프트웨어 부서는 사내에서 개발한 소프트웨어를 팔기위해 애썼다. 그들은 소프트웨어가 가져다 줄 수 있는 잠재적 이익을 알게 되고 나서 일부 회사에서는 같은 회사 계열사에 소프트웨어 부서를 집어 넣는 반면 많은 회사는 소프트웨어 공장을 이익창출의 중심기지로 여기기 시작했다.

인도 소프트웨어 산업의 역사에서 재미있는 부분은 뉴욕시립대의 하워드 루빈(Howard Rubin) 교수의 기사 "The US, IT workforce shortage(*Dr. Dobbs Journal*)"에 잘 나타나있다. 루빈 교수는 "수입 규제와 1970년대와 1980년대의 외화 부족으로 인해 인도의 기술자들은 저가의 PC와 작업장을 "네트워크"로 연결시켜야만 했다. 당시에는 이것이 변화를 가져올 수 있는 유일한 해결책이라고 생각했고, 결국 인도는 이를 통해 전 세계 컴퓨터 분야에 크게 기여하게 된다. 그리하여 현재 세계는 인도의 전문가들이 의도하지 않은 결과이자 실질적이고 적용 가능한 해결책인 "컴퓨터 네트워킹"을 가지게 된 것이다. 그리고 이것은 현지에서 "Jugaad"로 설명된다. (제 5장, "인도 이해하기" 참고)

1977년 인도 국민당이 세운 야당 정부가 집권 하고 있었다. 산업부 장관은 인도 내의 다국적 기업은 모두 필요하지 않았고 그들이 너무나 많이 성장을 하고 있다고 생각했다. 그래서 정부는 IBM, ICL, CocaCola와 같은 다국적 기업을 인도에서 "추방"하기로 결심했다. 이러한 결심은 아이러니하게도 인도 소프트웨어 산업의 급속한 발전에 자극제가 되었다.

1200명과 전(前) IBM 인도지사 직원들, 그리고 ICL 직원들 역시 모두 일자리를 잃었다. 극소수만이 해외에서 일자리를 구했고 일부 하드웨어 전문가들은 "Computer Maintenance Corporation Ltd."라 불리던 새로운 공사에 취직되었다. 해외에서도 직장을 구하지 못했던 소프트웨어 엔지니어들은 알아서 입에 풀칠 할 수 밖에 없었다. 그 중 일부는 팀을 짜 소프트웨어 회사를 차리기도 했고 초기에는 컴퓨터 서비스 센터로 시작하기도 했지만, 점차 현지 고객에게 소프트웨어 개발을 제공하는 업체로 변해갔다. 결국 1980년

경 인도는 비록 작지만 IT산업의 중심지가 되었다.

이 시기에 두 가지 중요한 변화가 일어났다. 스탠포드대학에서 공부하고 있던 아짐 프렘지(Azim Premji)의 아버지는 "Western India Vegetable Products Co"(WIPRO)라는 식료품점(Cooking Oil and Soaps)을 경영하고 있었는데 어느날 세상을 뜨게 된다. 아짐은 학위도 받지 않은 채 20년 동안 지켜져 내려온 가업을 물려 받기 위해 인도로 돌아왔고 첫 번째로 전자전구 제작에 뛰어들어 현대적이고 다양한 방법을 가업에 적용시키기 시작했다. 인도에서 IBM과 ICL이 사라지면서 아짐 프렘지는 IT 하드웨어 사업의 기회를 엿보게 되었고, 미니컴퓨터를 제작하고 판매하기 위해 1980년 Sentinel Computer Corporation of the United States에서 WIPRO에 대한 라이센스를 취득하게 된다. 얼마 후인 1982년 WIPRO는 Sun Microsystems와 다른 몇몇 외국 기업들과 함께 인도 하드웨어 시장 진출에 착수하기 위해 제휴를 맺게 된다. WIPRO는 단숨에 인도 컴퓨터 프린터 제조업체에서 선두를 달리기 시작했다. IT 하드웨어 산업의 몰락과 더불어 1980년대 말 소프트웨어 산업이 떠오르기 시작하면서 WIPRO의 소프트웨어 부문은 Global IT Services Division을 신설하기에 이른다. 현재 이 회사는 전 세계에 사무실이 있고 노키아를 포함한 세계적 리더들과 함께 일하는 "10억 달러" IT기업이 되었다. 그리고 그가 보유한 주식이 시장에서 자본화 되어 아짐 프렘지는 최소한 서류상으로 가장 부유한 인도인이 되었다.

반면 1975년 칸푸르(Kanpur)에 위치한 세계적인 인도공과대학(Indian Institute of Technology)의 대학원생 N. R. 나라야나 머티(N. R. Narayana Murthy, NRNM)라는 청년은 파리 SESA에서 찰드 드골 공항의 화물을 다루는 실시간 작동 시스템을 디자인 하는 프로젝트에서 3년간 일하고 푸네(Pune)에서 작은 회사에서 리서치 보조로 일한 후 인도로 돌아왔다. 그 당시에도 약간 이상주의자였던 머티는 그의 장인과의 첫 만남에서 "공산당원이 되고 싶고 고아원을 짓고 싶다"고 밝혔다.[4] 존경스러운 "미래의 장인"은 즉시 Tata Group에서 좋은 직장을 갖고 일하던 훌륭한 엔지니어인 그의 딸이 이 남자가 가족을 부양할 수 있는 적당한 직업을 갖기 전에는 결혼하는 것을 반대했다. 그 당시 머티는 이미 미래의 아내에게 빚을 지고 있었다.

그래서 1977년 말 머티는 뭄바이에 있는 작은 IT회사이자 미국 미니컴퓨터 회사 "Data General"의 인도 대표회사로 막 지정된 Patni Computers에서 총지배인 일을 시작했다. 미국에 연수를 받으러 가기 직전, 이 젊은 커플은 결혼 승낙을 받는다. 1981년 나라야나 머티는 32세의 나이로 아내에게서 250달러를 빌려 이를 초기자본으로 삼고 소프트웨어 전문가인 여섯 명의 직원과 함께 "좋은 품질의 소프트웨어 개발에 열정을 바치기로 다짐"[5]하며 "Infosys Technologies"를 설립하였다. 애송이 단계의 이 회사는 푸네(Pune)의 작은 방 두 개짜리 집에서 시작되었다. 이 집은 머티가 집 대출을 받기 위해 여유자금을 만들려고 보석을 팔아서 산 것이었다.

초기에 Infosys는 사업이 느리게 전개되었다. 그 이유는 엄청한 권력을 자랑하는 인도 관료라는 장애물 때문이었다. 2002년 4월 28일자 *The Times of India* 기사에는 (1982년 델리에서만 가능했던) 만 오천 달러 정도되는 컴퓨터의 수입 허가를 받기 위해 머티는 컴퓨터 가격이 넘는 돈을 들여가며 18개월 동안 델리를 무려 25번이나 왔다 갔다 해야 했다. Infosys는 1983년이 되어서야 뱅갈루루에 있는 MICO(보쉬 제휴사)를 첫 번째 고객으로 맞이하게 된다. 머티와 Infosys는 푸네의 작은 집을 팔고 뱅갈루루의 전세 집으로 본사를 옮기게 된다.

9년이 지나 Infosys는 인도와 전 세계적인 컴퓨터 소프트웨어 회사로써 명성을 누리게 되었다. 그러나 1992년 뭄바이 증권 거래소에 이름을 올리는 공적인 문제와 마주하면서 Infosys는 순탄하지 못했다. 그러나 머티와 그의 동료들은 끊임없이 성장률을 지켜냈고 Reebok, Nortel Networks, Nestle, Cisco 그리고 Nordstrom을 고객으로 유치하게 된다. 결국 Infosys는 TCS, WIPRO 그리고 Satyam처럼 중견기업으로 성장하게 되었다.

1999년 3월 Infosys는 미국 증권 거래소에 등록되는 최초의 기업이 되었고 1999년에서 2000년 사이 주식시장에 붐이 일었을 때 회사의 주식은 예외적으로 높이 치솟는다. 오늘날 Infosys는 "10억 달러"기업이다. 하지만 그것보다도 머티뿐 아니라 Infosys는 인도의 아이콘이 되었고, 기품 있는 가정에서 자라와 1세대 기업인으로 뛰어난 재능과 열심히 일한 대가로 백만 장자가 되어 "인디언 드림"을 최초로 실현 시킬 수 있는 많은 젊은이들에게 영감을 불어 넣어 주었다.

1980년대 소프트웨어 산업의 발전은 더디고 제대로 이루어지지 않았다. 이는 컴퓨터 시스템을 수입할 수 있는 정부당국에 외화를 제공 해야 하는 상황에서 시작된 수출 증가에 대한 인식 때문이었다. 따라서 소프트웨어 수출은 1981년 이후에야 늘어나게 된다. 이때 국제 시장에서는 하드웨어의 가격이 급락했고, 소프트웨어 중에서 특히 응용소프트웨어는 가격 면에서 이름을 날리게 된다. 이로 인해 저가격, 고급기술을 지닌 소프트웨어 기술자가 필요했고 이것은 당시 인도에서 충당 가능했다.

현대적이고 "앞을 내다보는" 정책이 라지브 간디 총리 재임기간에 만들어지면서, 인도에서 IT분야에 대한 시나리오는 양적인 변화를 겪게 된다. 그제야 정부는 처음으로 자금을 조달하고, 수출 인센티브, 개선된 인프라, 법적 규제 그리고 수출 마케팅을 도우며 소프트웨어 수출을 장려하게 된다. 게다가 1984년 컴퓨터 하드웨어의 수입이 처음으로 자유화 되어 원칙적으로는 작은 메인 프레임, PC, 미니컴퓨터와 같은 그 당시에 살 수 있던 품목을 대량으로 수입할 수 있는 길이 열렸다. 그 당시 큰 시장으로 진출하기 위해 세워졌던 많은 소프트웨어 회사는 이러한 컴퓨터를 수입한 회사와 함께 일하였다.

소프트웨어를 수출하고 있던 회사들은 대기업의 데이터 프로세싱 센터와 현지 하드웨어를 설치하는 소프트웨어 개발사로써 자연히 현지에서 시작된 회사들이었다. 그러나 새로운 법에 의해 정부의 엄청난 격려와 인센티브 지급을 통해 수출로 관심이 모아졌다. 이 장(章)의 마지막에 서술될 것이지만,

현재 특히 미국으로 유학 가 있거나 그 곳에서 직장을 구한 인도인 기술자와 경영자들은 이제 그 회사에서 막대한 영향력을 미칠 자리에 와있을 것이고 몇몇은 성공한 기업인이 되었을 것이다.

그래서 1980년대 다국적 기업들은 소프트웨어 개발과 소프트웨어 "제품"을 팔 수 있는 잠재적 시장으로 인도에 처음으로 지대한 관심을 가지게 된다. Unisys와 Burroughs와 같은 회사도 인도와 합작회사를 세웠다. 세계적으로 선두 그룹에 있는 British Airways나 Swiss Air과 같은 항공사도 IT, 발권, 분쟁조정 활동을 인도에 있는 "실질적인" 소프트웨어 회사에 외주제작을 맡겼다.

1985년 Citibank는 100퍼센트 외국인 소유 수출 중심의 소프트웨어 회사를 봄베이(현재의 뭄바이)에 있는 Santa Cruz Electronics Export Processing Zone(SEEPZ)에 설립했다. Citibank의 인도 회사에서 일하는 인도인들은 특히 초기에는 모회사를 위해 소프트웨어 개발 업무를 했고 후에는 다른 다양한 활동을 하게 된 자회사를 만드는 데 열중했다. 이러한 활동은 발전된 I-Flex나 전 세계에서 선두를 달리고 있는 뱅킹 소프트웨어 제품인 Flexcube, 그리고 Microbanker나 금융기관에 비즈니스 정보를 제공하는 도구를 독점 생산하는 Reveleus와 같은 다른 인도회사가 자라날 수 있도록 도와주었다. "I-Flex"는 이제 업계에서 세계적 지도력을 갖게 되었다. 그 일이 있은 후 미국 회사인 Texas Instruments와 Hewlett-Packard가 뱅갈루루에 각각 1986년과 1989년 자회사를 설립했다.

엄청난 최초의 다국적 소프트웨어 활동으로 인해 인도에서 수출을 목적으로 한 소프트웨어 개발에 대한 가능성이 주목 받기 시작했다. 이러한 상황에 대한 인식이 늘어남과 동시에 국제 소프트웨어 산업, 특히 미국에서 프로그래머와 소프트웨어 개발자가 부족해지는 현상을 맞게 되었다.[6]

1991년 인도 정부는 전반적인 경제 자유화 정책의 일환으로 전국의 대도시에 "Software Technology Parks(STPs)"를 조성했다. STPs는 소프트웨어를 수출하는 기업에게 국제적 수준의 품질에 위성을 바탕으로 한 텔레커뮤니케이션 인프라를 제공하게 되면서 하드웨어를 수입하고 소프트웨어 제품을 수입해야 하는 번거로운 과정으로부터 자유로워지게 하는 기회를 제공하게 된 것이다. 게다가 소프트웨어 수출을 통한 수익은 소득세를 내지 않아도(zero income tax) 되었다. STPs의 계획은 엄청난 성공을 거두게 되고 인도 소프트웨어 수출 붐에 진정한 촉진제 역할을 하였다. 현재 STPs는 인도의 소도시에도 대도시에 있는 시설을 그대로 사용해 지어지고 있다.

1991년 개혁은 인도 소프트웨어 산업 영역에 이익을 가져다 줬던 다른 중요한 정책의 변화를 가져왔다. 첫째로 거래에서 화폐 태환성이 증대 되면서 이제는 회사가 글로벌 브랜딩을 하기 위해 외국인 컨설턴트의 서비스를 받을 수 있게 되었다. 둘째, 외국계 기업은 현재 무상으로 인도에서 소프트웨어 회사를 설립해 적절하게 경쟁하고 인도 IT회사의 건강한 성장을 위해 "벤치마킹" 하면서 회사를 100퍼센트 본인이 소유할 수 있게 되었다. 셋째로 자본 문제에 있어서 제한을 없애 회사는 해외 주식거래소뿐 아니라 인도 주식거래소에 주식을 등록할 수 있으며 직원들에게 주식 매입 선택권을 줄 수도 있다. 하지만 가장 크게 이득이 되는 것은 부가세를 폐지한 것이다. 이것은 최초로 기업인과 주주들과 같은 사람들에게 매력적인 부의 창출 가능성을 보여 주었다.

1990년대 국제 무대에서 인도의 소프트웨어가 인정을 받는 일들이 일어났다. 첫번째는 스위스에서 일어났다. 정확성과 완벽한 작동이 요구되는 스위스 철도(The Swiss Railways)는 그들이 가진 소프트웨어를 모두 바꾸고 현대화 시키길 원했으며 공통점이 없는 모든 시스템을 통합 시키고 싶어했다. 엄청난 경쟁을 물리치고 인도 회사인 TCS가 계약을 따내게 된다. TCS는 요구사항이 많은 고객에게도 완벽한 서비스를 제공했을 뿐만 아니라, 작업도 약속날짜보다 일찍 끝마쳤다. 이로 인해 오랫동안 사람들이 믿어왔던 인도에 대한 불신이 깨졌다. 이전에 인도의 소프트웨어 전문가들은 단지 "저 임금의 미숙한 기술노동자"로 질이 낮은 소프트웨어를 만들며 낮은 임금을 받으면 된다는 것이었다. 또한 지나치게 자유로운 행동으로 인해 인도인들이 국제프로젝트를 제 시간에 끝마치거나 전달하지 못하고 원하는 수준으로 정리하지 못한다는 선입견이 팽배했었다.

식견 있는 미국회사들 중, 특히 캘리포니아에 위치한 회사들 중에 인도 출신의 엔지니어와 매니저로 인도와 관련이 있거나 자신이 일하고 있는 회사를 위해 일하는 인도회사가 있는 경우에는 인도 소프트웨어 전문가들의 기술을 잘 알고 있었다. 이것은 그 밖의 나라들에게 정말 뜻 밖이고 눈이 번쩍 뜨이는 일이었다. 그리고 이것은 정말 제 때 일어난 일이었다! 세계는 변화의 세기로 들어서고 있었기 때문이다. 오랫동안 기다렸고 두려워하고 있던 "Y2K"가 곧 나타났고, 회사와 컴퓨터 사용자들은 즉각 대응을 하지 못했다. 심지어 이 악몽이 될지도 모르는 상황을 수습할 현지의 재능 있는 기술자는 없었다. 그래서 지시가 내려졌다. '인도인들을 불러들여 고치도록 하자!'

두 번째 중요한 사건은 좋은 대학과 전문 소프트웨어 훈련 기관에서 쏟아져 나온 수 천명의 인도출신 소프트웨어 기술자들이 전 세계에서 가장 좋은 비행기에 몸을 싣고 "Y2K"를 고치러 선진국으로 향하고 있었다는 것이다. 인도 회사들은 자신들의 도전과 재능 있는 기술자들을 선진국으로 보내어 대응하고 있는 상황에 대해 스스로를 자랑스러워 했다.

"Y2K"사건 직후 또 다른 특이한 상황이 발생한다. 유럽연합국가 중 많은 나라에서 통일된 새 화폐인 "유로(Euro)"를 도입하는 움직임이 있었다. 따라서 또 다시 유럽에서는 쉽사리 사용하기 어려운 엄청난 소프트웨어가 투입되어야 했다. 그래서 한번 더 인도인들이 투입된다. 영국과 독일에서는 심지어 비자도 쉽게 발급해 주었다. 상당히 전문적이고 영향력 있는 기관에서 지원을 받은 인도 소프트웨어 회사들의 모임인 "National Association for Software and Services Companies(NASSCOM)"은 승승장구 하였다. 이제는 앞으로의 전진과 발전만이 있을 뿐이었다.

미국 내 IT와 인도인의 이주

인도의 가장 위대한 시인이자 노벨상 수상자인 라빈드라나드 타고르는 말했다 ;

바냔나무를 연구하기 위해서는 원래의 흙에서 자란 뿌리 뿐 아니라 그 외의 흙에서 잘 자라온 것까지 따져봐야 한다. 그렇게 해야만 생명력의 본질을 알게 될 것이다.

이토록 뛰어난 철학적 격언은 인도 소프트웨어 산업의 국제적 성장을 이해하는 데 참으로 적절하다. 이로 인해 우리는 미국에서, 특히 캘리포니아의 실리콘 밸리라 불리는 곳에서 이루어진 놀라울 정도로 성공적인 인도인의 이주를 통해 성취된 세계적 IT 기술의 성과를 연구하고 분석할 수 있는 것이다.

버클리 대학의 앤 리 색스니언(Lee Saxenian) 교수[7]에 따르면 "고급 기술을 가진 이주자가 미국에 등장한 것은 1960년대 중반으로 거슬러 올라간다"고 하며, 이 시기는 외국 졸업생이 미국에서 거주 기간을 연장하는 것을 허용하는 국가 쿼터 제도를 무효화 하는 미국 이민 국적법안이 개정되었을 때이다. 이 즈음 그 당시에 설립된 초기학교이자 현재는 유명해진 인도공대(Indian Institutes of Technology; IITs)의 졸업생들이 미국에서 대학원을 마치기 시작했다.

또한 이 시기는 Silicon Integrated Circuit가 샌프란시스코 만에 설립된 때이고 스탠포드대학, Xerox Palo Alto Research Center 그리고 다른 회사들이 현재 "실리콘 밸리"라고 불리는 지역에서 전자공학 산업 분야의 엄청난 발전을 이룩해 내고 있던 시기이기도 하다. 뛰어난 재능을 바탕으로 한 기술과 영어를 구사하며 스탠포드, 버클리, MIT, 카네기 멜론과 같은 최고의 미국 대학원에서 이제 막 졸업장을 받은 젊은 인도출신 엔지니어들은 실리콘 밸리에 있는 하이테크 회사에 취직이 되었다. 이런 선구자들의 성공으로 인해 하이테크 회사들뿐 아니라 대학에서도 더 많은 인도인을 찾게 되었고, 그 수는 점점 늘어났다. 1998년 12월 비즈니스위크지는 "1998년 인도공대 졸업반의 30퍼센트가 대학원 진학과 좋은 직장을 얻기 위해 미국으로 건너갔다. 좀 더 인기 있는 컴퓨터 과학 프로그램의 경우 거의 80퍼센트가 실리콘 밸리로 갔다. 그리하여 마드라스에 있는 인도공대에서 많은 인도인들이 빠져나가는 것은 일상적인 일이었고, 그 대학 주변의 우편집배원이나 은행직원은 가장 좋은 미국 학교가 어디 인지 쉽게 조언을 해주곤 했다"[8]

시간이 흐르면서 이 엄청난 능력과 재능의 이동으로 인해 미국 회사들은 막대한 이익을 창출해 냈지만, 인도인 엔지니어들이 실질적으로 경영에 참여하는 것은 한계가 있었다. 베트남 전쟁이 끝난 후 캘리포니아가 급격하게 다문화 사회가 되면서 회사를 경영할 수 있는 "유리 천장"은 마침내 깨지게 되었고, Intel의 펜티엄 칩의 "아버지" 격인 비노드 담(Vinod Dham)과 같은 인도인들이 거의 최고 경영자 자리까지 올라갔다. 1999년 6월 앤 리 색스니언 교수[9]는 인도, 대만, 중국인이 실리콘 밸리 지역의 과학과 공학 인력의 35퍼센트를 차지했다고 지적했다. 게다가 색스니언은 1998년경 이러한 인도인과 대만인들은 실리콘 밸리의 새로운 벤처기업의 최고 경영자 중 4분의 1 이상 자리를 차지했다고 말했다.

그러나 그 한참 이전인 1980년대에는 국방과 우주연구에 대한 예산이 삭감되면서 많은 미국 기업들이 규모를 줄이기 시작했었다. 그 때 이러한 기업버그가 미국 내 인도인의 이주를 방해했고 그 중 최고경영자 위치에 있던 많은 이들이 새로운 길을 개척하기로 마음먹었다. 그 중 IIT 봄베이 졸업생이자 미시간에서 대학원을 다닌 칸왈 레키(Kanwal Rekhi)가 1981년 두 명의 인도인과 "Excelan"이라는 최초의 인터넷 회사를 설립했다. 1982년 비노드 코슬라(Vinod Kosla, IIT 델리)는 선 마이크로시스템즈를, 1984년 수하스 파틸(Suhas Patil, IIT 카라그푸르Kharagpur)은 "Cirrus Logic"을 설립 하였다. 이 회사들은 엄청난 성공을 통해 수백만 달러를 벌어들였고 다른 인도인 전문가들에게도 용기를 불어 넣어 주었다.[10]

인터넷의 시작은 이제 엄청난 사업 기회를 제공해 주었다. "Exodus Communications," "Sycamore," "Juniper," "Junglee" 등과 같은 기술 회사는 모두 인도인이 설립한 것이고 훗날 엄청난 수익을 올리게 되었다. 인터넷 기술 도메인은 이제 인도 출신들이 지배하고 있었다. 마이클 루이스(Michael Lewis)는 그의 저서 *The New Thing*에서 Silicon Graphics and Netscape의 짐 클락(Jim Clark)의 명성을 "인터넷이 커리 맛을 집어 삼켜 버렸다! (The Internet had acquired a predominant flavor of curry)"고 표현하였다.

하지만 "거물(big one)"은 아직 도착하지 않았다. 인터넷 버그 때문에 고통 받던 중, 그 당시 28세이던 사비르 바티아(Sabeer Bhatia)는 신설회사인 "Firepower Systems"에 입사하기 위해 Apple Computer에서 9개월 동안 근무한 후 회사를 그만 두었지만, Firepower Systems는 몇 달만에 파산하고 만다. 사비르는 Apple에서 같이 일했던 잭 스미스(Jack Smith)와 함께 하룻밤을 새어 그 어떤 컴퓨터로도 전 세계 어디에서나 이 메일을 보낼 수 있는 소프트웨어 회사 설립 계획을 짰다. 이 컨셉이 웹 페이지를 만드는데 사용되는 프로그램 언어 "html"에서 기인한 바로 "핫메일"이다. 하지만 회사를 설립하려면 사업 자금이 필요했다. 19번이나 거절당한 끝에 1997년 사비르는 이 컨셉에 감동 받은 드레이퍼 피셔 쥬벳손(Draper Fisher Jurvetson)으로 부터 3백만 달러를 사업자금으로 융자 받았다. 그 해 말 핫메일은 수백만 명의 사용자를 유치하게 되고 MicroSoft가 핫메일(hotmail)을 사들이기 위해 4억 달러를 지불하게 되는 그 해 핫메일 사용자는 천만 명을 넘어서게 된다.[11]

실리콘 밸리에 인도인들이 성공적으로 자리잡게 되면서 아웃소싱 작업, 인도에 보급소 설립, 그리고 미국에서 할리우드 블록버스터를 만드는 IC 칩 관련해 IT분야 일을 하던 인도인들이 인도로 돌아와(색스니안 교수가 "두뇌순환(brain circulation)"이라고 설명함) 신기술로 회사를 차리는 일에 대한 가능성이 열리게 되었다. 가장 다급했던 것은 자문위원회, 사업 자금의 편의화, 네트워킹, 정치적 관료적 연락망 그리고 가장 중요한 기업가 정신을 양육할 기관이 필요했다. 디아스포라를 경험했던 자들 중에 칸왈 레키(Kanwal Rekhi)가 이끌던 경험이 좀 더 풍부했던 사람들은 1992년 실리콘 밸리에 본부를 두고 인도와 다른 국가뿐 아니라 미국의 여러 도시에 지부를 둔 비영리 기관인 "The Indus Entrepreneurs"(TIE)를 설립했다. 활발한 활동과 TIE의 추진력으로 인해 본국과 해외이주로 형성된 두 갈래이던 인도 IT가 뱅갈루루, 하이데라바드(Hyderabad), 구르가온 그리고 첸나이 등지에서 도시를 완전히 변화시키며 급속도로 인도를 어마어마한 정보 기술 발전소로 키워가고 있었다.

IC 칩 디자인 · 전자 디자인 자동화 서비스

인도의 소프트웨어 수출이 용기를 내어 확장되고 있는 상황이 전 세계 미디어에서 다루어지고 있는 동안, 다른 IT관련 활동은 인도에서 여세를 몰아가고 있었다. 소프트웨어가 기술적으로 충분하긴 했지만, 다른 종류의 기술 개발에 대한 욕망은 끝이 없었다.

1985년 Texas Instruments(TI)가 현지 엔지니어들과 디자인에 재능을 가진 이들을 활용하기 위해 수출 중심의 IC디자인 회사를 뱅갈루루에 세웠다. 그 당시 그 지역에는 위성 텔레커뮤니케이션 채널을 통해 디자인 수출하는 것과 관련해 가이드라인도 (특히 관세에 관련된) 규제도 없었다. 인도 정부의 전자공학부의 기술관료들은 뱅갈루루의 TI에서 실질적으로 관세를 관리해야 했다.

지난 몇 년간 TI는 그들이 일하는 분야인 IC칩 디자인 경쟁력을 점점 더 높여 갔다. 오늘날 TI는 광대역 커뮤니케이션과 3G 텔레커뮤니케이션을 실행시키기 위해 컨트롤러와 오디오, 비디오 작동을 위해 칩(SOC)을 쓰는 DSP 시스템뿐 아니라 세계적 수준의 Digital Signal Processor(DSP) 등과 같은 기능이 모두 장착된 상품 개발에 착수 중이다. 이들의 성공은 다른 많은 관련 기술의 발전을 리드해오고 있다.

오늘날 인도는 전 세계에서 IC칩을 디자인하는 수도로 여겨지고 있다.[12] 인도에는 칩 디자인을 하는 대규모 회사가 최소 70개나 있다. 이 중 50개 이상이 뱅갈루루에 있다. 그 중 일부만 이름을 대보면 ST Microelectronics(이 책의 ST Microelectronics의 케이스 스터디를 참고할 것), National Semiconductor, Sage, Motorola, Sanyo-LSI, Lucent, Analog Devices, Alliance Semiconductor, Cypress, Cadence, Cirrus Logic, AMD, Zilog · Quanlcore, Intel 등이 그런 기업들이다. 이 회사들은 인도에서 대규모로 칩 디자인을 할 수 있고 "System on a Chip"(SOC) 디자인 능력도 있다. 반도체 디자인 수출 광고는 현재 3억 달러를 넘으며 i-POD에서 DVD 플레이어까지 아우르는 제품과 발전 된 텔레커뮤니케이션 시스템에 들어갈 칩을 디자인 하기 위해 만 명이 넘는 VLSI 엔지니어, 소프트웨어 엔지니어, 시스템과 복합 엔지니어를 고용했다.

IT가 가능하게 한 서비스와 비즈니스 프로세스 아웃소싱

인도 IT와 EDA 분야가 국제무대에서 활동량을 늘려가면서 국제사회의 격렬한 논쟁거리는 인도가 새로운 세상을 열고 있다는 것이었다. 그 영역은 단순한 백오피스 업무, 의학 표기(미국의 의약 분야를 위해), 금융 서비스, 공학 디자인 서비스, 건축 서비스, 지역정보 서비스, 기술 지원 센터부터 정말 단순한 콜센터 서비스까지 IT가 가능하게 한 모든 서비스 영역(ITES)과 비즈니스 프로세싱 아웃소싱(Business Processing Outsourcing, BPO)을 포함하고 있었다.

오늘날 ITES · BPO 서비스를 통해 인도는 40억 달러 정도를 벌어들이고 있으며 새내기 졸업생부터 고급기술로 숙련된 엔지니어와 과학자들, 그리고 박사출신까지 모두 20만 명이 넘는 인도인이 고용됐다. 그리고 매년 더 많은 사람이 고용되고 있으며 선진국에서 인도로 엄청난 직업이동이 발생한 것이다. 이는 2004년 미국 대통령 선거에서 이슈가 되어 많은 나라에서 놀라고 있다. 과연 이러한 현상이 처음에는 어떻게 시작 되었을까?

ITES · BPO는 1984년 "인도 BPO 산업의 아버지"라 불리는 라만 로이(Raman Roy)가 자동화 서비스와 회계 업무를 하기 위해 인도 내의 American Express에서 일을 시작하면서 시작되었다. 시작은 미미했지만 라만 로이는 유럽, 미국, 일본 그리고 호주에 있는 고객들에게 서비스를 제공하는 세계적이고 집중적이며 회계 업무에 강한 시설을 인도에 지었다. 오늘날 이 센터에는 천명 정도의 직원이 일하고 있고 회계 업무와 다른 서비스를 American Express 전 세계 지부에 제공하고 있다.

1992년 Swiss Air는 Tata Group이 항공회사 비영업 부문 업무를 맡게 하여 합작회사인 ATS를 인도에 설립하게 된다. 1997년 British Airways와 American Express는 인도에 백오피스 업무와 조정업무를 외주제작 하기 시작했다. 1990년대 중반 인도 기업인들은 미국 의학 분야에서 의학 표기 업무를 가져오게 된다. 그러나 IT나 기술이 이 일에 포함되지는 않았다.

하지만 1998년 GE Capital과 GE의 금융투자 관련 인도 자회사가 18명으로 구성된 팀을 짜 그룹회사의 기초적인 주소 변경을 실시했을 때 진정한 자극이 시작되었다. 이것은 매우 성공적이었고, 델리 근처 구르가온에 위치해 직원이 직접 전화 받는 콜센터를 운영하고, 불만 처리, e-비즈니스, 회계, 보험통계 서비스 등을 제공했던 이 기업이 거대기업인 General Electric International Service(GECIS)로 성장하는 데에는 그리 오랜 시간이 걸리지 않았다. 라만 로이는 GECIS의 최고 경영자가 되었다. 처음에 직원 여덟명으로 시작해 1998년에는 6백 명, 2003년에는 만2천명까지 늘어났다. (이 책의 5장에 GECIS의 케이스 스터디를 참고할 것) 인도와 세계는 이렇게 놀라운 발전을 지켜보았다.

몇몇 고위 간부들이 개인사업체를 세우거나 독립적으로 일하기 위해 GECIS를 떠났다. 그 중 가장 눈에 띄는 사람은 훗날 팔아버리긴 하지만 그의 회사 "Spectramind"를 설립한 라만 로이였다. 현재는 소프트웨어계의 거인 WIPRO가 완전 소유하고 있다. ITES와 BPO가 인도에 위치해 독립적으로 운영하도록 하청한 것은 즉시 인기를 얻었고 엄청난 업무가 인도로 넘겨졌다.

1999년 7월 미국의 다국적 기업에서 일하던 젊은 인도청년 네 명이 65퍼센트가 넘는 온라인 거래가 고객의 지원 부족으로 내동댕이 쳐졌다는 기사를 읽고 기회가 왔음을 감지했다. 2000년이 시작되면서 네 명의 기업가들은 구르가온에 Daksh라는 회사를 설립한다. 설립자 중 한 명이 훗날 Amazon을 인수하게 되는데, 이는 미국에 Junglee를 설립한 아쉬쉬 굽타와 연관되어 있었다. 아쉬쉬 굽타는 Daksh의 공동 투자자가 되고 Amazon을 첫 번째 고객으로 불러 들였다. 단기간 내에 Daksh는 선두를 달리고 있는 많은 국제 기업들에게 고객으로써 성공 신화가 되었고 4년 안에 총 매상액을 제로 상태에서 6천만 달러까지 끌어 올렸다. 2004년 초 IBM이 Daksh를 1억6천만 달러에 매입했다.

이제 전 세계 모든 대기업들은 조금이라도 이익을 얻고자 인도로 앞다투어 들어오고 있었다. GECIS 이후 Citigroup, HSBC, Accenture, Dell, Hewlett Packard 그리고 다른 많은 기업들이 흘러 들어 왔다. 오늘날 인도는 Fortune지(紙)가 선정한 거의 모든 500대 기업과 외주제작이 가능한 분야에 ITES와 BPO 서비스를 제공하고 있다.

인도에서 ITES의 수출은 1999-2000년 5억6천5백만 달러에서 2002-2003년 24억 달러로 늘어났다. 분석가들은 2006년까지 ITES 수출을 통한 수입은 60억 달러에 이를 것으로 예상한다. 하지만 이것은 2006년 1조 6천억 달러가 될 것으로 예상되는 ITES · BPO의 글로벌 서비스의 일부일 뿐이다.

인도는 현재 "웨트웨어(wetware)"라 정의된 인적자원을 가지고 있다. 그리고 현재 인프라도 구축되었다. IT회사들은 ITES 활동을 시작하거나 늘리려고 하는 것뿐 아니라 최고급의 디자인을 위해서 애쓰고 있다. 따라서 인도는 2010년까지 수출을 통해 천억 달러를 벌어들일 것이 확실시 된다. 이것은 인도가 이 산업분야에서 준비하고 있는 최소한의 목표이다.

제 4 장

문화적 묘사 : 인도인의 경영방식에 힌두교가 미친 영향

타고난 여행가들은 편견으로부터 자유롭고,
비판하기보다는 배우려 하고,
기이한 것들(oddity)로부터 자극을 받고,
모든 사람을 형제로 생각하고,
옷차림이나 외모가 이상하고 우스꽝스럽게 보일 수도 있지만 –
이들은 여태껏 늘 드문 존재이다.

Hugh and Pauline Massingham, "The Englishman Abroad."
Craig Storti에서 인용, The Art of Crossing Cultures

들어가기

"순수하게 일하거나 공부하러 외국으로 가는 많은 사람들은 아마도 대부분이 그 문화에 적응하고 싶어할 것이다. 하지만 대부분이 그러지 못한다. 이는 그 사람들이 그 문화에 적응해야 하는 이유를 찾지 못하거나 일에서 꼭 성공해야 하고 사회에서 편안해지는 것이 전부가 아님을 알기 때문일 수도 있다. 하지만, 그보다 다문화에 적응하고 문화간에 효과적으로 교류하는 것은 우리가 생각하는 것보다 더 어려운 일이기 때문일 것이다."[1]

국경을 초월해 업무를 보는 매니저들은 자신이 속해있는 국가와 다른 문화를 가지고 있는 상대국과의 문화적 차이를 연결해야 할 필요성을 느낀다. 하지만 이것은 결코 쉬운 일이 아니다. 세계화로 인해 각기 다른 사회간의 의존성이 증가되긴 했지만, 의존성이 높아 졌다고 해서 매니저가 중요시 하는 가치가 하나로 집중되지는 않았기 때문이다. 비록 세계적 균질화가 사회의 일부 영역에서 발견 될 수도 있겠지만 말이다.[2]

"성격이 그 사람을 대변하듯, 문화는 인간의 집단성을 나타낸다."[3] 문화는 사회가 가진 정신(ethos)에 깊은 영향을 미친다. 이는 사회 내부의 문제뿐 아니라, 사회가 외부세계와 연결되는 방식 역시 결정한다. 문화는 사회에서 어떤 행동이 용인되고 용인되지 않는지 그 한계를 결정한다. 또한 문화는 사람들이 일상생활에서 생각하고 갈등을 해결하는 방법에도 영향을 미친다. 아들러(Adler)가 "인간은 일을 닥치는 대로 하지도 않고 계획성이 전혀 없지도 않기 때문에, 우리가 생각하고 느끼고 행동하는 양식은 문화 유산으로부터 엄청난 영향을 받게 된다"라고 지적했다.[4]

문화의 핵심은 홉스테드(Hofstede)가 명료하게 정의하였다. 그는 문화를 "한 집단의 사람들을 구분하는 마음을 집합적으로 프로그래밍 하거나 다른 집단으로부터 사람을 범주화 시키는 것"이라고 정의했다.[5] 이 정의에서 "문화"는 사람들이 생각하고(하거나) 행동하고(하거나) 그들이 직면하게 되는 상황에 반응하는 방식을 좌우하는 소프트웨어에 비유할 수 있다. 이는 주어진 문화 안에서 모든 사람이 똑 같이 생각하고 똑 같이 행동할 것이라는 의미가 아니다. 모든 문화는 세상과 연결하는 자기만의 방식이 있다. 각기 다른 개개인이 다른 방식으로 특정한 상황에서 문화, 성격 그리고 상황이 주는 영향에 의해 반응과 행동을 나타내게 된다.

"집합적 프로그래밍"은 사회의 기능을 좌우하는 "핵심적 가설"을 요약해 준다. 이러한 핵심적 가설은 사회가 무엇을 가치 있게 여기고 바람직하다고 여기는지 그 *가치*로써 실체를 명백히 한다.[6] 일반적으로 사회 구성원은 그들의 문화적 가치를 인식하지 못하기 때문에, 다른 집단의 사람들과 교류할 때 때때로 불쾌하게 놀라거나 충격을 받기도 한다. 인간의 마음은 질서와 예측 가능성이 있을 때 편안해 지며, 이 두 가지 요소 모두 우리와 친숙하지 않은 문화적 상황과 마주하게 될 때 문제가 되는 것이다. 이는 개인이 무의식적으로 가지고 있던 기대가 거절된 것이며, 흔히 *문화적 충격*이라고 불리는 것이 일어나는 것이다.[7]

인도의 가치 체계에서 어떤 부분이 외국에서 온 매니저들에게 문제를 안겨줄까? 인도 사회에서 지배적인 가치의 기원은 무엇일까? 이러한 가치가 인도인의 경영 방식을 어떻게 만들까? 이것이 바로 이 장(章)에서 다루려는 것이다. 이 장을 시작하면서 인도의 문화는 쉽게 일반화 시킬 수 있는 것을 어렵게 만드는 일정한 수준의 "복잡성"을 포함한다는 것을 언급하는 것이 낫겠다. 인도 문화의 복잡성은 힌두교의 기본적 교리에서 구체화 된 인도 사회 체계가 이슬람 지배, 영국의 식민주의 그리고 가장 최근 세계화의 등장으로부터 엄청난 영향을 받았다는 것에서 시작된다. 인도 문화의 근본적 토대는 여전히 인도인들의 생각과 행동을 형성하는 *힌두교*의 기본적 교리에 근간을 두고 있다. 이 장에서는 힌두교를 구성하는 기본 요소를 추출해 내고, 인도에서 사업을 하는 데 있어서 어떤 힌두교의 영향을 고려해야 하는지 생각해 보기로 한다.

힌두교의 본질

"힌두교"라는 용어는 기독교인도 무슬림도 아닌 이들의 믿음 · 가치를 나타내는 용어로 19세기 영국인이 처음 사용하였다.[8] 학자들은 *힌두*라는 단어가 기원전 6세기경 페르시아인들이 인더스강 주변에 사는 사람들을 일컫는 말로 처음 사용되었다고 한다.[9] 힌두교의 독특한 특징은 다양하고 각기 다른 믿음을 하나로 통합 할 수 있는 능력에 있다. 웬디 도니거(Wendy Doniger)는 "인도에서 종교적 색채를 띄지 않는 사상은 금새 사라지거나 그 자리를 뺏긴다. 단지 새로운 생각과 결합된 것뿐이다"라고 지적했다.[10] 이는 많은 의미를 함축한다. 첫째 인도인의 생각의 본질인 독특하고 구분되는 힌두교를 정확하게 정의하기는 어렵다고 지적한다.[11] 둘째 힌두사상이 이전에 초점을 맞추었던 것은 새로운 가치와 사상에 반박하기 보다는 새로운 발전을 위해 통합시키는 것이었다.[12]

이러한 통합적 가치의 타당성에 대해 사람들은 모두 다르게 말하겠지만, 기본적으로 이 가치관은 "세계는 유일무이하다"는 세계관에 기반한다. 통합을 강조하는 것은 인내를 포함한다. 학자들은 "힌두교가 새로운 생각, 스승 그리고 실천에 대한 개방성과, 배타성보다는 보편성을 실현시키고자 한다. 이러한 희망은 신자들을 특정한 역사적 사건, 사람, 혹은 계시에 대해 가지고 있는 믿음으로 분류하는 다른 종교로와는 뚜렷이 구분되는 것이다."[13] 통합의 과정에서 힌두교는 성직자 계층*(브라민)* 문화와 대중 문화 간에 존재하는 큰 차이에도 불구하고 모든 이늘에게 부언가를 나누어 주는 능력을 발전시켰다.[14]

베다스는 힌두교의 토대가 되는 경전이다. 비록 힌두교인들이 이 내용에 대해 친숙할지 않을지는 모르나, 힌두교의 교리에 따르면 이들은 서로 평행한 위치에 있지 않다. 학자들은 "전통적인 방식으로 힌두교를 이해하자면, 베다스는 개인적이지 않고 시작도 끝도 없다. 이는 베다스에 표현되어 있는 진실은 영원하며 이는 인간의 정신이 만들어 낸 것이 아니라는 의미이다."라고 지적했다.[15] 베다스의 일부 내용은 인도인들의 의식에 기초를 마련하였고, 힌두교 사상에도 영향을 미쳤다.[16] 무엇보다도 인도인들 사고방식의 철학적 토대는 베다스의 마지막을 구성하는 *우파니샤드(Upanishads)*에 상세히 설명되어 있다. 베다스는 구전으로 전해졌고 작성된 후에 몇 세기 동안이나 기록되지 않았다.[17] 구전으로 전해지게 되면서 힌두교 중심의 사회에서 *브라민*의 독점적 지배를 강화했고, 래노이(Lannoy)는 "유럽에서 그랬던것처럼 권력과 지혜에 대한 열쇠는 숫자가 아니라 말이었다"고 지적했다.[18]

인도인의 사고방식과 행동을 형성하는 힌두교의 주요 교리는 무엇일까? 힌두교와 연관된 다양한 믿음이 집성(wide corpus of beliefs)되어 있지만, 다른 사회사상처럼 우리는 힌두교의 핵심적 요소라 여겨지는 것들을 살펴볼 것이다. 핵심 교리는 근본적인 현실*(브라만)*의 성격, *카르마(karma)*의 교리, *아힘사(ahimsa)*의 원칙(non injury) 그리고 인생의 네 단계*(아쉬라마스, ashramas)*와 *다르마(dharma)*의 개념 그리고 계급제의 원칙이다.[19]

궁극적 실재의 특징

여러 측면에서 궁극적 실재라는 특징은 인도뿐 아니라 전 세계의 이목을 끈 힌두교의 기초적 원칙이다. 힌두교인들은 근본적으로 *브라민*이라는 궁극적 실재를 믿는다. 궁극적 실재에 대해서는 이유를 묻지 않는 것이고 말로써는 표현하기 힘들지도 모른다.[20] 우리가 매일 항해하며 살고 있는 근본적 현실은 현상적 세계의 환영(*마야maya*)에 반대되는 것이다.

인도 철학에서 지배적인 학파(예, 베단틱 학파)는 브라만이 우주의 보존자이자 창조자라고 주장하며 이 생명을 불러 일으키는 에너지(아트만atman)는 모든 사물 안에 있으며 생기를 띤다고 주장한다.[21] 이 원칙이 규범적으로 함축하는 것은 개개인이 내면의 자아와 근본적인 현실이 통합할 수 있도록 힘써야 한다는 것이다. 이러한 조화를 실현시키려는 시도는 인도인의 관념론의 중심을 구성한다.

*카르마*의 교리

이것은 힌두교 철학 체계에 있어서 핵심적 교리이다. 간단히 말해서 이 교리는 개개인이 내생에서 현생의 선의에 대해 보답을 받게 될 것이고 도덕적으로 부적절한 행동에 대해서는 벌 받게 될 것이라는 것이다. 윤회 사상과 결부되어 이는 좋은 *카르마*를 가진 개개인은 현재 상황에서 발전하게 되는 사회적 환경에서 환생할 것이라는 의미를 지닌다. 시간이 지나면서 사람들은 점점 *목샤(moksha)*를 갖게 될 것인데, 이는 *브라만*과 결합되고 그렇게 되면서 환상의 세계를 꽉 붙들고 있던 것에서 멀어질 수 있게 된다.

마찬가지로 좋지 않은 *카르마*를 가진 사람은 사회적 지위가 낮아지는 사회 환경에서 태어나게 될 것이다. 이로 인해 그들은 자유를 얻기도 힘들어진다. 몇몇 사람들은 이러한 교리가 비관주의와 운명론을 만들지만, 현재의 행동이 미래에 다가올 결과에 영향을 미친다면, 인간에게는 꼭 해야 하는 역할이 있는 것이고 염세적일 이유가 덜해지는 것이다.

*아힘사*의 교리

*아힘사*가 이상적으로 여기는 것은 인도의 사상에서 또 다른 특징이다. 가장 근본적으로 힌두교의 사상은 타인에게 해를 입히는 것에 반대한다. 웬디 도니거가 지적하듯 비록 시간이 지나면서 두 개념이 서로서로 영향을 주기는 했지만, *아힘사*의 개념은 채식주의와 연관성이 없다.[22] 이 원칙은 인도의 지도자이자 영국이 인도를 떠나도록 하는 데 "비폭력" 원칙을 고수했던 모한다스 간디(Mohandas Gandhi)의 해설에서 가장 잘 나타난다.

인생의 네 단계

많은 학자들은 힌두교의 철학적 사상을 "현세와는 동 떨어진 것"이라고 표현했다.[23] 비록 구성요소는 인도인의 사상에서 명백히 드러나지만, 이것만이 인도인의 사고방식에서 지배적인 기원적 요소는 아니다. 인도인의 사고방식에는 현실이나 환상의 세계에서 개인의 의지로 삶을 충족시키려는 가치도 많다. 삶에서 만족을 찾으려는 의지는 개인이 거쳐야 하는 인생의 단계에서 발전된다. 인도인 철학자들은 네 단계를 제시했다. *학생(student), 기혼자(a married person), "마야"세계에서 스스로 걸어 나온 사람(withdrawal from the world of the "maya")*, 그리고 *삶을 포기하는(renouncing)* 최후의 단계이다. 결국 한 개인이 가족을 부양하고 있을 때 부의 문제는 분명 중요하다. 이러한 삶의 범주 내에서 개인은 이러한 면과 연관 되어있는 특별한 책임이 있는 것이고 이를 충족시키는 것이 그들의 임무였다.

다르마의 개념

"*다르마*"는 도덕적으로 적합하다고 여겨지는 행동을 뜻한다. 학자들은 힌두교에는 하나의 *다르마*가 있지만, 실제로는 많은 *다르마*가 있다고 했다. *보편적인 다르마*는 모든 상황에서 적합한 행동을 가리킨다. 이는 여성이 어떻게 행동해야 하는지, 개개인은 어떻게 직업적 의무를 다할 것인지, 개개인은 살면서 어떻게 행동해야 하는지, 그리고 연장자는 손아랫사람에게 어떻게 행동해야 하는지에 초점을 맞추는 *다르마*에 의해 보완된다.[24] 각기 다른 *다르마*가 존재하는 이유는 각각 다른 다르마가 사람들에게 어려운 선택을 해야만 하는 골치 아픈 일에 대해 갈등을 겪게 할지도 모른다는 뜻이다. 단드(Dhand)가 지적하듯 "항상 개인은 수없이 맞물려 있는 관계의 매트릭스 속에서 자신에게 주어진 몇몇 수행 의무를 지니게 된다. 개인은 그 때에 어떤 의무가 가장 중요한지 결정해야 하고 그에 맞추어 행동해야 한다."[25] 주어진 상황에서 적절한 행동이 무엇인지 결정하는 것은 단드의 통찰력 있는 지적을 통해 알 수 있다. "개인주의 사상보다는 상대적인 은유(relational metaphors)에 달려있다."[26] 상관적인 은유의 중요성은 화이트 역시 지적했는데, 그는 "사회의 진정한 질서와 화합은 사회에서 모든 사람이 공유하는 미덕에 대한 사회 구성원의 의무에 달렸다고 했다."[27] 상대적 은유의 존재가 중요하게 암시하는 것은 개인의 행동은 *관계적 논리*에 의해 지배되고 이러한 이유로 보편적 이상향으로 정당화 된다 하더라고 이는 특별할 것이라는 것이다.

관료제의 원칙

힌두교를 믿는 인도에서 계급제도는 특별한 것이 아니지만, 이것은 질문할 필요도 없이 이 문명사회의 중요한 측면이다. 신하(Sinha)는 "계급제는 전 우주와 그 안의 모든 것이 - 활기를 띄지 않는 것뿐 아니라 활기를 띄는 것도 - 어떤 것에는 우위로, 어떤 것에는 열등하게 계급순서로 배치되어 있다는 것을 포함한다고 했다"고 했다.[28] 사회의 질서가 계급적이라는 것이 이전에 언급되었듯이, 이것이 바로 *카스트 제도*인 것이다. 계급제도에서 제일 위에 위치하는 것이 *브라민*으로 지식을 독점하는 지식층과 성직자 계층을 의미한다.

인도의 계급제도는 폐쇄적인 층별체계로 불가능하지 않다면 상층카스트로의 이동은 어렵다고 특징지어져 왔다. 비록 이것이 더 지배적인 입장이긴 하지만 요즘의 학자들은 카스트 제도가 우리가 생각하는 것처럼 그렇게 획일적이고 사유가 없다고는 생각하지 않는다. 디판카르 굽타(Dipankar Gupta)는, "각각 다르고 상반되는 계급제가 주관적 수준에서 존재한다…. 매우 자주 생활에서 하나 이상의 계급 질서가 영향을 주는 것을 볼 수 있다"[29]고 지적했다. 이런 지적의 중요한 의미는 힌두교인들이 계급제에 몰두해있는 반면 계급제도의 성격에 대해서는 의견을 달리하는 이들이 있다는 것이다.

힌두교 신앙 체계가 가지는 문화적 의미

힌두교 믿음 체계에서 중요한 문화적 의미는 무엇일까? 이 부분에서는 힌두교가 가진 세계관에서 중요한 문화적 의미의 윤곽을 그려보고자 한다. 학자들은 종교가 좀 더 문화와 가깝게 엮여있기 때문에 인간의 행동을 결정지을 수 있는 믿음과 가치를 빚어낼 수 있다고 한다.[30] 이것의 직접적인 영향은 개인이 추구하고자 하는 목표에서 확실히 드러난다. 에몬스(Emmons)와 파로트지안(Paloutzian)은 종교가 인간의 근본적 관심사를 결정짓는다고 했다.[31] 근본적 관심이란 그들의 삶에서 가장 의미 있는 목표를 의미하며 그들이 추구해야 하는 것을 의미한다. 종교적 신념은 사회 안에서 다른 이들과 어떻게 교류할지 그 방법을 동시에 결정지으면서 또한 개인의 내부 심리상태에도 영향을 줄 수 있다.[32]

우리의 관점으로는 힌두교 믿음 체계는 ⓐ 세계를 바라보는 인간의 성향(orientation)을 다듬고; ⓑ 사고과정에서 동시에 일어나는 합리와 정서를 품고; ⓒ 개인이 "집단주의적인" 동시에 개인적으로 행동하게 하고; ⓓ 관념론과 세상을 대하는 태도를 참아내며; ⓔ 맥락을 중시하여 그에 알맞게 행동하도록 한다.[33] 이렇게 범주화 하는 것은 결코 인도인의 행동의 모든 부분을 다룬다고 할 수 없다. 그러나 이러한 다양한 체계들은 우리가 보기에 지배적인 경향들이며 아래 단락에서 그 기원과 의미를 찾아보도록 하겠다.

세상을 대하는 태도

중요한 문화적 신념은 개인이 세계와의 관계를 인식하는 법을 결정한다. 학자들은 자연을 정복하려는 문화, 자연과 조화를 이루고 살려는 문화와 자연에 복종하고 살려고 하는 문화 간의 차이를 구분했다.[34] 정복하려는 성향이 강한 문화는 목적을 달성하는 데 모든 수단을 총동원하게 될 것이다.

사회적 성취처럼 개인적 성취는 개인이 사회적으로 성공을 했다는 것이 상당히 강조되면서 그 가치를 인정받는다. 이 사회적 구조에서는 성공에 대해서는 엄청난 상을 주고 실패에 대해서는 엄청난 벌이 기다리고 있다. 가장 적절한 예는 어릴 적부터 성공을 찾아 헤매는 미국일 것이다. 이와는 대조적으로 자연을 정복하는 것이 선호되지 않는 문화는 외부 세계를 대할 때 복종상태와 무기력함을 나타낼 것이다. 학자들은 인도의 전통에서 지배적인 문화적 특성은 자연에 순응하는 것이라고 했다.[35] 이러한 특징은 현상적 세계는 실체가 없다는 힌두교의 믿음에서 비롯된다. 만약 하루하루 살아가는 세계가 실체가 없는 것이라면 왜 개인이 이를 바꾸기 위해 노력해야 하는가?

문화를 중시하는 경향은 성취하고자 하는 의지를 약하게 하고 개인의 삶에서 일에 집중하는 것을 약화시킬 지도 모르며 독창성과 창조성을 위축시키고 개인의 의지를 약화시킬지 모른다. 비록 경제자유화의 광명 속에서 경쟁력을 자극시키는 기동력이 몇몇 기관의 방향을 바꾸게 했지만, 이러한 현상은 여전히 인도에서 나타나고 있다.[36]

인도인 매니저에 대한 연구에서 존스(Jones)와 잭슨(Jackson)은 인도인 매니저들이 "자치권, 개인의 발전, 성취 그리고 불확실한 것들을 이겨내는 것에 대해 비교적 동기부여가 덜 되어있다"고 말한다.[37] 이와 비슷하게 스리니바산(Srinivasan) 교수도 "인도인들이 보수주의와 순응주의를 좇고 상황에 적응하고 만족해 가는 것은 세계적 리더를 양성할 때 굉장한 약점이 된다"고 지적했다.[38] 이러한 결과는 인도 학생들을 대상으로 한 실험에서도 잘 나타난다.[39] 인도학생과 독일학생이 문제를 풀어가는 방식에 대한 연구에서 스트로슈네이더(Stroschneider)와 가쉬(Gusch)는 인도 학생이 그들이 직면하고 있는 문제를 푸는 데 덜 적극적이었다는 것을 발견했다. 인도인에 대해 이야기 하면서 그들은 "인도인들은 그 상황에서 중요한 요소들을 무시하기 쉽고 이전의 경험에 의해 검증된 전략에 의지하며, 필요한 정보도 구하지 못한 채 변화하는 상황에서 방해요소로 작용한 것들을 받아들이지 못하고, 어떤 영향을 주어야 하는지에 대해 망각하게 된다"고 지적했다.[40]

하지만 반대로 신하는 Tata Steel이 많은 도전요소들을 감당해야 하는 상황에서 이에 대해 효율적으로 대응했음을 지적한다. "사장은 직원들에게 회사가 위기상황이며 많은 직원을 데리고 있을 수도 없고, 일부는 일을 그만두어야 하며 회사가 기술을 향상시키기 위해 자금을 투자해야 하고, 공장과 시스템을 현대화시켜야 하는 상황 등을 설명하였다. 직원들은 현실을 받아들였다. 3만5천명이 넘는 직원들은 사람의 마음을 끄는 이 엄청난 분산의 패키지를 받아들였고 큰 소리도 내지 않고 회사를 떠났다. 비록 나이가 많고 회사에서 높은 위치에 있던 이들은 마음을 바꾸지 않았지만, 남는 이들은 주저하다가 결국 협조했다."[41] 이 현상이 의미하는 것은 앞을 내다보고 하는 행동에 반대할지 모르는 문화적 신념이 있을지 몰라도, 이러한 믿음이 주는 영향력은 급진적 변화에 대해 자극을 줄 수 있는 뛰어난 리더십에 의해 완화될 수 있다는 것이다.

생각의 보완적 형태로써의 합리성과 정서성

지성은 인도에서 매우 높은 기치로 여겨지며, 그 가치는 현재뿐 아니라 과거에도 중시 되었다. 래노이는 "인도인들은 0, 십진법 그리고 사인(sine)기호를 발견해내며 뛰어난 수학자가 되었다…"고 말한다.[42] 현재 소프트웨어 산업의 성장과 인도의 고등교육기관에서 매년 졸업하는 수 많은 엔지니어와 과학자들이 인도인이 컴퓨터와 수학에 재능을 보이는 현상에 대한 증거가 된다. 이러한 기술은 의사결정을 할 때 논리적 원칙에 의존하려는 강력한 성향을 반영한다. 이는 주어진 문제에 대해 가장 실현가능성이 높은 해결책을 찾으려는 극도의 합리성을 나타낸다. 학자들은 이를 "사고방식의 이상적 형태"라고 불렀으며, "사고방식(thinking)"과정에서 유일한 장애물은 인간의 상상력이라고 말한다.[43]

인도인들은 종종 논리적인 결과를 얻기 위해 완벽을 쫓으면서 엄청난 포부를 갖게 되는데, 이는 바로 이 합리성 때문이다. 비록 포부가 큰 것이 더 높은 수준의 결과를 얻기 위해 필수조건이 되겠지만, 포부가 크다고 해서 꼭 높은 수준의 결과를 얻게 되는 것도 아니다. 인도의 영적 구루(guru, 지도자)인 스와미 보다난다 사라스바티(Swami Bodhananda Sarasvati)는 완벽을 기하는 성향은 인도의 경영방식에 있어서 오히려 나태함을 불러일으킨다고 했다.[44] 우리는 이러한 인도인의 사고 형태를 *영원한 권력(eternal universal, 브라만)*을 찾아야 함을 강조하는 인도 철학의 기초에서 유추해 낼 수 있다. *브라만*은 근본적인 행복을 원한다면, 그건 우리가 꼭 발견해야 하는 궁극적 실재인 것이다.

이론적으로 사고하는 뛰어난 능력은 여러 가지 많은 의미를 가진다. 첫째로 인도인들은 토론에 강하고 그들과 토론해서 이기는 것은 어려울 것이라는 것을 뜻한다. 완전히 결점이 없는 논리라 하더라고 명석한 인도인들은 그 속에서 약점이 무엇인지 쉽게 찾아낸다. 그 논리가 우리가 결정을 내릴 때 모두 따라야 하는 규범적으로 이상적인 것이라면, 논리적 주장은 가장 *도덕적으로 방어 가능한* 것이라는 주장을 뒷받침한다. 이러한 논법의 중요한 의미는 *논리적 주장*은 결론적으로 *실용적으로 적절한* 주장보다 우위에 있고, 이러한 이유로 대안적인 사고 방식을 허용하지 않을 수도 있다는 것이다. 이렇게 강력한 분석능력은 성취하려던 목표를 바꾸며 이 자체가 목표가 될 수도 있다.[45]

이것을 설명하는 인도-독일 상공회의소가 실시한 인도-독일 합작회사에 대한 연구결과가 있다. 인도인 매니저에 대해 독일인이 느낀 것을 언급하면서, 작가는 “인도인들은 그들이 옳다고 확신하기 때문에 약점을 찾을 수 없게 되고 협동할 준비가 되어있지 않으며 심적으로 경직되어있다.”라고 설명한다.[46] 이것에 좀 더 의미를 부여하자면 모든 것을 논리적으로 관찰해야 할 경우 자발적으로 의사결정을 해야 하는 회수가 다소 적을 수도 있다는 것이다.

인도인의 의사결정에서 합리성이 스펙트럼의 한끝을 차지 한다면, 정서성은 또 다른 한 끝을 차지하고 있다. 정서성이란 경영인이 사회적 위치에서 감정을 표현하는 능력과 의지를 뜻한다. 어떤 상황에서도 감정을 표현하는 것이 금기 시 되는 동아시아인들과는 다르게 인도의 사회에서는 이러한 제약이 거의 없다. 랑가우니(Langauni)가 지적하듯 "그러한 사회에서 느낌과 감정은 쉽게 억제할 수 없고, 일반적으로 이렇게 표현하는 것이 눈살 찌푸릴 일은 아니다. 남자 여자 모두 울고 타인에게 의존하고 상당히 감정적이고 다혈질이고 말을 거칠게 하는 것이 약하거나 천성이 나쁜 것으로 비추어 지지 않는다."[47]

위에서 설명한 것은 인도의 경영인들이 항상 감정적이라는 말은 아니다; 단지 동아시아에서처럼 금기 시 되는 것이 없다는 것을 말하려는 것이다. 인도의 의사결정자들이 감정을 많이 내보이는 것은 여러 가지 요인 때문이다. 첫째, 인도의 의사결정자들은 문제를 해결할 때 *도덕적*으로 접근하고 이로 인해 감정을 드러낼 수 밖에 없는 것이다.[48] 둘째, 인도인들은 자기중심적 자아를 가졌다. 이 사실은 분명 인도인 의사결정자들이 감정을 느끼고 표현하는 데 편안할 것임을 나타낸다.[49] 셋째, 인도인들은 과거 인도 사회가 이룩한 업적과 자유화 이후의 시대에 이룩한 뛰어난 업적을 바탕으로 한 매우 강한 자부심을 가지고 있다.

그러므로 이러한 이유로 인도인들은 어떤 상황에 감정적으로 반응할지도 모른다. 그러나 인도의 의사결정자들이 감정을 내보이는 것이 합리적인 목적이 있어서 그렇다면 이는 나쁘게 생각되지 않는다. 또한 이는 합리성과 양립될 수 있다. 그러나 그 표현방법은 서양에서 온 매니저들에게는 오해를 불러일으킬 수 있다.

인도인 의사결정자들이 의사결정을 할 때 합리성과 감성이 동시에 상당히 깊은 연관이 있다는 사실은 몇 가지 의미를 가진다. 의사 결정을 하는 과정은 선처럼 쭉 뻗어 일직선으로 되어있지도 않거니와 직접적이지도 않다. 의사결정자들이 감정적 의무와 함께 이성적 의무를 일치시키려고 하기 때문에 재평가나 재조정이 있어야 발전이 있는 것이다. 이 균형 · 조정이 필요한 것은 아마도 전지구적인 현상일 것이며, 이러한 시간의 경로(time path)는 문화마다 변할 수도 있다.

인도에서 시간이 주기적이라고 여겨진다면(5장에서 언급했듯), 그 균형을 되찾으려는 문화적 의무감은 덜 급한 일일 것이다. 하지만 굉장히 감정적인 상태는 인도인 매니저가 "이상적 해결책"을 찾으려 노력하는 것을 재확인하고, 그렇게 하는 것이 합의를 하는 데 어려움을 가져올지도 모른다는 사실을 추측할 수 있다. 세 번째 가능성은 매니저가 "뚜렷한" 입장을 표명하지 않은 채 한쪽 스펙트럼에서 다른 한쪽으로 움직일 수도 있는 것이다.

개인주의와 집단주의의 공존

학자들은 개인주의와 집단주의의 문화적 측면에 대해 구분했다. 개인주의적 문화에서 사람들은 집단의 중요한 문제보다는 개인의 목표에 우선순위를 두는 반면, 집단주의적 문화에서 개인은 "집단의" 목표를 우선에 둔다.[50] 개인주의자들은 자신이 유일무이한 존재임을 입증하려 하고 무엇을 좋아하고 기대하는지 직접적으로 이야기한다. 반대로 집단주의자들은 집단에 맞추려고 하고 미묘한 방법으로 다른 집단의 의도를 추론하려고 한다.[51]

개인주의자들은 갈등이 생기는 것을 두려워하지 않고, 진실은 이성적 논쟁에 의해 밝혀질 수 있다고 믿는다. 반대로 집단주의자들은 화합을 지속시키는 데 관심을 두고 갈등을 너무 많이 드러내는 것은 가장 받아들이기 어려운 일이라고 믿는다. 집단주의자들에게 중심이 되는 목표는 개인주의자들이 더 선호하는 방법인 갈등을 풀기보다는 문제를 잘 다루는 것이다.[52] 이것이 가지는 중요한 의미는 개인주의자들이 자신의 감정에 대해 훨씬 더 솔직하며 편안하다는 것이다. 그렇지만 (자신이 할 수 있는 최대한) 집단주의자들은 감정을 잘 나타내지 않으면서 그들의 감정을 알아채는 일에 대해서 부끄러움을 느낀다.[53]

인도 문화는 전통적으로 집단주의적이었다.[54] 자아의 본성은 인도인들이 자신을 어떻게 여기는지에서 잘 드러난다. 신하는 "인도인의 자아는 '나' 보다는 '우리' 안에서 발달 되었다. 가끔씩 인도사람 이름에 부모의 이름(예, 모한다스 크람찬드 간디Mohandas Karamchand Gandhi), 출생지(예, 피락 구라크푸리Firak Gurakhpuri, 마즈루 술탄푸리Majrooh Sultanpuri), 또는 조상, 실제 환경 혹은 신의 세계와 연관성을 의미 하는 신화적 인물을

포함하기도 한다"고 설명한다.[55] 인도는 수평적 집단주의보다는 수직적 집단주의의 특징을 지닌다.[56]

이 두 가지 특징은 수평적 집단주의가 개인들 간의 동일성을 강조하는데 반해, 수직적 집단주의는 계급제도를 유지하는 데 초점을 맞춘다는 차이가 있다. 계급제도는 신성하며 계급제도를 구성하는 것들은 그 모습을 지키기 위해 노력해야 한다. 신하는 "그들은 연장자가 잘못했다 하더라고 그들에게 맞서서는 안되고 절대로 화를 내서도 안되며, 그들 앞에서 담배를 피우고 술을 마시거나 그들의 권위를 손상시킬만한 행동을 해서도 안되며, 그들을 부를 때 이름으로 불러서도 안 되는 것 등이 있다"고 말한다.[57] 영국 · 인도 아웃소싱 팀의 프로젝트 매니저는 인도인들이 연장자가 만들어 놓은 질서에 도전하길 꺼리기 때문에 관례상 어긋난 질서를 받아들이려 했다는 것을 알게 되었다.[58] 비슷한 맥락에서 인도에서 사업하기 위해 캐나다인을 위한 캐나다 발전 기관(Canadian Development Agency for Canadians)에서 준비한 매뉴얼에서 "연장자 우선의 문화(Sir Culture)"는 인도사회에서 깊이 자리잡았다"고 설명한다.[59]

비록 인도인의 자아가 집단주의적이라는 것에 대해 의심의 여지가 없지만, 집산주의적 자아는 개인주의적 자아와 함께 어울린다. *영원한 현실(브라만)*과 하나가 되려고 노력하는 것은 개인적 자아이고, 개인의 이익을 최대화 하려는 것도 개인적 자아이다.[60] 로랜드(Roland)는 인도인들은 "모든 생각, 느낌 그리고 환상을 가지고 있지만, 사적인 대화(personal communication, 난디타 차드리Nandita Chaudhri)의 맥락 속에서만 드러난다"고 말했다.[61] 학자들은 인도인들이 가족을 대할 때도 집단주의적으로 행동하지만 가족이 아닌 이들을 대할 때는 개인주의적으로 행동한다고 주장했다.[62]

또 다른 흥미로운 관점은 인도인들이 개인적인 목표를 이루기 위해 집단주의적 행동을 할 수 있다는 것 혹은 반대로 집단의 목표를 이루기 위해 개인주의적으로 행동할 수 있다는 것이다. 인도인의 행동에 대해 심적 충격을 주어 충돌하게 만드는 것의 결과는 굽타(Gupta)가 잘 설명하고 있다. 그는 "자아에 쉽게 다가갈 수 있는 특성으로 인해 인도인들은 거칠어지고 비난하며 가십거리를 만들고 소문을 퍼뜨리면서 이를 그들의 에너지에 반 생산적(non-productive) 파급효과를 가져올지도 모르는 비생산적인 형태로 써버린다"라고 설명한다.[63]

인도인들이 집단주의적 자아뿐 아니라 개인주의적 자아 역시 가지고 있다는 사실은 많은 의미를 가진다. 첫 번째로 지적할 것은 아마도 인도인들이 두 개의 다른 자아를 동시에 가지고 있기 때문에 그들은 "행태적 유연성"을 보인다는 것이다. 결점이 있긴 하지만 이러한 특징은 매니저가 각기 다른 다양한 상황을 마주하게 되고 그에 적응해 나가야 하는 국제화 된 환경에서 특히 유용하다. 인도인 매니저들이 이러한 유연성을 보이는 것은 힌두스탄 레버의 사장인 R. 고팔라크리슈난(R. Gopalakrishnan)의 말에 잘 나타나 있다. 그는 "미국에서 '아시아'는 극동을 뜻하고 인도인은 아시아인으로 여겨지지 않는다는 것을 알았다! 미국인들은 인도인 매니저는 직접적이고 공격적이며 개인적이라고 생각한 데 반해, 극동에서 온 매니저들은 예의 바르고 감각적이며 팀을 중요시한다고 생각했다"[64]고 말했다. 흥미롭게도 현재 세계적인 기업들은 국제 업무를 담당할 인도인 매니저를 고용하려 애쓰고 있다.

예를 들어 이 책을 쓰는 현재 보스턴에 본부가 있는 신발회사 Reebok은 인도인 마케팅 경영자 하르프리트 싱 틴드(Harpreet Singh Thind)를 홍콩 지사의 마케팅 디렉터로 임명하는 동시에 무크테쉬 판트(Muktesh Pant)를 Reebok 전 세계 매장을 관리하는 마케팅부장으로 고용했다.[65]

두번째로 이렇게 다른 자아가 존재하는 것은 처음에는 인도인들이 갈등을 해결하길 꺼려할지 모르나, 인도인의 일터에서 생긴 갈등은 *무기한 방치할 수 없다*는 의미이다. 이는 또 다시 부정적 함의뿐 아니라 긍정적 의미도 포함한다. 표면적으로는 갈등을 다루면서 당신은 문제를 해결하려는 의지를 인식하기 때문에 *갈등을 해결하려는 의지가* 긍정적으로 보일지 모른다. 물론 내면적인 갈등이 잘 풀리지 않으면 상황은 부정적으로 변할 수 있다. 셋째, 인도의 작업 환경에서 *투명성*을 유지하기란 어려울 것이고 투명성이 부족한 것은 최상의 조직 문화를 만드는 데 저해요소가 될 것이란 뜻이다.

텔레커뮤니케이션 분야의 한 인도-미국 합작회사의 경우, 투명성이 합작회사를 운영하는 최고 경영 과정에서 조금씩 스며들게 해야 하는 중요한 요소임에도 불구하고, 직원들은 투명성이 부족하다고 인식하였다.[66] 이러한 맥락에서 재미있는 또 다른 예는 신하가 인도 내의 다국적 합작 회사에 대해 연구한 것에서 잘 나타난다. 인도에서 운영되고 있는 스웨덴 회사의 자회사가 그 예이다. 이 회사는 인도 시장에서 위치를 강화시키기 위해 수많은 인도 회사를 손에 넣었다. 이 회사의 사장은 미국회사에서 스카우트 된 인도인이었다. 신하는 "셰카란(Shekharan)과 그의 팀은 강압적이고 성과에 집착하는 미국 스타일 경영방식으로 유명했다"고 지적했다.[67] 이미 그의 머릿속에 있던 가치체계에 따라 셰카란은 지사장의 행동을 받아 들일 수 없어 그를 해고했고, 마찬가지로 근무시간에 이발 하러 간 하급 관리자 역시 해고했다! 하지만 이때 신하는 "비윤리적인 경영 방침, 의심스러운 돈 거래, 여자처럼 연약하고, 근무시간에 술을 마신 이유로 해고된 지사장은 세달 만에 다시 직장을 구했다"고 전했다.[68]

관념론의 패러독스와 이렇게 세상을 대하는 태도

인도의 철학사상에서 중요한 주제 중 하나는 현상적이거나 물질적인 세계의 실체 없는 특성의 주변을 맴돈다는 것이다. 란가니는 "인간이 존재하는 근본적 목적은 사람을 현혹시키는 물질적 존재를 초월하고 물질적인 동기를 부여하는 세상과 단절하며 영적 깨달음의 상태를 강화시키는 것이다"라고 했다(라다크리슈난Radhakrishnan, 1923 · 1989; 지머Zimmer, 1951 · 1989).[69] 근본적인 행복을 찾아가는 것은 개인이 돈에 대해 가지는 태도, 자신의 일에 헌신하는 정도 그리고 물질적으로 충족되지 않았을 때 좌절하게 되는 상황을 극복하는 능력 등에 영향을 미친다. 고팔란(Gopalan)과 리베라(Rivera)가 지적하듯 "결과적으로 몇 세기 동안 인간을 만족시키고 욕구를 충족시키기 위해 인도에서 사회적, 과학기술적 그리고 경제적 발전이 강조된 적이 없었다. '후생' 에 대한 엄청난 관심만이 있었다."[70]

이 말이 현대 인도에서, 특히 경제개혁이 있었던 1991년 이후 얼마만큼 사실일까? (실제로 인도가 초속적(超俗的)이라고 특징지어진 것에 대해 반박하는 학자들이 있다) 현재의 인도를 무관심하게 지켜보는 이들이 위의 말에 대해 회의적인 입장이었다면, 이제는 더 이상 그렇지 않을 것이다. 인도에서 급속하게 성장하고 있는 정보 기술 산업; 월드 클래스 수준으로 발돋움 하려는 인도의 기업들; 인도의 지식인들이 끊임없이 인도와 중국을 비교하는 이 모든 것은 대안적인 마음가짐을 나타내며, 이 상황에서 영적인 문제에 대해 무관심 하지 않은 것은 실체가 없는 세계에 속하려는 동등한 의지를 드러낸다.

외국(서양)에서 온 매니저들이 어렵다고 느끼는 인도 시장에서 말싸움을 하는 흔하디 흔한 상황과, 때때로 인도 무역업자들에 의해 고발 당하는 상황을 잊지 말아야 한다. 재미있게도, 쇼바 나라얀(Shoba Narayan)은 인도인들은 좋은 일에 대해서는 감추지 않으려는 경향이 있다고 말했다. 나라얀은 "전화이건 살왈카미즈 salwar-kameezes(역주; 남인도에서 남녀 모두가 입는 전통의복)이건, 차펄chappals(역주; 인도의 샌달)이건 짜파티chapathis(역주; 인도의 빵)이건, 실리콘 밸리 회사이건 볼리우드 건 간에 인도인들은 돈의 가치를 발견하는 초자연적인 능력이 있다"고 말했다.[71] 이 모든 것은 *융통성 있게 인식할 수 있는* 마음상태를 의미한다. 인도인은 한 사고방식에서 또 다른 사고방식으로 심각한 내적 갈등을 겪지 않고 옮겨갈 수 있는 것 같다.

여기서 융통성 있게 인식한다는 것은 무슨 의미일까? 먼저, *융통성 있게 인식한다*는 것은 인도인들에게는 영적인 문제와 돈을 동시에 추구하는 것이 어렵지 않음을 의미한다. 현재 첸나이에 있는 인도 사업가들에 대한 연구 결과를 보면, 기업인들은 "철학적인 비현실적 관념(윤곽이 잡힌 기본 관념을 넘어서)이나 의식을 지켜야 한다는 강한 압박감이 심하지 않다"고 나타나 있다.[72] 하리스(Hariss)는 인도인들은 열심히 일하지만 눈에 띄는 행동을 하지 않는 사람이라는 의미에서 "현대의 금욕주의자"라고 묘사했다. 하지만 젊은 세대는 다소 뻔뻔스럽게 눈에 띄게 행동할 수도 있기 때문에 이는 유념해 둘만하다.

그러나 현재 인도에서 돈이 점점 부각되고 있는 것은 부인할 수 없는 사실이다. 특히 다국적기업이 세워지면서 월급수준이 상당히 높아졌고, 사람들은 끊임없이 더 좋은 대우를 받고 싶어한다. 소비자가 바탕이 된 사회가 탄생하고 역동적인 텔레비전 광고의 등장과 세계 경제에서 인도가 점점 통합하는 것은 *더 나은 삶을 위한 탐색*의 과정인 것이다. *융통성 있게 인식*하는 사고방식 역시 인도인들에게 최대한의 노력을 통해 서로서로를 방해하지 않으면서 이 두 가지 모두를 선택할 수 있도록 만들었다. 다시 말해 인도인들이 돈을 많이 버는데 초점을 맞추었다면, 그들은 전심을 다해 그렇게 할 것이다. 마찬가지로 인도인들이 영적인 부분에 초점을 맞추면 그 부분에 온 마음을 쏟을 것이다. 마지막으로 *융통성 있게 인식*하는 것은 개인이 가지고 태어난 안전장치와 같아서, 어느 수준에서 욕구가 완전히 충족되지 않으면, 개인은 목표를 바꿔서 이를 보완할 수 있는 것이다. 근본적인 요지는 *그 모습에도 불구하고* 인도인들은 세계와 *완전히 연관되어 있다*는 것이다. 가끔 인도인의 행동이 열의와 열정이 부족해 보여도, 이는 세상과 단절되어 있음을 뜻하는 것은 아니다. 단지 *연관되어 있는 방식*이 다를 뿐이다.

인도인의 행동에서 맥락에 의존하기

"내가 가장 어렵다고 느끼는 것은 덴마크 사람이라면 절대 하지 않을 행동인데, 인도인들은 내게 무엇을 하겠다고 말하고 다른 것을 생각하며 그 외의 것을 한다는 것이다."[73] 덴마크 출신 사장이 이렇게 말한 것은 인도인들이 각기 다른 상황에서 다르게 행동한다는 것을 보여준다. 비록 모든 문화에서 생각과 행동을 연결시키는 것이 완벽하지는 않겠지만, 생각과 행동을 가깝게 연결시키는 정도에 있어서의 차이는 있다.[74] 인도인의 행동이 맥락에 의존하게 되는 것은 *데쉬*(desh – 장소), *칼*(kal – 시간) 그리고 *파트*

라(*patra* – 사람)라는 세가지 환경적 요소에 의해 구성된다.[75] 신하는 "직장과 같은 공공장소는 가족과 같은 개인적 요소와는 다른 기준과 가치를 불러일으킨다. 행동양식으로부터 벗어나거나 특별한 일을 해야 하는 상황은 위기상황이 되는 것이다. 개인적으로 연관된 친구, 가족, 친척들은 믿고 좋아하면서 모르는 사람(그 그룹 밖에 있는 사람들)은 거리를 두고 불신하며 차별한다"고 말했다.[76]

이 상황에서 적합하다고 생각되는 행동이 다른 사회 상황에서는 부적절할 수도 있다. 텔레커뮤니케이션 분야의 인도-미국 합작회사 매니저 중 한 명이 소개한 좋은 예가 있다. 나가르주나(Nagarjuna)는 "고위간부들은 회사에 여러 가지 얼굴을 보여준다. 그들은 회사의 믿음처럼 모든 직원들과 말이 통하지는 않는다. 그들은 단지 개인적 의견을 내보일 뿐이다. 결과적으로 말단 직원들은 혼란을 겪게 되는 것이다"고 말했다.[77]

인도인들이 맥락에 의존해 행동하는 것은 많은 의미를 가진다. 먼저 *맥락에 의존 한다는 것*은 예측할 수 없는 것에 대해 인지할 수 있는 능력을 키워주고, 그렇게 함으로써 사람들간의 믿음을 키우는 것을 어렵게 한다. 둘째로 *맥락에 의존 하는 것*은 대화의 효율성을 떨어 뜨릴 수도 있다. 어떤 사람이 말한 내용은 완전 반대를 뜻하는 것 일수도 있다는 것이다. 첼라(Chellah)는 "우리는 거리낌 없이 말하지도 않고 질문하지도 않기 때문에 우리가 확신하지 못할 때에도 그것을 받아 들이게 된다. 처음에는 협력적이고 협동적으로 보였던 행동이 사업 파트너들에게는 짜증나는 문제가 될 수 있는 것이다."[78]

셋째로 *맥락에 의존 하는 것*은 모든 상호작용을 처음과 끝이 명확하지 않게 유동적으로 만들 수 있다. 다시 말해 모든 것이 가능하지만 아무것도 가능한 것이 없다는 의미도 된다. 마지막으로 *맥락에 의존 하는 것*은 무의미한 결론을 낼 수도 있다. 중요한 것은 직접적인 상황인데, 상황은 늘 변하기 때문에 아무것도 정할 수 없는 것이다.

힌두교의 믿음체계와 경영방식

기업의 성공은 기업이 외부 환경의 요구에 얼마나 잘 부응하는지와 기업이 효과적이고 효율적으로 기능할 수 있는 기업 문화를 만들어 내는 능력이 있는지 여부에 달렸다. 여기서는 인도의 환경에서 힌두교 신념이 기업경영에 어떤 영향을 미쳤는지 알아보겠다.

분석의 출발점은 문화적 신념 · 가치가 ⓐ 사람들이 세상을 어떻게 인지하고 어떻게 활동하는지; ⓑ 연관시키거나 사람들과 상호 작용하는 방법; 그리고 ⓒ 변화, 즉 가지고 싶은 것이 변하는 것에 대한 그들의 태도를 결정한다는 사실을 인식하는 것이다. 조직이라는 맥락에서 이러한 기본적인 태도는 ⓐ 일을 대하는 태도; ⓑ 선호하는 *리더십 스타일* ⓒ *문제해결*에 접근하는 방식; 그리고 ⓓ *조직 내부와 조직간의 협동*에서 잘 나타난다. 이 모든 측면은 아래 단락에 잘 묘사 되어있다.

일을 대하는 태도

학자들은 역사적으로 노동이 인도의 사회문화적 환경에서 높이 평가되지 않았다고 지적했다.[79] 실제로 신하는 "노동은 인도에서 본질적으로 높이 평가되지 않았다. 간단히 말해 어렵고 힘든 일 때문에 방해 받지 않고 휴식과 안정을 의미하는 *아람(aram)*이라는 문화가 있다. 비록 지역마다 큰 차이가 있지만, 많은 사람들이 아무것도 하지 않고 앉아있는 것을 자주 볼 수 있다"고 말했다.[80] 개인의 삶에서 일에 대한 집중력이 부족한 것에 대해서는 여러 가지 요인이 있다. 물론 자연을 정복하는 것을 지양하고 자연에 순응하는 것을 강조하는 문화적 성향도 요인 중 하나다. 인도의 사회문화적 환경에서 일은 개인이 살기 위해서 필수적인 요소는 아니라고 여겨져 왔다.[81] 인도인들이 일보다는 가족을 통해 자아실현을 한다는 주장도 있다.[82] 이러한 문화의 영향이 힘을 가지는 것은 아마도 1991년까지 규제가 심해 혁신적이고 창조적인 행동을 할 필요성을 줄어들게 만든 사업환경이라는 역사적 유산으로 인해 더욱 강화되었을 것이다.

자유화 이후 인도의 직장문화는 어떨까? 새로운 경쟁이 심한 사업환경에서 기업들은 사업을 좀 더 잘 꾸려가기 위해 그들의 문화를 재창조하고 다시 만들려고 한다. 이렇게 원기회복을 하려고 애쓰는 인도기업으로는 Tata Steel이 있다. 이 기업은 "세계적 수준의 기업"이 되기 위해 수 많은 노력을 했다. 회사규모를 적정규모로 바꾸고 직업윤리 프로그램을 실시하고 아웃소싱뿐 아니라 투자를 줄이기 시작했으며, 상품의 전반적인 질을 향상시키기 위해 대책을 마련했다.[83]

결과는 엄청났다. 신하와 모한티(Mohanty)는 2003년까지 Tata Steel은 전 세계에서 가장 값싼 회사였다고 말한다.[84] "가장 놀라운 성취는 Tata Steel이 100퍼센트 넘게 능력활용을 한 것이었다. Tata Steel은 많은 국가로부터 최고의 기술을 받아들였고 더욱 더 기술을 발전시켰다."[85] 기본적인 직업윤리를 바꾸지 않고 이러한 변화를 만들어 내기란 어려웠을 것이다. 구조조정을 하기 전에도 이 회사는 가족 같은 문화 덕에 직원들에게 인기가 좋았다. 가족적인 문화는 인도의 문화적 맥락에서 필요했겠지만, 결코 업무처리능력을 갖추거나 지속시키는 데 충분하지 않았다.

Tata Steel이 결코 특이한 경우는 아니다. Ranbaxy나 Reliance Group과 같은 회사의 성공은 그들 스스로 작업 환경을 변화시키려는 노력이 없었다면 상상하기 어려웠을 것이다. 인도의 새롭게 자유화 된 환경에 있는 다국적 기업들은 인도인 직원들의 직업윤리를 바꾸는 데에도 성공을 거두었다. 인도에 있는 미국, 스웨덴, 덴마크, 일본 그리고 한국의 다국적 기업의 자회사가 실시한 조사에서 신하는 이러한 기업들이 인도에서 회사를 운영하면서 뛰어난 업무처리능력을 요하는 문화를 만들어낼 수 있었다고 말한다.[86] "성과에 따른 지불"이 동기를 부여하는 원칙이었고, 스웨덴, 덴마크 그리고 한국 기업이 이 원칙에 상당한 비중을 두었다. 이는 일과 관련된 것에 지속적으로 최고경영을 하려는 의도와 좀 더 자기훈련을 하고 새로운 경영체계와 과정을 만들어 내야 한다는 것을 주입 시키려는 의도에 의해 강화되었다.

한 예로 인도에 있는 한국 기업의 자회사를 보자. KIMCO의 인적자원 담당 부사장인 비카스 샤르마(Vikas Sharma)는 "KIMCO에 있는 모든 사람들은 달성해야 하는 실적을 수치로 제시 받게 된다. 도망갈 구석이 없는 것이다. 실적은 직원들이 좀 더 자기의 능력을 발휘하도록 상향조정 되기도 한다…. 우리는 직원에게 잘 대해주지만, 그들은 업무를 잘 처리하고 그 능력을 계속 키워야 한다"라고 말했다.[87] 이는 전반적으로 인도에서 *부드러운(soft)* 직장문화에서 *기술관료적*이거나 혹은 *일을 중심에 두는* 문화로 변화가 있었던 것을 의미한다.[88]

부드러움을 강조하는 직장문화는 일에 있어서 가족에 복종하는 것을 일보다 우선시하고 *기술관료중심의* 직장문화는 직원의 전반적인 안녕에 대해 고려하지 않고 결과 · 성과를 강조하는 반면, *일 중심*의 문화는 이 두 가지를 모두 포함한다. 결국 인도의 문화적 환경에서 가장 적절한 것은 *일 중심*의 문화일 것이다. 이것은 기본적으로 인도인들에게 가족의 상황을 최소한 일에서의 상황과 동등하게 보게 하기 때문이다.[89] 이것이 지니는 중요한 의미는 개인이 가족으로써의 의무를 다하는 것을 허락하지 않는 *작업 환경(work context)*은 인도인 직원들에게 충분히 동기부여가 되지 않는다는 것이다.

선호하는 리더십 스타일

대략 설명했듯이 인도의 문화는 *수직적으로 집단주의적*이라고 가장 정확하게 설명할 수 있다. 이러한 특징은 여러 가지 의미를 가진다. 첫째로 간단하게 말해 인도인들은 *계급제도*를 견디어낼 수 있는 능력과 존경심을 가지고 있다. 고팔라크리슈난이 말하듯 "인도에서 리더십은 성격과 연관된다. 리더십은 자력과 같으며 변화시킬 수 있는 능력을 가졌다고 생각되는 높은 자리에 있는 사람이 가진 카리스마이다."[90] 이것이 작업환경에서 적용되듯이 가족에 있어서도 적용된다. 계급제도를 받아 들이면 상위계층의 사람과 하위계층 사람 사이에 특별한 형태의 행동양식(interaction)이 나타나게 된다. 어떠한 상황에서도 하위계층의 사람은 상위계층의 사람이 틀렸다고 생각하더라도 비판하거나 공개적으로 이의를 제기할 수 없는 것이다. 마찬가지로 상위계층의 사람은 하위계층의 사람이 자신을 비난하는 것에 대해 참지 않을 것이다.

사실 인도인들은 때때로 지나치게 순응적 일 수도 있다는 주장이 있다.[91] 지나치게 순응하는 것은 아랫사람이 조용히 윗사람이 시키는 것을 받아들여야 하는 "예스" 문화를 만들어 낼지도 모른다. 일을 완수할 수 있느냐 없느냐는 신경 쓰지 않는다. 더불어 규범적인 의례가 엄격하게 지켜져야 하는 것은 당연한 것이다. State Bank of India의 연구에서 다스는 "은행에서 특정한 문화는 높은 사람이 있을 경우, 특히 행정직원들은 넥타이를 매고 심지어는 자켓까지 입어야 하는 것을 의미한다. 이렇게 옷을 입어야 한다는 규범은 날씨가 따뜻하거나 직장에서 공기가 적절히 순환되지 못할 때, 높은 사람들이 기대하는 행동규범에 순응하지 못할 때 불편하게 된다"고 말했다.[92]

계급적인 규범은 아랫사람들 사이에 "의존성을 찾으려는" 행동을 강화시킬 수 있다.[93] 의존성은 많은 의미를 지닌다. 먼저 의존성은 수평적 관계에 반해 수직적 관계에서 더 능력을 발휘한다. 다시 말해 계급적 관계가 용인되고 행동규범이 이해될 때, 그러한 규범은 *수평적 교류(horizontal interaction)*에서는 존재하지 않는다는 것이다. 이것의 중요한 의미는 대화 · 정보의 흐름이 *수평적 구조*보다는 *수직적 구조*에서 일어난다는 것이다.

다시 말해 동료들과의 관계는 시작하기 어려울지 모르나 유지시키기는 더 어렵다는 것이다. 두 번째로 관찰한 것은 인도에서 아랫사람들은 그들의 윗사람이 승낙 해 주지 않으면, 그 어떤 행동도 하지 않을 것이라는 점이다. 아랫사람들은 언제나 윗사람이 관심을 가져주길 바란다. 비록 이러한 행동이 동기부여에 도움이 될 수도 있겠지만, 또 다시 *확신* 받아야 할지도 모르고, 이는 윗사람이 아랫사람에 대해 좋게 생각하고 있어야 함을 뜻한다. 신화가 지적하듯 "그들은 성취하고자 하는 것에 대해 계속 노력하고자 한다면 끊임없이 피드백을 받고 싶어하고 격려 받길 원한다."[94]

많은 인도인들은 *sneh-shradha*(역주; 애정-존경)관계를 찾으려고 한다. 이 관계에서 이상적인 형태는 아랫사람들이 무조건적인 충성을 보일 때, 윗사람이 그에게 의지하고 있는 사람들을 돌보아 주는 것이다. 만약 어떠한 이유로 상호관계가 이루어지지 않으면 버려졌다고 생각하는 이들은 분노하게 될지도 모른다.[95]

인도 초대 총리인 자하와랄 네루와 그 당시 국방부 장관이었던 크리슈나 메논(Krishna Menon)의 관계가 좋은 예이다. 베르츠베르게르(Vertzberger)는 메논은 네루에게 상당히 의지하고 있었고 "거의 네루의 애정과 존중을 받지 못하는 것에 대해 병적으로 염려 하고 있었다"고 말했다.[96] 자신보다 우위에 있는 사람에게 의존하는 것은 인도역사에서 오랜 전통이 되었다. 신하는 "한 사람이 자신보다 더 강한 사람에게 완전히 의지해버리는 행동전략, 그래서 더 강한 사람이 도덕적으로 판단해 약자를 보호해 주어야 하는 것에 대한 기원은 헌신적으로 다가가는 것이 신이 주시는 기쁨이라는 베딕 시대로 거슬러 올라간다."[97] 결국 완전히 의존하는 것은 인도문화의 큰 특징인 *구루-쉬샤(guru-shishya)*관계에서 잘 나타난다. 이것은 *쉬샤*(학생)이 *구루*(선생님)에게 완전히 의지하고 있는 상황이며, 이는 선생님에 대한 강한 믿음을 의미한다.[98]

서양의 관점으로 보면 타인에게 의존하는 것은 부정적인 의미를 가지지만, 인도인의 관점으로는 의존성은 *당연*할 뿐 아니라 *활력*이 된다. 그래서 긍정적으로 아랫사람의 기운을 바꾸어 주는 것이다. 신하가 발견한 "*양육적 리더십(nurturant leadership)*"이 그 긍정적인 영향을 보여주는 예이다.[99] 신하는 인도의 지도자들은 아랫사람들이 목표한 것을 이루기 위해 열심히 일 하도록 분위기를 조성해야 할 뿐 아니라 직원의 가족들의 요구도 충족시킬 수 있는 감각이 있어야 한다고 말했다. 결국 리더가 이를 이루어 낼 수 있으면 직원은 몸 바쳐 일하게 될 뿐 아니라 목표한 일을 해내기 위해 최선을 다할 것이다.

인도인 직원이 일에 바친 열정은 *조직적*이라기보다는 *개인적*이라는 것을 인식할 필요가 있다. 이는 *포상을 바라며 일했다*기 보다는 *애정*을 가지고 일한 것이다. 양육적 리더십의 좋은 예는 Tata Steel이다. 이 회사의 전(前) 회장이자 사장이던 루시 모디(Russi Mody)는 이러한 조언을 했다. "결과와 규칙을 중시하며 일하는 것과 사람을 중시 하며 일하는 것 중, 후자를 택해라; 그러면 나머지는 저절로 해결될 것이다."[100]

따라서 인도 직원들과 *의존적 관계*를 만들어 내는 능력은 서양에서 온 매니저들의 도전과제 중 하나이다. *자치권, 독립성* 그리고 *계약관계*를 중시하는 서양문화에서 자주 변화하는 *의존성*을 받아들이기란 쉽지 않다. 의존적 관계를 만들어 낸다는 것은 일과 관련됐든 아니든, 직원들과 자주 만나야 하는 사회적 관계를 의미하고 공과 사를 구분하고 싶어하는 외국인 매니저에게 어려움으로 다가올 수 있다.

비슷한 맥락에서 의존적 관계를 만들어 낸다는 것은 *말하지 않아도 느낄 수 있는 센스*가 상당히 요구한다. 따라서 외국에서 온 매니저는 마음을 터놓고 속 감정을 표현하지 않을지도 모르는 인도인 직원이 하는 말에 숨어있는 의도도 파악할 줄 알아야 한다. 외국인 매니저가 이런 능력이 부족하게 되면, 이런 관계를 만드는 것은 거의 불가능 하게 될 것이다. 외국인 사장이 인도사장이 그 직원들에게 대하는 것처럼 똑 같은 기준을 가지고 있진 않겠지만, 외국인 사장이 의존적 관계를 만들려는 시도를 하지 안으면 인도인 직원들은 분명 *실망*하게 될 것이다. 신하가 인도 내의 다국적 기업에 대해 연구한 것을 보면 인도인 직원들은 외국인 사장을 좋은 감정으로 대했지만, *개인적인 교류*가 부족했다고 생각했다고 한다.[101]

문제를 해결하는 방법

고슬링(Gosling)과 민츠베르그(Mintzberg)는 다섯 종류의 경영 태도가 있다고 했는데, 이는 *사려 깊고 분석적이고 세속적이고 협력적이고 실천할 준비가 된 마음가짐*이다.[102] 어디에서건 사장은 *행동(action)*과 *사려 깊은 생각(reflection)* 사이에 어떻게 균형을 맞출 것인가의 의무적 고민에 직면하게 된다. 그리고 그들은 "모든 경영인들은 이 두 가지 마음가짐을 혼합시킬 수 있는 방법을 찾아야 한다. 사려 깊은 생각(reflective thinking)이 실천(practical doing)과 만나는 지점에서 작용하기 위해서"[103]

사려 깊은 마음가짐은 과거 경험에 대한 평가를 중시 여긴다; 분석적인 마음가짐은 의사결정을 할 때 포괄적으로 접근 하기를 원하는데, 이는 결정내용을 분석할 때 가능한 유리한 부분을 많이 찾는 것이다; 세속적인 마음가짐은 다른 문화에 비추어 통찰력 있게 접근하는 것이다; 협력적 마음가짐은 관계를 만들고 유지시키는 것에 중점을 둔다; 실천할 준비가 된 마음가짐은 필요할 때 변화를 시작하는 것에 초점을 맞춘다. 그들이 지적하듯 모든 매니저들이 이러한 마음가짐을 가지고 있지는 않으며, 각자 선호하는 방식이나 더 좋아하는 것이 있기 마련이다.

이렇게 구분하는 방법이 생겨난 것은 매니저들이 문제를 해결할 때 대안적인 방법을 찾기에 편리하기 때문이다. 사려 깊은 매니저는 배움에 열중할 것이고; 분석적인 매니저는 가능한 최선의 결정을 하려고 할 것이고; 세속적인 매니저는 결정하기 위해 세상으로 뛰어들어 자극을 받으려 할 것이고; 협력적인 매니저는 관계에 초점을 맞출 것이며 실천을 중시 하는 매니저는 지속적인 변화에 초점을 맞출 것이다. 인도문화의 성향이 앞에서 언급되었다고 한다면, 인도인 매니저는 위의 성격 중 어느 마음가짐이 *가장 들어 맞을까?*

인도인들은 *상상 속의 이상적 상태*에 도달하려는 경향인 "이상적 형태의 사고방식"을 가지고 있다고 언급했었다. *상상 속의 이상적 상태*를 찾아 가는 것은 문제를 완벽하게 분석할 수 있는 기술, 즉 상당히 뛰어난 분석능력을 가지고 있어야 함을 뜻한다. 인도인들은 발췌하고 비평하는 사고능력이 뛰어난데, 이는 극단적 형태로는 몽상적이 될 수도 있다.[104] 정보를 찾는 것은 때때로 광범위하기 때문에 최대한 실수를 없애거나 최소화 시키기 위해 정보는 때때로 비판적으로 정밀하게 분석해야 한다. 한 예로 덴마크 매니저가 인도인 직원들과 일하면서 한 이야기를 들어보자.

> *협상을 시작하게 되면 그들은 절대로 당신의 제안을 받아들이지 않을 것이고 가능한 더 많이 얻어 내려고 애쓸 것이다. 그들은 최고의 협상을 하기 위해 몇 주 동안이나 시간을 끌 것이다. 그리고 결국 나머지 5퍼센트에 대해 협상하는데, 그때 쯤이면 당신은 지치게 되고, 결국엔 그들이 원하는 연봉을 주게 될 것이다. 하지만 그가 이미 나의 제안을 받아 들였음에도 불구하고 그는 자신을 돌아보며 무엇이 잘못되었는지를 물을 것이다. 그리고는 또 다시 더 얻어내려고 협상할 것이다. 그래서 매우 어려운 것이다.*[105]

이러한 마음가짐은 높은 수준의 이상향이라고 설명할 수 있고, 당연히 이상적인 마음가짐은 진실을 찾아 가는 것이 *절대적인 사실*이라는 근본적 이치를 받아들이지 않는다. 이렇게 생각하는 태도를 가졌을 때, *조화*에 초점을 맞추는 대안적인 생각을 지속시키기는 어려운 것이다.[106] 시간 혹은 압력에 대한 압박이 없을 때는, 이러한 상황을 유지시키기는 쉽다는 것을 언급할 필요가 있겠다.

쿠마르(Kumar)는 "인도인들은 그들이 실현시키고자 하는 지나치게 높은 수준의 이상 세계를 상대적으로 빠르게 만들어 내지만, 그것을 실현시키지 못했다는 것에 대해서는 별로 개의치 않는다"라고 말했다.[107] 물론 지적 추구는 진정 가치 있는 자산이다. 전 세계에서 매일매일 거래가 이루어지면서 이러한 *마음가짐*은 *엄청난 결과*를 가져오거나 혹은 또 다른 극단적 방법으로 *성공할 수 없게* 만들지도 모른다. *분석적이고* 정도가 좀 덜하긴 하지만 *사려 깊은* 마음가짐은 인도인 경영인들의 특징을 가장 잘 나타내 준다는 것을 알아야 한다. 이것이 가지는 중요한 의미는 인도인 매니저들이 *전략을 짜*는 데에는 엄청나게 뛰어날 수 있으나 *전략을 적용*하는 데에는 다소 부족할지 모른다는 것이다.

조직 내부와 조직간의 협동

인도사람의 행동에서 거의 절대적인 만장일치를 하는 면이 있다면 인도인들은 팀으로 일하지 않는다는 것이다.[108] 협동이 쉽지 않은 미국뿐 아니라 개인적인 유럽사람들에게도 이것이 적용될 수 있지만, 인도에서 협동을 바탕으로 한 행동이 거의 없는 것은 *무정부주의적 개인주의*라고 할 수 있겠다.[109] *무정부주의적 개인주의*는 협동을 바탕으로 한 행동이 최소한이거나 거의 없는 사람 사이의 사고방식을 의미한다. 사람들끼리 정보를 공유하지 않을 수도 있고, 다른 사람한테 들은 정보에 대한 신뢰나 믿음이 줄어들 수도 있다. 그리고 적대적 관계에 있거나 역기능적인 자기 동료들에 대한 공격이 이루어질 수도 있다.

인도-미국 텔레커뮤니케이션 합작회사의 연구결과를 보면, 판다(Panda)와 굽타는 질투로 인해 직원들 사이에 "정보 축적상태"가 이루어졌다고 말했다.[110] 이는 자연히 조직이 기능하는 데 불리하게 작용한다. 비슷한 맥락에서 인도에서 8년간 살았던 덴마크 비즈니스 컨설턴트는 "인도에서 팀워크는 거의 불가능하다. 개인 사이에 협력하는 것은 가능하나 인도인들이 팀으로 일하지 않기 때문에 팀으로 일하는 것이 문제가 된다…. 그들이 서로 동의하지 않는데 어떻게 팀으로 일을 하겠는가"라고 말했다.[111] 신하가 인도에 있는 다국적기업에 대해 연구한 것을 보면, 몇몇 회사만 보더라도 조직내부에서 협동하는 것에 대해 어려움을 토하고 있다고 한다. 한 예로 인도에 있는 스웨덴 자회사 Swedish Home Care International의 사장인 세카란은 "이전 회사에서 일했던 후유증을 여전히 가지고 있는 사장들 간에 만리장성이 놓여 있고, 시너지를 내는 데 방해가 되는 권력이 뭉쳐있는 지점(power center)이

있다"고 말했다.[112]

인도인이 *맥락에 의존해* 행동하는 것은 이 문제 해결을 좀 더 어렵게 만들 수도 있다는 것이고, 인도인들이 행동하는 맥락을 바꾸는 것만이 문제를 해결 할 수 있음을 뜻한다. 그러나 맥락을 바꾼다는 것은 인도-미국 텔레커뮤니케이션 합작회사의 연구결과에서 보여주듯 민감한 일이고 외국인 경영자뿐 아니라 인도인 경영인에게도 상당히 어려울 것이라는 뉘앙스를 풍긴다.

문화적 차이를 연결하는 것이 시너지 효과를 내는 데 필수적이지만 그렇게 *연결* 시킨다는 것이 쉽지도 당연하지도 않다는 것을 이야기 하면서 이 장의 서두를 열었다. 그러므로 외국인 경영자들이 인도인의 *행동양상*뿐 아니라 *사고방식* 역시 이해하려 노력하는 것이 필수적이라 하겠다. 소개부분에서 언급했듯 인도인의 마음상태는 동아시아인보다는 서양인에 가깝고 이 장에서 다룬 내용들이 이를 입증한다. 또한 인도인의 마음상태는 *가족*과 같은 아시아적 감성도 가진다. 인도에서 가족은 여러 면에서 상당히 *개인적이긴* 하지만 말이다.

이러한 면에서 아마도 인도의 문화는 *짓궂기도 하고(teasing) 좋아 보이기도 하는(inviting) 복잡한 모자이크* 같아서 외국인 매니저들의 사고를 넓히게 만든다. 이렇게 사고를 넓혀 가는 것은 *문화적 차이를 항해해 가는 데(navigating)* 필수적인 첫 단계이다. 이것은 인도에서 사업하는 데 필수적인 다문화를 포용할 수 있는 능력에 대해 다룰 마지막 장에서 좀 더 설명하도록 하겠다.

제 5 장

인도 이해하기

인도가 어떻다고 말할 수 있다면, 그 반대 역시 사실이랍니다!

샤시 타루르(Shashi Tharoor), UN 사무차장, Tufts Magazine

한 장(章)으로 어떻게 인도를 설명할까? 10억이 넘는 인구, 18개의 주요 언어, 1,600개가 넘은 소수민족언어(minor language)와 사투리, 많은 카스트와 그 아래로 더 많은 하위 카스트, 각각의 정체성을 유지하고 있는 50여 개의 부족과 여섯 개의 민족. 인도는 전 세계에서 우유를 가장 많이 생산하고 우체국이 가장 많으며 전 세계에서 철도 네트워크도 가장 많고 두 번째로 많은 기술인력을 확보하고 있다. 또한 매년 대학을 졸업하는 학생수가 가장 많기도 하다. 또 하나 잊지 말아야 할 것은 자체적으로 완벽하게 전자 투표 시스템을 갖춘 세계에서 가장 많은 인구가 참여하는 민주주의를 가지고 있다.

인도에는 타지마할과 그 유명하다는 무굴 정원이 있고 유명한 많은 웅장한 건축물과 사원 그리고 기념비가 있지만, 도시의 열악한 상황(urban decay)을 나타내는 것들도 많다. 인도가 세계에서 가장 뛰어나고 풍부한 유산의 고향이고 발생지이지만, 주요 도심지 밖으로는 분명 가난과 기초 건강검진 시설의 부족 그리고 열악한 인프라로 가득하다. 지나친 관료주의로 인해 이러한 것들이 간과 되었다가 이제야 영국 식민지배 이후 잔존했던 모습에서 벗어나 훨씬 정리가 되고 향상되는 중이다. 이렇게 다양한 인도를 어떻게 한마디로 설명할 수 있을까?

인도의 외교관이자 작가인 파반 바르마(Pavan Varma)는 그의 베스트 셀러 *Being Indian*[1]의 서문에서 "인도는 특성을 잡아내기 어려운 나라이고, 인도인을 정의 내리기란 쉽지 않다. 특히 오늘날 역사의 그늘에서 세계화의 섬광 속으로 변화하는 이 때에는 더더욱 그렇다. 이 책은 과거의 맥락에서 우리가 진정 누구인지 이해하고 미래에 대한 청사진을 그려보고자 한다. 이러한 작업에는 위험이 따른다. 인도가 너무 거대하고 다양하여 모든 것에 적용될 딱 하나의 답은 없기 때문이다. 모든 일반화에는 예외가 있기 마련이다. 모든 유사성에도 예외는 있기 마련이다. 모든 유사성에도 엄청난 차이가 있다"라고 서술한다.

샤시 타루르는 고뇌하며 이야기한다,[2]

절망적이고 모든 것이 황폐한 상황에서도 무굴 제국처럼 "지구상에서 천국이나 낙원이 있다면, 바로 여기다, 바로 여기다, 바로 여기인가?"라고 주장하는 나라를 이해하는 데에는 무엇이 필요할까? 효과적인 도덕적 원칙을 위해 비폭력을 사용했지만, 자유는 혈흔을 통해 탄생하였고 독립도 그렇게 해서 존재할 수 있는 문화를 인간은 어떻게 평가하는가? 4대 종교, 수많은 전통 춤, 85개의 정당 그리고 감자를 요리하는 300개가 넘는 조리법의 탄생지인 영원한 문명의 미래를 제쳐두고 서라도, 그들의 현재를 어떻게 표현할 것인가? 짧게 대답하자면, '최소한 모두를 만족시킬 대답은 표현할 수 없다' 이다.

저명한 인도의 교육기관인 인도 과학 연구소(The Indian Institute of Science)는 수소가 끄는 카트에 실려 발사대까지 가져간 인도 최초의 우주로켓의 흑백사진을 걸어두고 있다. 케이프 커네버럴(Cape Canaveral)이나 휴스턴(Houston)에 있는 NASA(미 항공우주국) 시설과 러시아의 바이코누르(Baikonur)에 있는 것처럼 화려하지도 않다. 이는 그 무엇보다도 인도의 모순을 잘 보여준다. 평균적으로 미국 기업이 연구개발에 쓰는 비용의 일부 밖에 안 되는 5억 달러를 우주관련 프로그램 예산으로 쓰고 있지만, 인도는 매우 정교한 유효 탑재량과 우주정거 시설을 갖고 있다. 또한 발사용 로켓을 디자인하고 개발하고 테스트 할 수 있다. 아마 현재는 달에서 임무수행도 이루어 지고 있을 것이다. 이 모든 것은 그 어떤 나라로부터도 도움을 받지도 않았고, 다른 국가들이 이미 이룩해 놓은 과학적 비밀을 계획적으로 "훔쳐오는" 식으로 하지도 않았다. 그리고 첫 번째 로켓은 수소가 끄는 카트에 실려 발사대로 옮겨졌고 결국 성공했다.

인도와 인도인들이 모순에 가득 차 있다고 생각한다면, 미미할지 모르나 이 장에서 가능한 간단하게 해외에서 인도로 온 매니저들과 사업가들에게 인도의 삶에서 재미 있을만한 몇 가지 측면을 강조하고 설명하려고 한다. 이에 대해 좀 더 구체적인 분석을 한 파반 바르마의 책 *Being Indian*[3]을 참고하는 것이 좋을 듯 하다.

제 2장에서는 인도의 카스트 제도에 대한 배경과 이것이 비즈니스 영역에 미치는 영향에 대해 설명하였다. 4장에서는 문화적 문제와 이것들이 인도의 경영 방식에 미치는 영향에 대해 다루었다. 힌두교의 성격에 대해 간단히 알아보았고, 힌두교의 철학적 체계가 가지는 주요 교리에 대해서도 언급하였다. 인도에 만연해 있는 계급제도뿐 아니라 "집단주의적"이고 맥락에 의존하는 인도문화의 성격에 대한 내용도 검토했다. 이 장에서는 인도에서 사업하는 외국인 매니저들이 알아야 하는 좀 더 매일매일 접하게 될 실용적인 문제에 대해 다룰 것이다.

시간 개념

인도에서 외국인 매니저와 서양화 된 인도인 매니저들은 특정 시간과 날짜까지 약속된 업무나 납품이 상당히 자주 제대로 진행되지 않아 엄청난 고민을 하곤 한다. 기본적 예의를 떠나 오늘날의 세상에서는 '제 시간' 에 일이 진행되는 것이 점점 늘어나고 있는데, 시간을 맞추지 못하는 것은 상당히 약점이 될 수 있는 일이다. 인도 표준 시간(Indian Standard Time-IST)는 "인도인들이 마음대로 늘릴 수 있는 시간(Indian Stretchable Time)"으로 변해 버렸다!

어거스틴(Augustine)이 주장했고 스테판 호킹(Stephen Hawking)이 *시간의 짧은 역사(A brief History of Time)*에서 설명했듯이, 이 모든 것을 서양의 엄격한 시간 개념 탓으로 하자. 어거스틴은 두 가지 상반되는 시간 형태가 있다고 한다. 기독교의 "선형적(linear)" 시간과 비기독교적인 "순환적(cyclic)" 시간이다. 비기독교적인 순환적 시간은 사람에게 보상하고 벌 주는데 필요한 '자유 의지' 와 반대인 것으로 간주된다. 호킹은 이 자유의지가 과학 철학에 핵심적이며 이 과학철학은 반대로 현대과학을 정당화 시킨다고 규정한다.

그러나 "사후(死後)의 삶"인 윤회(*삼사라Samsara의 순환*)를 가리키는 순환적 시간과 인생에서 죽기 전까지 인간의 행동에 기초하는 *열반*(*Nirvana*, 부활의 순환을 벗어나는 것) 그리고 이와 관련된 '평등'에 대한 믿음은 고대의 기독교에게는 받아들이기 어려운 것이었다. 이는 특히 "시간은 돈이다"라는 철학을 가진 루터파 사람들(Lutherans)이 받아들이기 힘들었다. 그들의 이런 사상은 전통적인 순환적 시간개념을 가지고 있던 고대 농경사회로 부터 변화를 겪던 시대에 만들어 졌다. 게다가 개인적인 신앙에 영향을 받은 위대한 과학자 아이작 뉴턴은 선형적 시간과 이것이 물리학에 주는 의미를 제안했다. 이로 인해 기독교는 시간에 대한 믿음으로 인간의 행동을 통제할 수 있는 과학적인 권한을 갖게 되었다. 뉴턴의 생각은 이러한 개념이 포괄적으로 아인슈타인의 상대성이론에 의해 흔들리기 전까지 몇 년간 시간에 접근하는 그 당시의 "과학적인" 방식의 토대가 되었다.

그러나 힌두교는 선형적 시간과 시작, 과정, 끝이 있는 삶에 대한 선형적 특성과는 관계가 없다. 철학으로서의 힌두교는 시간을 무한적 개념으로 본다. 힌두교적 믿음으로 보면 창조의 과정은 순환되고 각각의 순환과정은 이전 시대에 뒤따라오는 네 가지 시대로 이루어진다(각각은 인간의 햇수로 2500년에서 만년까지 다양하고 각기 다른 철학학파에 따라 다르다). 그러므로 힌두교인들에게 시간, 공간 그리고 인과관계는 단지 인간의 마음에 의해 만들어 진 것이며, 이 과정에서 시간은 인간의 마음이 만들어낸 환영이다. 현실에서는 과거와 미래 둘 다 우주의 공허한 공간 안에 존재하지만 말이다. 이렇게 시간이 "주기적으로 순환" 한다는 개념은 사회 구성에 있어 공평함, 자발성(自發性), 조화를 강조하게 된다.

이렇게 순환적 시간에 대한 철학적 기초는 일반적으로 인도인들이 무시하는 "세속적 시간"에 대한 설명을 해주고 있다. 인도인들이 극단적으로 "종교적 시간"을 잘 지키고 매우 엄격한 점에 대해 만족스럽게 설명하기란 어렵다. 종교적 시간은 달력, 행성의 배치상태, 태양과 달의 형세 그리고 종교서적에 명시된 다른 요인들에 기반하고 상당히 세밀한 시간계산을 통해 의식과 다른 행동 혹은 하지 말아야 할 행동과 연관된 것을 가리킨다.

결혼식이나 다른 중요한 일의 날짜와 시간은 "종교적 시간"에 대해 꼼꼼히 생각한 끝에 결정된다. 중요한 일, 모임, 의식, 물건을 사는 일 그리고 다른 활동은 하루 중 *라후칼라(Rahukala)*라는 시간에는 하면 안 된다. 주요 일간지에는 엄격하게 계산해서 정해진 이 시간을 매일 표시해서 내보낸다. 책력을 통해 앞으로 좀 더 오랜 기간에 대해 이런 계산을 할 수 있다. 인도의 전(前) 총리는 *라후칼라* 때문에 그의 선거임명서류를 제정된 시간에 제출하길 거부했다. 최근 범죄사건에 휘말린 유명한 힌두교 예언자(Seer)는 판사에게 그의 보석 탄원서를 *라후칼라* 시간에 통과시키지 말라고 부탁했다. 안타깝게도 판사는 그 시간에 부정적인 결론을 내렸다.

*라후칼라*는 상상 속의 행성인 "라후"(the seizer)와 연관되어 있고 식(蝕)의 원인이 된다고 믿는다. 신화에서는 라후가 해와 달을 관장하는 비슈누(Vishnu) 신에게 쫓겨난 장난꾸러기 악마라고 설명한다. 게다가 쫓겨난 라후는 천국을 떠돌다가 해와 달을 게걸스럽게 먹어 버리려 하고 (그래서 일식, 월식이 생긴 것이다), 소란을 피우거나 나쁜 기운을 퍼뜨린다. 이렇게 라후로 인한 부정적인 영향은 하루 중 *라후칼라* 때 절정에 다다른다고 한다. 사람들은 이렇게 불행하다고 여겨지는 시간에 태어난 사람은 평화롭지 못하고 재물운도 없으며 전반적으로 잘살지 못할 것이라고 믿는다.

물건을 사기에 불길하다고 여겨지는 일년 중 2주일을 포함해(조상들의 기억에 따라) 활동하기에 부적절한 시간이 있는 것처럼 의식을 치르거나 축하를 하기에 불길한 시간과 날짜도 있다. 예를 들어 결혼하기 좋은 시간과 날짜는 성직자가 매우 복잡한 점성술로 세심하게 계산해 결정한다. 이런 때에 가장 길조로 여겨지는 날짜에 전국적으로 수천 수백 쌍의 결혼식이 치러 진다.

일반적으로 행운 혹은 불행을 가져다 준다는 시간을 세밀하게 계산하는 것은 유대-기독교(Jedeo-Christian)의 선형적 시간 개념을 바탕으로 하지 않는다. 그러나 불투명한 우주의 세속적 시간을 하찮게 여기면서 정확하게 종교적 시간을 준수하는 패러독스는 설명될 필요가 있다. 아마도 그 해답은 종교적 기준과 요구에 대해 불복종한 대가를 치러야 할 두려움에 있을 것이다. 그러므로 재탄생의 순환상태인 *삼사라*에 갇혀 있는 것은 아마도 다음 생에 하등한 삶의 형태로 나타날 위험을 안고 있는 것이다.

"주가드(Jugaad)" : 즉흥적인 인도인의 성향

"주가드"는 자원, 연관, 특별한 적용(special application) 혹은 이러한 것들을 마음대로 사용하려는 "속임수"를 의미하는 힌디 구어체이다. 그러므로 "목적"이 *반드시* 있어야 하고 목적이 "수단"을 정당화 해야만 한다.

의심이 가는 이야기이긴 하지만, 일본의 오토바이 대기업이 인도에 최초의 현대식 자동차 공장을 세우려고 했을 때, 본사에서는 인도에 전문가들 보내 전국적으로 차를 수리하고 서비스 할 수 있는 기술 수준과 시설을 알아보게 하였다. 이때는 인도가(영국 모리스 옥스포드 차를 보고 고안해 낸) Ambassador와 Fiat 차를 소량 생산하고 있던 시기였고, 오래되고 구형인 수입 차가 있을 뿐이었다. 현지에서 생산 예정인 차의 대기명단은 몇 년이나 묶여 있었다. 부품에 대한 적절한 공급체인도 거의 없었다.

그러나 규모에 관계없이 일본 팀과 상의한 모든 서비스 센터는 부품의 부족, 적절한 서비스 도구의 부족, 열악한 인프라에도 불구하고 현지에서 생산한 차뿐 아니라 수입해 오래되어 부품이 없는 차도 수리하는 데 아무런 문제가 없게 되었다. 일본의 이런 행동에 감명 받았지만 어떻게 이것이 가능했는지 의심스러운 채로 질문하자면, 이것은 "주가드"를 사용 했기 때문이라고 하겠다. 인도인들이 발전시킨 이 눈부신 "신기술" 이야기는 도리어 일본으로 다시 전해졌다.

인도인 차 정비사들은 대부분 공식적인 트레이닝을 받지 않고도 부품을 고치고 제작해 내거나 개조할 수 있었다. 그리고 어떤 경우에는 차가 확실히 잘 굴러가게 하려고 손으로 직접 만든 조각이나 부품, 접착제와 에폭시를 사용하기도 했다. 이것이 바로 파반 바르마[4]가 자원이 부족한 상태에서 "창조적 즉흥성"이라고 부른 것이다. 게다가, 이는 "어떻게 해서든지 해결방법, 재능, 실패하는 것을 거부하는 것, 독창력, 빠른 두뇌회전, 교활함, 결단력 그리고 위의 모든 것을 찾아내는 도구이다."

그러므로 주가드는 인도인들이 "교과서적 방법을 떠나" 해결책을 찾는 경향이라 하겠다. 이는 틀에 박히지 않은 매우 높은 수준의 사고와 발전되고 자원이 풍부한 국가들이 기존의 규범, 방법, 사회의 관습이라고 말하는 것들을 무시하는 것을 포함한다. 이러한 독특하고 때때로 짜증날 정도로 "빠르게 상황에 들어맞게 하는(quick fix)" 독창적이고 혁신적인 접근방법은 전면적으로 어떤 활동을 할 때 그 빛을 발하게 된다. 그러한 활동들은 제조업, 건축, 서비스 산업, 국방 그리고 심지어는 전자공학 그리고 IT분야까지 두루 포함한다. 몇 가지 예를 들어 보겠다.

1980년대 미국은 날씨와 몬순을 연구하는 데 꼭 필요한 크레이 슈퍼컴퓨터(Cray Supercomputers)를 구입하라는 인도의 제안을 이 슈퍼컴퓨터가 국방과 우주 영역에 있어서 응용될 수 있다는 이유로 거절했다. 인도 엔지니어와 과학자들은 대용량의 서로 같은 종류의 컴퓨팅 모듈을 배열해 현지에서 개발한 슈퍼컴퓨터인 "PARAM"을 만들기 위해 적절한 소프트웨어를 쓰는 방법으로 도전에 응했다. 그리고 이는 3년이 채 되기도 전에 천만 달러라는 아주 적은 돈으로 가능했다!

Times of India[5]의 기사에서 수딥 타루크다르(Sudip Talukdar)는 1971년 파키스탄과의 전쟁에서 "하찮은 외환 보유로 인해 실질적으로 러시아에서 만든 서쪽 국경지대에 배치된 탱크의 절반 이상이 격침(擊針)에 결함이 있었는데도 이를 대신할 것을 사지 못했다. 고위 군사 장교들은 그 지역에서 대체할 만한 것을 찾기 위해 군부대 작전 본부(operation branch)를 지정할 때도 계산 된 위험만을 감수했다. 정체를 알 수 없는 편잡에 사는 '구루병에 걸린 늙은 시크'는 격침을 만드는 데 동의했다. 선반(旋盤) 작업장에서 몇 달이나 시도한 끝에 시크는 거의 원형에 가깝게 격침을 완벽하게 만드는 데 성공했

다. 그는 수백 개나 되는 격침을 원래의 10퍼센트 정도 가격에 만들어 냈다" 라고 서술했다.

인도 북쪽에 위치한 주의 시골지역을 방문하는 사람들은 "마루타Maruta" 라는 동력기기 중 가장 특이한 기기를 볼 수 있을지도 모른다. 하지만 이는 아마도 인도에서 선두를 달리는 자동차 회사 "마루티Maruti"를 카피한 것일 것이다. 이렇게 부를 수 있다면, 이 기기는 트랙터나 트롤리처럼 그리고 수소가 끄는 카트처럼 손으로 운전하고 일정한 속도의 기어로만 작동이 된다! 기기 등록이나 보험도 필요 없다. 하지만 이 장치는 만족스럽게 작동하고 손님이나 농작물을 울퉁불퉁하고 포장되지 않은 시골 길에서 잘 운반한다.

몇 년 전 세탁기를 판매하는 선두그룹의 인도 제조사는 그들의 제품이 펀잡 지역의 시골과(트럭 운전사나 자동차 운전자들을 위한 작은 식당이 다닥다닥 붙어있는) 북쪽 고속도로 근처에 있는 작은 마을이나 동네에서 엄청나게 판매된다는 기록을 보고 충격을 받았다. 이 지역이 그들에게는 정교한 세탁기를 파는 전통적인 판매 대상이 아니었기 때문이다. 그래서 조사팀이 즉시 파견되어 물 부족으로 알려진 지역에서 세탁기가 붐처럼 판매된 이유를 조사하게 되었다. 더 충격적인 사실은 그 중요한 세탁기가 빨래를 목적으로 사용되는 것이 전혀 아니라, 그 지역의 주 음료인 엄청난 양의 "라씨lassi" 혹은 버터밀크를 만드는 목적으로 성공적으로 변해있었다는 것이다.

아마도 인도 주가드의 가장 좋은 예는 집에서 만든 음식("티핀tiffin"이라 부름)을 점심식사 시간에 사무실로 배달하고 공급하는 시스템이다. 이는 뭄바이에 있으며 "다빠왈라(Dabbawallas, 티핀 배달하는 사람이라는 뜻)"라 불리는 5천명 정도의 개인사업자가 이 일을 하고 있다. 이 사업은 15만에서 17만5천 개의 도시락이 가정집에서 만들어지고, 정확히 원하는 시간에 도시 전역으로 매일 다양한 사무실과 학교에 각각 배달 된다. 이 시스템이 특별한 것은 이 사업이 식스 시그마 정도의 품질을 가진 다는 것이다. 배달에 대한 신뢰성은 밀사(courier)나 물류회사의 효율성보다 높은 99.999999퍼센트나 된다. 이 모든 것이 독특하게 현지에서 만들어진 혁신적 시스템이다. 인도의 이러한 성취는 국제 경영 전문인, 상공 회의소, 국제 미디어 그리고 영국의 찰스 왕자의 개인 방문으로 환호를 받았다. 독립 사업가인 다빠왈라는 매일 아침 9시에서 9시반 사이 가정을 방문해 이 도시락을 가져간다. 각각의 도시락에는 누가 이 도시락을 만들었는지 뿐 아니라 지워지지 않는 잉크로 다양한 이동과 배달 과정을 알리는 문자와 숫자를 조합한 10자리 코드(바코드는 아님)가 적혀있다. 첫 번째 배달원은 배달 지점에서 가장 가까운 역을 기준으로 하여 도시락 상자를 분류하고, 다른 다빠왈라들이 도시락을 모아놓은 장소인 가장 가까운 교외의 기차역에 분류한 도시락을 가져다 놓는다. 다빠왈라들은 분류된 도시락을 가지고 배달 지역에서 가장 가까운 기차역의 지정된 곳으로 배달한다. 여기서 좀 더 지역을 세분화하고 지역별로 모아 이번엔 지역별 건물별로 다른 다빠왈라들이 최종 배달을 하게 된다. 점심 식사 후에는 그 반대 과정이 진행되고 도시락 상자는 도시락을 받아 먹는 사람이 일을 끝내기 전에 집으로 가져와져 깨끗이 씻겨져 있다. 개인 고객이 내는 비용은 한 달에 3달러에서 5달러 사이이고 이 돈 외에도 티켓, 연합 회비 등으로 각각의 다빠왈라는 현대 물류회사에서 돈 버는 것 못지 않게 남부럽지 않은 돈을 번다.

부패

전(前) 총리인 고(故) 인디라 간디는 "부패는 인도만의 특성이 아니라 전 세계적 현상이다"라고 말했다. 이는 정부에서 그녀와 가까운 사람들이 부패로 인해 정치적으로 악영향을 받는 것을 완화 시키기 위해 한 말이었다. 인도뿐 아니라 전 세계적으로 부패가 만연해 있는 것은 사실이다. 부패라는 것이 최근에 생긴 것도 아니고 인도뿐 아니라 역사를 따라 지속적으로 존재해온 것도 사실이다. 선진국을 포함해 세계 몇몇 나라의 부패 수준과 정도는 인도에서 알려지고 입증된 것 보다 훨씬 더 심각한 것도 사실이다. 그러나 인도에서의 부패는 조금 다르다. 인도가 지속적으로 세계 투명성 지수에서 하위 순위에 위치해왔는데도, 인도에서 부패는 매우 산발적으로 대중의 불안과 화를 조장한다는 것이다.

파반 바르마[6]에 따르면 "물론 부패는 인도만의 특별한 현상이 아니다. 특별한 점은 부패를 받아들이는 것과 이것이 유지되는 '창조적인' 방법이다. 스칸디나비아 인들과는 다르게 인도인들은 청렴의 정의가 무결한 상태인 것이라는 데 동의하지 않는다. 그들이 이해하는 옳고 그름은 도덕의 절대적 측면보다는 효능과 더 관련이 있다." 게다가 "부패는 그 지역 특징을 따라 발생하는데, 부패가 바람직한 결과를 낳는 한, 이를 옳지 않는다고 여겨지지 않는다"라고 썼다.

인도의 유명한 매니저과 기업가에 대한 사례가 있다. 이들은 종교적으로 엄격하고 규칙적으로 사원을 찾으며 성직자를 만나면서 성실하게 모든 의식을 수행하는 이들이었다. 이들은 원하는 것을 얻고 정치인과 관료들을 이용해 이익을 취하는 것 혹은 국가 수입세, 매출세 그리고 관세를 바꿔 이익을 얻으려 부패를 저지르는 것에 대해 양심의 가책을 느끼지 않았다. 물론 인도의 전(前) 정보통신부 장관의 유명한 사례도 있다. 수사팀이 가택수사를 했을 때 매트리스, 쓰레기 봉지, 베개커버 그리고 철로 만들어진 트렁크에서 엄청난 수의 화폐가 숨겨져 있는 것이 발견됐다. 그는 정부로부터 모욕을 면직되었지만, 즉시 정당을 설립해서 놀랍게도 그 다음 선거에서 엄청난 표를 획득하며 재선되었다. 분명 유권자들은 그의 잘못된 행동에 대해 결백함을 따지는 것보다 텔레커뮤니케이션 인프라와 그가 선거구와 주에 가져다 준 이익에 더 깊은 인상을 받은 것이다.

그렇다면 인도인들이 머리가 여러개 달린(hydra-headed) 부패에 대해 관용적 태도를 보일 뿐 아니라 관대한 것은 어떻게 설명해야 할까? 고대 힌두 경전을 읽어보면 인도에서 부패는 이미 큰 문제로 조직화 되어있었다. 이에 대한 많은 문헌이 있는데 베다스와 같은 힌두교 서적뿐 아니라 인도의 두 대서시인 *라마야나(Ramayana)*와 *마하바라타(Mahabharata)*에도 잘 나타나 있다. 많은 학자들은 부패를 대하는 힌두교적 태도는 베다스의 의식적인 부분을 자세하게 설명한 성서인 *브라마나스(Brahmanas)*의 가르침에 기인한다고 믿는다. 베다스의 기본적 원리에서 분리되어 상당히 유물론적으로 해석되는 *브라마나스*의 가르침은 엄청나게 정도(正道)를 벗어나는 일이 생기게 한다. 특히 허례허식으로 숭배하는 것, 사회적 인지도 그리고 심지어 성직자에게 돈이나 값어치가 나가는 것을 줌으로써 "대리 숭배(proxy worship)"라는 것까지 만들어 낸다.

*브라마나스*는 물질적 "웰빙"을 찬양하는 찬미의 글이 많은데, 주로 금, 은, 제품 그리고 다른 값어치 나가는 것들에 대한 글들이다. 이런 독선적인 논리는 베다스의 가르침의 근원인 기본원리를 떠나 인생의 목표는 "물질적 풍요와 육체와 감각의 쾌락"이라고 쉽게 해석 할 수 있을 것이다. 자연스럽게 엄청난 묵인과 모호한 자격을 갖춘 신인(神人)뿐 아니라 탐욕스럽고 이기적인 성직자로 인해 전반적인 문화가 세대를 거쳐 형성되었다. 이 세대는 이분법과 베딕 힌두 철학이 기본적으로 요구하는 순수하고 종교적인 겉모습을 유지하면서, 브라나마스가 제시하는 쉬운 물질적인 길을 받아들이고 따르는 것이 매우 편리하다고 느꼈던 것이다.

전 인도 지자치경제 위원단 단장이던 N. 비탈(N. Vittal)은 국가의 반 부패 활동을 감시하는 일을 하고 있었다. 로터리 지역 회의(Rotary District Conference)에서 행한 연설[7]에서 그는 전통 힌두교에서는 비록 죄를 저지른 삶을 살았다고 해도 결국 신을 찬양하거나 적절하게 용서를 구하면 속죄될 수 있지만, 인내라는 개념을 죄인에 따라 다르게 가르친다고 말했다. 사회에서는 전반적으로 이런 생각을 받아 들인다. 비탈의 말에 따르면 "환생을 믿는 힌두교는 개인에게 발전할 수 있는 기회를 무수히 많이 준다. 저지른 죄로 인해 후퇴하는 경우도 있지만, 미덕이 생기는 경우도 있다"고 한다. 비탈은 "우리가 이 나라에서 일어났던 부패의 사회적 뿌리를 따라 올라가다 보면, 우리는 인내, 용서, 죄인들이 올바른 길로 가고자 하는 희망이 주는 메시지를 알게 될 것이고, 아마도 부패와 같은 죄를 참게 되었을 것이다"라고 말했다.

인도에서 일어나는 부패의 흥미로운 점은 부패가 만연했던 시기는 인도가 지배 받고 있던 시기라는 것이다. 역사를 보면 놀랍게도 영국 식민시대뿐 아니라 무굴 왕조 시절 탐욕스러운 지배자, 관료, 공무원 그리고 부하들의 이야기로 가득 차있다. 안타깝게도 역사는 이것이 힌두교인들이 부패에 대해 포용적인 태도 때문에 일어났는지 혹은 그저 지배자들에게 일시적으로 찾아온 단순한 욕심 때문이었는지 말해주지 않는다.

최근 영국 경매회사 Christies가 천만 달러 정도 하는 인도의 보물을 경매에 부쳤다. 이 보물들은 빼앗겼거나 불법으로 선물 받은 것이었다. 이것은 영국 동인도 회사의 영웅 클라이브 경(Lord Clive)이 선물로 받은 것이었다. (제 1장 "인도 상업 관점에서의 역사" 참고) 클라이브가 부패를 저질렀다는 것이 널리 알려져 그가 런던에 있는 의회 징계 조사팀에 불려가자 그는 49세의 나이로 자살했다. 최초의 인도 내 영국인 총독이었던 워렌 해스팅즈 경(Lord Warren Hastings)은 클라이브 보다 더 했다. 그는 공개적으로 대규모 부패를 저질렀고 왕자나 부유한 인도인들에게서 후원을 받아 그가 마음에 드는 것은 모조리 차지해 버렸다. 마침내 영국정부는 그를 탄핵해야 했다. 영국이 지배하는 동안 인도의 많은 국보를 개인이 획득했을 뿐 아니라 군주에게 바치는 선물 형태로 조직적으로 런던으로 약탈되었다. "코히누르(Kohinoor)" 다이아몬드 이야기는 너무나 유명하다.

인도가 1947년 독립하게 되었을 때 일상생활에서 일어나는 부패는 특히 일반인이 정부나 관료들과 접촉할 때 더욱 심했다. 이는 "라이센스 퍼밋(license-permit)" 지배기간(Raj)인 사회주의의 전성기 때 상당히 심각해졌다. 엄격하게 통제되고 얻기 어려운 라이센스, 수입허가서, 외환, 세금 특허권 그리고 다른 여러 종류의 허가증 혹은 일반적인 비즈니스나 무역을 하기 위해 필요했던 권리 등을 얻기 위해 돈과 다른 수단이 요구되고 제공되었다.

인도의 정치가 발전되면서 국민회의파의 포괄적인 영향이 줄어들었고, 1962년 전쟁에서 패하고 네루의 건강이 악화되며 모든 정당의 정치인들이 출처 불명의 돈을 모아 선거에서 이기는 데 사용하게 되는 이때가 바로 점점 값비싼 요구를 하게 되는 시기였다. 자신보다 윗자리에 있는 정치인들의 선례를 보고 배운 모든 계급의 관료들은 이러한 행동을 따라 했고, 그래서 부정(不淨)한 수단이 생기게 된 것이다. 원활하고 자유롭게 회사를 운영하기 위해 정치적 후원을 받는 것이 좋았던 부패하고 탐욕스러운 사업가와 경영인들은 사회에 기업의 이익을 환원하기에는 자신들의 행복에 너무나 젖어 있었다. 1991년 경제가 자유화 되면서 라이센스-퍼밋 레짐의 상당 부분이 사라져 부패 수준이 상당히 줄어 들 수 있었다.

그러나 경제자유화 시대 이후 인도의 경제가 빠르게 변하고 성장됨에 따라 새로운 형태의 부패가 시작되었다. 소비자 보호 운동이 강해지고 특히 케이블 텔레비전 처럼 빠른 속도로 성장하는 미디어의 강력한 영향으로 인해 가장 새롭고 우수하며 비싼 것을 갖고 싶어하는 열망이 특히 대도시에서 일상생활의 모든 부분을 차지해 버렸다. 부와 과시가 권력과 영향력을 나타내는 수단이 되었다. 감각을 만족시키는 것은 최고로 중요한 것으로 여겨졌다. 비탈[8]의 말처럼 "권력은 오용되지 않는 한 사회에서 드러나지 않는다. 필자가 이해하는 바로는 특정 커뮤니티에서 더 이상 부패할 수 없을 정도로 부패하고 부를 축적하는 것은 '남성다움'을 보여주는 능력으로 간주된다"는 것이다.

크리켓에 사로잡힌 인도

인도를 이해하는 데 있어서 영국 식민지배자들이 남긴 위대한 유산인 크리켓을 빼 놓을 수 없다. 다방면으로 인도를 이해하기 위해서는 크리켓과 더 나아가 크리켓의 모든 것에 완벽하게 사로 잡혀 있는 인도인을 이해하려 노력해야 한다. 영국, 호주, 뉴질랜드 그리고 남아공에서 온 사업가들이 쉽게 친해 질 수 있는 것처럼 인도인과 크리켓 이야기를 할 수 있는 외국인이라면 자동으로 다른 지위에 오르게 되는 것이다.

북쪽의 건조하고 먼지가 가득한 평지, 남쪽의 초록빛 목초지, 동서쪽의 해안가까지 인도에서 어디를 가더라도, 모든 연령대의 사람들이 즉석에서 크리켓 채(shift kits)와 기타 필요한 것들을 만들고 진짜 경기장도 아니면서 허리까지 접은 옷이나, 파자마, 반바지 그리고 그 사람이 가진 옷에 따라 모두 다른 옷을 입고 크리켓을 하는 것을 볼 수 있을 것이다. 얼룩 하나 없는 새하얀 셔츠와 바리를 입고 하는 고전적인 경기는 아니지만 말이다.

아이들은 동네 벽에 길게 늘어서서 공을 칠 수 있을만한 좀 괜찮은 나무를 가져다가 작은 고무공으로 크리켓을 한다. 지겨운 학교 수업시간에 쉽고 몰래 굴릴 수 있는 6각형 모양 연필의 각 면에 표시를 해서 크리켓을 하는 방법도 있다. 뭄바이에 있는 축구 경기장 크기의 경기장에서 진행 중인 다른 경기에 선수와 공이 즐겁게 굴러들어가면서 동시에 크리켓 경기가 여러 개 열리는 것은 쉽게 찾아볼 수 있다. 끊임없이 팀의 승리를 이끄는 인도 최고의 크리켓 선수는 뭄바이의 작은 골목길에서 자랐다. 그 골목길은 공을 조금이라도 잘못 조준해서 치면 분명히 동네 유리창을 깰 수도 있는 곳이었다.

국가 단위로 그리 중요하지 않은 경기가 열릴 때에도 직장과 수업은 거의 정지 상태가 된다. 모든 텔레비전과 라디오는 보통 생방송 중계를 한다. 심지어 계속해서 가요를 틀어주던 FM라디오 방송국조차 실황중계를 하기 위해 기존의 음악방송을 잠시 멈춘다. 사무실에서 경기를 생방송으로 보기 위해 텔레비전을 두는 것은 일반적이다. 중요한 공식 회의에서도 비서는 작은 종이에 현재 스코어를 써와 경기 상황을 알려준다. 인도의 항공사에서는 승무원들이 정기적으로 경기 상황을 체크해서 승객들에게 알려준다.

국가단위의 경기를 포함해 중요한 크리켓 경기에 앞서 특별한 기도자들의 모임이 구성되고 사원이나 예배를 드릴 수 있는 장소에서 의식이 거행된다. 크리켓에 죽고 못사는 일부 팬들은 자기가 응원하는 팀의 승리를 위해 단식을 하기도 하고 속죄(penance)하기도 한다. 기도자들이 모일 때 크리켓 도구나 팀의 사진이 전시되는 크리켓을 위해 지어진 사원도 일부 있다.

크리켓을 하는 나라에서(12국가 정도) 그 어떤 일도 영국이나 파키스탄과

하는 크리켓 경기나 크리켓 월드컵 경기보다 중요하지 않다. 경기가 있는 동안, 특히 자기 나라에서 딱 하루 동안 하는 게임이 열릴 때에는 정말로 나라 전체가 멈추어 버린다. 길은 텅 비고 학교 가는 학생도 얼마 되지 않는다. 심지어 인도 의회는 이렇게 중요한 크리켓 경기 때문에 휴회한다. 생방송으로 예정되었던 의회 방송은 크리켓 경기 방송으로 대체된다. 최근 인도와 파키스탄간의 중요한 경기에서 인도가 역사상 최초로 쌍벽을 이루는 라이벌인 파키스탄 구장에서 연속으로 승리하게 되자, 모든 경호원과 델리에 있는 인디라 간디 국제 공항 출입국관리 사무소 직원들은 테러리스트, 밀수입자, 불법 이주자에 대한 걱정도 없이 텔레비전 앞에 모두 모여 앉아 경기를 보았다.

인도는 심지어 크리켓을 이용해 외교를 펼치기도 한다. 최근 파키스탄과 평화 이니셔티브를 시작하고 수년이 지난 후에 인도 크리켓 팀은 파키스탄에 경기하러 가는 것이 허용 되었다. 바로 뒤에 있을 국회 선거 때문에 스케줄도 매우 조심스럽게 짜였다. 그 당시 총리는 인도에서 가장 어려운 일을 하고 있는 사람은 총리가 아니라 인도 크리켓 팀 주장이라고 말했다. 결과적으로 주장과 팀은 투어를 하기 전에 정식으로 다양한 정치적 혹은 다른 방향의 제의를 받았다. 과거 파키스탄 방문 경기에서 패배한 인도 팀의 주장은 영원히 주장자리를 잃게 되었고, 몇몇 경우 존경 받지 못하고 더 이상 사람들의 입에 오르내리지 않은 채 조용히 사라지는 경우가 있다.

인도는 기본적으로 스포츠 경기를 하는 나라가 아니고 스포츠 활동에 있어서 민간영역 뿐 아니라 인도 정부가 여기에 쓰는 돈도 보잘 것 없이 적다. 최근 막을 내린 아테네 올림픽 게임에서 인도는 사격분야에서 유일하게 메달(은메달)을 땄다. 국제 회계 기업인 프로스 워터하우스(Proce Waterhouse)는 올림픽 게임이 시작되기 전, 인구와 그 나라의 경제 수준을 바탕으로 어느 나라가 메달을 몇 개 딸 것인지 예측한다. 주요 국가들 중 인도만이 중국과는 반대로 이 예상 국가에 포함되지 않는다. 프로스 워터하우스는 다른 스포츠는 모두 제쳐 둘만큼 뜨거운 인도인들의 크리켓 사랑을 이처럼 이례적인 경우가 생긴 이유로 꼽았다.

세계적으로 선두그룹에 있는 글로벌 시장 조사 기업인 "Synovate"가 인도의 스포츠를 분석한 연구에서 크리켓은 성별과 사회계급을 막론하고 경기를 텔레비전으로 보는 것을 가장 좋아했고(93%), 경기를 생방송으로 보는 것을 가장 좋아했으며(74%), 게다가 가장 하기 좋아하는 스포츠로 평가되었다. 그 다음으로 많이 시청하는 스포츠는 축구이지만 단지 5퍼센트만이 시청하는 것으로 나타났다. 그리고 미디어에서 영화배우와 크리켓 선수에게 쓰는 광고 비용이 같았기 때문에 엄청나게 유명한 볼리우드 영화배우와 인기 있는 크리켓 선수가 광고하는 브랜드 인지도는 거의 같았다. 크리켓을 하지 않는 국가에서 온 회사들도 이를 이해하게 되는 것 같다. 크리켓 경기를 하는 동안 방송되는 대형 광고는 주로 한국의 대형 가정공구(white goods, 역주; 냉장고, 세탁기처럼 희게 칠한 용품)와 인도에서 가장 성공적인 국제 자동차 제조회사가 차지한다. 물론 여기에는 배울 점이 있다.

인도인들은 기본적으로 세 가지에 열광한다고 한다. 음식, 영화 그리고 크리켓이다. 음식과 음악은 쉽게 설명할 수 있어도, 이젠 이 나라에서 거의 종교처럼 되어버린 게임에 대한 애정은 좀 더 이해하고 설명할 필요가 있겠다. 크리켓은 인도에서 사람들을 사실상 가장 잘 단결시키는 요소이다. 인도 군사와 더불어 인도 크리켓은 인도에서 가장 총괄적인 "기관(institution)"이다. 크리켓 팀은 다양한 사회계급뿐 아니라 다양한 지역, 언어, 종교를 가진 이들로 구성된다.

크리켓에 대한 이러한 애착과 열정에 대해 단 한번도 과학적으로 증명된 적이 없다. 아마 겉으로 비이성적으로 보이는 이 현상이 과학적으로 연구할 대상은 아닌가 보다. 18세기경 영국이 인도에 처음으로 크리켓을 들여왔을 때, 인도의 열대 열기 속에서 식민지배자들의 수고로움을 덜어주기 위해 인도인들은 주로 돌아다니며 경기장 여기저기에 흩어져 있는 공을 차주거나 돌려주는 볼보이로 경기에 참여했다.

19세기에 인도인들(주로 종교나 공동체 연합으로 구성된 팀)은 서로를 상대로 경기를 하기도 했고 영국에 대항해서도 경기를 할 수 있게 되었다. 이때

금 빨리 배우는 인도인들의 습성으로 인해 경기에서 그들의 식민지배자들을 이기기도 했다. 이것이 초기에 크리켓의 인기가 갑자기 좋아진 큰 이유였을 것이다. 1893년 사실로 추정되는 이야기가 영화화 되어 오스카 상 후보에 오른 적도 있다. 이 영화에서 시골에 사는 크리켓에 대해 아무것도 모르는 어린 아이가 못된 식민지배자가 만들어낸 엄청난 세금 체제에 반발해 그 마을의 미래를 걸고 현지에 있던 영국인으로 짜인 팀과 크리켓 경기를 하는 내용이다. 동정심이 많았던 젊은 영국 여성이 코치를 맡아 어중이떠중이 마을팀이 구성하고 일부 사람들이 모여 그 지역에서 믿는 신에게 기도를 하여 겨우겨우 영국 관료팀을 이기게 된다.

영국의 최고 교육기관에서 공부하며 게임에 뛰어나고, 영국의 크리켓 팀에서 경기하다가 결국에는 유명해지고 멋진 경기 덕에 기사 작위까지 받게 되는 왕자 같은 배경을 가진 몇몇 인도인들에 대한 수많은 크리켓 이야기가 전해진다.

20세기 초 원래는 푸네에서 배달보조로 시작했던 정말 평범한 배경을 가진 젊은이가 인도인 크리켓 선수가 되어 뛰어난 경기 실력을 갖추게 되고 서인도에 있는 도시에서 영국에 대항해 뛰어난 경기를 펼쳤다는 이야기는 전국적으로 퍼져있었다. 더 이상 말이 필요 없었다. 인도선수가 영국선수를 이겼을 뿐 아니라, 영국 대표선수로서도 손색이 없었던 것이다! 크리켓을 전수받은 나라의 사람들이 식민지배자를 이겼고, 이는 다른 형태의 비폭력을 통한 승리였던 것이다.

또 다른 이야기가 있다. 알려진 대로 인도인들은 인도 영화를 너무나 좋아한다. 영화에는 이리저리 복잡하게 뒤얽힌 이야기와 영웅들, 악한 세력, 영웅적 행동, 액션 그리고 드라마, 패배자 대 승리자, 시끌벅적함 등 모든 것이 화면에 등장했다 사라졌다를 반복한다. 유명한 인도 영화에는 유명한 배우가 등장하지만, 개인이 영화에 특별히 등장하기도 한다. 크리켓 경기를 관람하는 관중들은 복잡하고 역동적인 크리켓 경기를 관람하면서 마치 이와 흡사한 영화음악을 듣는 희열을 느끼기도 한다.

영화와 크리켓 경기는 찬사를 보내던 야유를 보내던 간에 힘껏 신나게 소리 지를 수 있는 엄청난 기회를 관객들에게 제공한다. 짧은 축구나 하키 경기와는 다르게 크리켓 경기는 인도인들에게 경기 내내 또 다른 형태의 열정에 젖어 먹고 마실 수 있는 시간을 주는 것이다. 1983년 영국에서의 월드컵에서 그 동안 늘 지기만 했던 인도팀이 엎치락 뒤치락 하며 웨스트 인디에서 온 막강한 챔피언을 이겨버리자, 전국에서 "총괄적으로(inclusive)" 팀을 국가적 영웅으로 만들어 크리켓에 대한 인기가 기하급수적으로 증가하게 되었다. 이제 인도인들은 크리켓을 그들이 가장 좋아하는 인도 영화의 다른 표현(variation)으로 받아들인다.

제 6 장

인도에서의 성공 전략

하나의 세계나 하나의 시장의 원칙도 국가를 초월하여 인도에서는 성공할 수 없다. 10억이 넘는 인도의 소비자를 현혹시키려면 다국적 기업들은 그들이 얼마나 세계적이고 동시에 얼마나 인도적(Indian)이어야 하는지 깨달아야 한다.

"Business Today," 1999년 7월 7일

10억이 넘는 인구, 급속하게 확장 중인 시장, 엄청나게 풍부한 천연자원, 고급인력, 과학과 전문적 기술, 발전하고 있는 사기업, 적절한 법률 구조, 자유화된 경제 체제, 영어 능력, 많은 영어 방송 그리고 이론으로만 본다면 인도는 쉽게 파고들 수 있는 시장이어야 한다. 명성 있는 국제 경영 컨설턴트 기업 A.T Kearney는 2004년 10월 보고서에서 인도를 가장 매력 있는 외국인 투자대상국 중 3위에 위치시켰다. 그러나 일부 외국 기업은 매우 성공적으로 인도에서 자리잡지만, 다른 기업들은 겨우겨우 살아남는 실정이다.

GE, 한국의 삼성과 LG, Piaggio, Cadbury, Siemens, ABB 등은 인도에서 성공한 기업으로 꼽힌다. 하지만 실패사례 역시 있다. 켄터키 프라이드 치킨(KFC)은 처음 인도에 들어왔을 때 폭삭 망했지만, McDonalds와 Pizza Hut은 성공했다. 자동차를 파는 현대는 성공적이었지만, 같은 한국 기업인 대우는 성공하지 못했다. 한국의 대형 가정용품 제조사는 오늘날 그들이 판매하는 모든 제품군의 리더가 되었지만, 소니는 뛰어난 제품을 판매하는 좋은 브랜드로 인식되어 있지만, 최근 인도에서 제조공장 문을 닫았다. 이런 예는 많이 있다.

1999년 6월 *Business World*의 기사 헤드라인은 "*인도에서 성공하려면 인도처럼 생각하라.* 어찌하여 인도에서 일부 다국적 기업들만이 성공하였는가"라고 나와있다. 맞는 말이다. "인도인처럼 생각"하는 기업과 현지화 전략을 적절하게 짠 기업은 확실히 성공할 수 밖에 없었다는 것은 인도에서 비즈니스 하는 것을 평가하는 분석가들이 모두 동의하는 내용이다. 브랜드 네임, 기술 그리고 자원을 가진 기업이라도 "하나의 세계, 하나의 시장"이라는 오래된 세계화 공식을 가지고 있다면 성공하기 어려웠다. 인도는 세계화의 표준적인 틀에 들어 맞지 않는 것이다.

예를 들어 자원이 풍부한 강력한 국제 브랜드인 KFC는 인도에 국제적으로 통용되는 프라이드 치킨을 선보였다. 안타깝게도 그들은 인도가 미치도록 맛있는 반죽 옷이 입혀져 양념된 "탄두리 치킨"의 본고장임을 잊었던 것이다! 그 어떤 맛도 탄두리 치킨 맛에 도전한 적이 없었다. KFC 치킨 맛은 현지 인도인의 입맛에 맞지 않았고, 가격은 그 가격이면 탄두리 치킨을 더 많이 사먹을 수 있을 정도로 상당히 고가였다. 인도인들은 그 맛을 좋아하지 않았기 때문에 아무리 광고를 해도 판매는 향상되지 않았다. 게다가 KFC는 인도인의 다수가 채식주의자인 것을 잊고 채식주의자들을 위한 메뉴 개발도 하지 않았다. 새롭게 등장한 국제 브랜드에 대한 잠깐의 행복함이 사라지자, 인도에서 KFC에 가는 사람은 그리 많지 않게 되었다. 시간이 많이 지나고 2005년 KFC는 '치킨이 아닌' 채식주의자들을 위한 메뉴를 내놓게 되었다.

KFC와 McDonalds는 서로 다른 길을 갔다. 공급 체인을 올바로 세우는데 엄청난 시간과 자원을 들이는 대신(KFC가 그랬듯이), McDonalds는 사업을 시작하기 전 "Mc"이나 "Mac"이라는 인도 이름을 붙여 메뉴를 "인도화" 시키는 데 갖은 노력을 다했다. 실질적으로 다른 국제적 기업의 표준화된 상품과는 달랐던 메뉴(금기 시 되는 소고기를 양고기로 대체했다는 것뿐 아니라)는 인도인들의 입맛에 맞았고 채식주의자들이 선택할 수 있는 메뉴도 있었으며, 가격은 인도에서 브랜드화 되지는 않았지만 함께 경쟁하고 있는 상품의 가격과 비교해도 경쟁력 있는 가격이었다. 더욱 중요한 것은 현지의 요구에 맞추어 비채식주의자(nonvegetarian) 정보, 조리 그리고 공급체계(serving stream)가 완벽하게 분리되어 있었다는 것이다. 전국적으로 매장이 급속도로 퍼져 나간 것이 그 결과를 말해준다.

이 경우와 비슷한 것은 Levi' s와 비교 해 성공한 Lee의 성공적인 경우를 들 수 있다. 분명 Levi' s가 더 잘 알려진 브랜드이고 Lee가 상대적으로 인도에서 브랜드 인지도가 낮지만, 최근 몇 년간 Lee가 인도에서 더 많이 팔렸다. Levi' s는 인도에서 프리미엄을 붙여 청바지를 팔기 시작했다. 시장의 타겟인 인도의 10대 청소년들은 Levi' s를 살만한 돈이 없었고, Levi' s의 501 시리즈 청바지 살 돈을 부모에게 달라고 조를 수 없었던 것이다.

반면 Lee는 인도의 경제 분야에서 청바지뿐 아니라 데님을 생산하는 세계에서 가장 큰 기업 중 하나인 Arvind Group과 전략적으로 파트너십을 맺었다. 이렇게 파트너십을 맺어 국제적으로 표준화된 브랜드의 상품에 프리미엄을 붙여 이 제품을 기꺼이 사고자 하는 고객층을 대상으로 Lee는 인도 시장에 진출할 수 있었다. 단 시간 내에 Lee는 전체 시장의 49퍼센트를 차지하면서 Levi' s가 인도에서의 전략을 수정하도록 만들었다.

다국적 기업은 현지의 정치적, 문화적, 경제적 그리고 사회적 현실에 반응할 필요가 있다. 다국적 기업이 현지에서 큰 영향력을 발휘하려면 현지의 현실을 고려할 줄 알아야 한다는 것은 이제 당연한 일이 되어버렸다.[1] 이는 종종 "Think globally, but act locally"라는 문구로 표현되고 있다. 일반적으로 현지에 반응하라는 것은 적응력을 의미하고 적응력은 전략적, 조직적 그리고 문화적인 여러 측면을 포함한다.

전략적 적응력은 다국적 기업이 인도 시장에 자리 잡는 데 영향을 준다. 행동의 적응력이 외국에서 온 경영인들을 현지의 문화에 얼마나 잘 적응하느냐를 의미한다면, 조직의 적응력은 다국적 기업이 인도에 설립한 회사를 운영하는 데 필요한 구조와 과정과 관련된다. 만약 인도의 사회문화적 환경에서 성공하고 싶다면, 다국적 기업은 모든 측면에서 적응력을 보여야 한다는 인식에서 출발해야 한다. 만약 다국적기업이 인도 시장에 제대로 자리 잡지 못했다면, 제대로 사업하기 힘들 것이다. 기업의 전략 적응력이 뛰어나다 하더라도 조직적 그리고 혹은 행동 적응력을 내보일 수 없다면 전략이 결코 좋은 결과로 이어지지 않을 것이다.

이 장에서는 인도 시장에서 다국적 기업이 보여준 적응력의 수준을 살펴볼 것이다. 적응에 방해가 되는 요인들에 대해서는 이미 조사가 되었고 인도에서 사업을 성공하기 위해서는 다문화에 적응하는 능력을 기르는 것이 중요하다는 것이 강조되었다. 특히 인도에서 성공하는 데 필수적인 다문화를 이해하는 능력과 그 능력을 개발시키는 것이 중요하다.

전략적 적응력

1991년 경제 개혁 이후 큰 시장의 가능성에 매료되어 인도에 진출한 다국적 기업들은 우리가 Levi's의 경우에서 보았듯이 시장에 최고급 상품을 내놓으려고 했다. 동시에 상품의 양은 적게 하여 때때로 의심스러운 엄청난 마진을 남겼다. Economist Intelligence Unit이 지적하듯이 이 전략은 모든 산업부문의 기업에 반영되었다.[2] 이 전략의 좋은 예는 자동차 분야에서 찾을 수 있다. 다국적 기업은 작은 자동차 시장을 무시하려 했지만, 아이러니하게도 소형차는 시장의 85퍼센트나 차지하고 있었다.[3] 이런 기업들이 많은 차를 팔기란 당연히 어려웠다. 현대가 소규모 자동차 시장에서 성공을 거두고 나서야 다른 기업들이 전략을 수정하기 시작했다.

시장에서 최고급 전략을 사용하는 것에 특별히 초점을 맞추는 것이 어리석은 일이라면, 멀티 브랜드 전략에 의존하는 정책 역시 어리석은 일이다.[4] 인도의 스웨덴 회사 Electrolux가 그 좋은 예이다. 이 회사는 1995년 인도에 진출했고 진출한 처음 몇 해 동안 멀티 브랜드 전략을 따르기로 했다. 비록 이 전략이 다른 시장에서는 성공적이었지만, 인도에서의 시험기간 동안에는 성공하지 못했다. 전하는 바에 의하면 기업이 멀티 브랜드 전략을 수정하려 한 것은 상황을 더욱 악화시켰다고 한다. Electrolux의 경쟁사 중 하나는 "영속성 있는 시장에서는 좋은 품질과 신뢰 가는 이름만 있으면 된다. 그게 전부다. 하지만 아무리 그 기업이 글로벌 자이언트라 해도 인도에서는 섬세함 이상의 것이 필요하다."[5]라고 이야기한다.

이 이론을 잘 설명하는 예가 있다. 인도 회사 Telco와 합작으로 1994년 인도에 진출한 독일 기업 Daimler는 1년에 만대 정도 차를 팔 수 있을 것이라고 기대했다. 하지만 현실에서는 1년에 천대 밖에 팔지 못했다. 예상했던 것과 달리 수익이 적었고, 1999년 이 회사는 거의 지분의 절반이나 되는 7천 3백3십만 달러의 적자를 냈다.[6] 예상했던 것만큼 수익을 올리지 못했던 것은 고객들이 어떤 물건을 사고 싶은지 이해하지 못했기 때문이다. 이미 언급되었듯이 "Mercedes Benz 정도 가격의 차가 최상류 층의 한 가족에게 팔리면 그 가족에게 다른 차는 더 이상 팔리지 않는데, 이는 계급제도가 이를 허락하지 않기 때문이다. 똑 같은 차는 각기 다른 계층에 속하는 사람들이 살 수 없으며 Mercedes Benz가 권력과 지위를 상징하기 때문이다."[7]

또 다른 한 예는 스포츠 웨어의 최고라 할 수 있는 Nike다. Nike 지분의 40퍼센트가 미국본사 소유지만, 미국에서의 성공을 인도에서 이어 갈 수 없었다.[8] 분석가들은 여러 가지 이유를 들고 있다. 첫째, 이 회사는 인도 시장에 파고 들기 위해 충분히 공격적이지 않았다. 마케팅에 쏟아 부은 예산도 그리 많지 않았고, 인도에서는 그리 유명하지 않은 Michael Jordan을 광고모델로 쓰는 그저 표준화된 광고를 했다. 게다가 상대적으로 최신 제품을 인도에 그리 빨리 선보이지도 않았다.[9]

인도에 있는 다국적 기업들이 직면하는 어려움에 대한 이야기가 많지만, 성공적인 스토리도 많다. 이미 언급했듯이 성공적인 사례로는 내구력이 강한 컬러 텔레비전, 세탁기 그리고 냉장고와 같은 제품의 소비자를 점령하려 인도시장에 진출한 한국의 재벌이다.[10] 이들은 1990년대 중반 인도에 진출해 삼성, 현대, LG 같은 기업들이 상당한 수익을 올리며 총 30억 달러 정도의 수익을 얻었을 것으로 추측되었다.[11] 어떻게 한국인들이 성공을 거둘 수 있었을까? 분석가들은 여러 가지 요소가 한국 기업에게 장점으로 작용했다고 한다. 첫째, 여러 서양 기업과는 다르게 그들은 인도 시장 진출 전략을 짤 때 기존에 가지고 있던 브랜드에 대한 명성에 크게 집착하지 않았다.[12] 고객들을 대상으로 설문조사를 해서 한국의 브랜드가 인도인들에게 최고의 브랜드로 인식되지 않는다는 사실을 깨달았고, 이러한 소비자의 인식을 바꾸는 일은 무언가 반전이 될만한 일을 하는 것이었다. 인도 시장에 그들의 최신 제품을 선보이는 것은 인도인들의 인식을 바꾸는 최고의 방법 중 하나였다. 경쟁사보다 비용을 더 많이 들여 공격적인 광고 캠페인을 했고 이 전략은 주효했다.[13] 또한 공급체인을 확대시키기 위해 공격적으로 시도하면서 현지화한 것이 LG

가 현재 인도에서 선호되는 이유이다. 인도의 LG 이사는 "어느 다른 기업이 우리처럼 노력을 합니까? 우리는 인도에서 어느 시골 구석에도 있습니다. 우리는 전국 어디에나 대리점을 가지고 있어서 신속하게 상품을 운반할 수 있죠"라고 말한다.[14]

인도에서 성공을 거두고 있는 미국 기업은 미시간에 본사를 둔 Amway이다. Amway는 레벨에 따라 다른 마케팅을 펼치기로 유명한 자산 62억 달러의 기업이다. 이 회사는 Amway의 제품을 판매해줄 개인사업가 네트워크를 구축하는 것을 기본 철학으로 삼는다. 이 회사는 1995년 인도에 진출했으나 1998년이 되어서야 진정한 의미의 사업을 시작하게 된다. 이 회사는 계약을 통해 제품을 생산했고 처음에는 다섯 개뿐이던 사무실을 최근 26개까지 늘렸다.[15] 이 회사의 수입은 전년도 10억 루피에서 20억 루피로 1년 새 두 배로 늘었다.[16] 무엇이 Amway를 미국이나 유럽의 다른 경쟁사와 다르게 처음부터 성공할 수 있게 했을까? 아마도 Amway가 경쟁사에 비교해 다르게 운영한 것은 이 회사의 이사인 윌리엄 핀크니(William Pinckney)가 가장 잘 설명할 것이다. 그는 "Amway 보다 규모가 컸던 많은 회사들은 성공할 수 없었다. 왜냐하면 너무 많이 가정을 하고 왔기 때문이다. 그들은 개인적으로 시간을 내어 시장에 나가보고 배우는 것을 하지 않았다. 인도는 책을 읽는다고 알 수 있는 곳이 아니다. 돈도 혼자 쓰는 것이 아니다. 시장과 교류하고 배우고 적응해야 한다. 우리는 그렇게 했다"고 설명한다.[17] 비슷한 맥락에서 Boeing사의 회장 디네쉬 케스카르(Dinesh Keskar)는 "하지만 모든 다국적 기업은 인도가 장기적으로 투자할 대상이지 1년 투자해서 당장에 수익을 볼 수 있는 곳이 아니라는 것을 알아야 한다…. 이러한 논리는 항공분야뿐 아니라 모든 산업분야에 적용된다. 어떤 경우도 투자를 하고 기다려야만 한다. 인내심은 *인도에서 사업을 하는 데* 매우 중요한 요소이다"라고 말했다.[18]

인도에서 성공하는 데 정확한 예측이 중요한 요소라면, 많은 국제적 기업들이 인도 시장에 진출하는 데 실패하는 것은 무엇 때문일까? 첫째, 첫째로 도착하는 자가 이익을 얻는다는 생각에 급하게 서둘러서 많은 기업들이 그 상황의 압력에 못 이겨 튕겨 나가고, 아마도 원래 이렇다고 여기며 인도의 환경에 대해 체계적으로 조사하지 않았을 것이다. 둘째로 다른 곳에서 과거에 성공했던 경험으로 그들은 지나치게 자신감이 넘쳤고, 립 서비스로 “Think globally and act locally”를 대신할 수 있었기 때문에, 그들은 문화적인 방법을 쓰지 않았을 것이다. 많은 기업들이 즉시 혹은 단기간에 수익을 내고 싶어했을 것이고 이러한 계산 하에 현지화 전략에 중점을 두지 않았을 것이다. 적응한다는 것은 대가가 치러지고 수익을 보는 데에는 중장기적인 시간이 걸린다. 많은 기업들이 인도의 엄청난 인구를 차지하고 있는 중산층에 매혹되어 수입이나 취향 면에서 그들이 서양의 중산층과 비슷할 것이라고 가정 했을 것이다. 다국적 기업이 인도 시장에서 좀 더 많은 수익을 올리려면 어떤 단계를 거쳐야 할까? 아래의 내용은 다국적 기업이 좀 더 현실적이고 정확하게 인도 시장 상태를 이해하는 데 도움을 줄 것이다.

시장 정보를 한 번 더 확인하라

분석가들은 인도 환경에 대한 정확한 통계수치는 좀처럼 얻기 힘들다고 한다.[19] 이는 시장 규모에 대한 정확한 계산을 어렵게 만들고 세계적인 기업들이 어째서 기대했던 것만큼 인도에서 성공할 수 없었는지를 말해줄 것이다. 결국 라마찬더(Ramachander)는 “인도의 시장은 점점 복잡해 지고 있고 혼란스러워 지고 있어, 그 어떤 제조자도 이 어려움을 쉽게 풀 수는 없을 것이다. 인도는 경영인의 마음에서 균질화 된 지역시장 협회 같다”고 말한다.[20] 이는 인도 시장이 점점 복잡해지기 때문에 다국적 기업은 이 복잡함과 조화를 이루기 위해 “적절한 뉘앙스의(well nuanced)” 전략을 짤 필요가 있음을 의미한다. 판매 대상에 대한 충분한 이해를 하고 그들의 구매 동기를 잘 파악해야 한다. Avon Beauty Products의 이사 하르밋 S. 펜탈(Harmeet S. Pental)은 “인도 시장을 이해하는 데는 시간이 걸린다”고 말했다.[21]

고객과 배급업자 간에 개인적 만남을 가지는 것이 관련 정보를 얻는 데 필수적임을 깨달아라

한국 기업 LG의 김모씨는 "미국 회사는 사무실에서 마케팅을 하고, 우리는 발로 마케팅을 한다"고 말했다.[22] 이 말은 심오한 뜻을 가지고 있다. 본질적으로 한국인들은 전국적으로 배급업자들과 엄청나게 자주 개인적인 만남을 가진다. 한국 기업만이 이런 것은 아니다. Hindustan Lever는 고객의 마음을 좀 더 잘 이해하기 위해 최고경영인들에게 일주일에 최소 8시간을 마을에서 보내게 한다.[23]

인도 시장에서 개인적으로 만남을 가지는 것이 도움이 되는 것에는 여러 가지 이유가 있다. 첫째로 인도의 사회문화적 환경에서 관계에 중점을 둔다면, 관계를 돈독하게 하려는 노력은 대부분 인도인들이 노력하게 하는 결과를 가져올 것이다. 관계가 더욱 좋아지면 제품에 대한 신뢰가 더욱 좋아질 것이고 이는 당연히 다국적 기업에게 이익이 될 것이다. 인도인들은 설문조사나 펜으로 하는 조사에 정확한 답을 하지 않는다.[24] 따라서 정확한 정보를 얻으려면 이러한 관계는 필수적인 것이다. 당연히 이러한 관계는 하룻밤에 만들어 지는 것이 아니다. 게다가 인도의 방대한 규모를 생각하면 관계를 형성하는 것은 엄청난 시간과 돈을 투자해야 함을 의미한다. 하지만 이렇게 형성된 관계는 오랫동안 지속될 것이다.

당신이 예상했던 것과 다른 정보에 대해서도 마음을 열어라

다국적 기업의 경영인들은 개인적으로 그리고 회사가 집단적으로 다른 시장에서는 성공할 수 있었지만, 어느 특정 시장에서의 성공이 다른 시장에서의 성공을 보장하지 않는 다는 것을 깨닫는 것이 중요하다. 반복되는 성공은 경영인들에게 지나친 자신감을 불어 넣어 주고, 그들이 강하게 믿고 있는 것에 반대되는 정보에 대해서는 듣고 싶지 않아 할지도 모른다. 따라서 다국적 기업의 경영인들은 그들이 예상하고 있던 정보와 다른 것을 받아 들일 줄 알아야 한다. 인도의 계급제 문화에서 이러한 편견을 버리는 것은 당신의 부하 직원이 어떤 문제에 있어서 의견이 다르다 하더라도 당신에게 반론을 제기하지 않을 지도 모르기 때문에 훨씬 복잡할지도 모른다. 아무튼 경영인은 경영인으로써 자신이 사업을 하고 있는 환경에 훨씬 더 익숙해져 있기 때문에 예상치 못한 상황에 대한 개방적 태도는 더욱 중요한 것이다.

면도칼을 생산하는 국제적인 기업의 유명한 사례가 있다. 이 기업은 세계적으로 성공적이었던 컴팩트한 양날 면도칼 사업을 인도에서 시작했다. 이제 이 면도칼은 세계적으로 좋게 평가 받았고 품질도 좋았다. 하지만 잠재 고객이 있는 인도 지역에서 그 당시 적정 수압의 물이 계속적으로 흐르지 않아 면도 후 날 사이를 닦을 수 없다는 사실을 간과하여 엄청난 실패를 겪게 되었다.

조직 적응력

전략적 적응력이 다국적기업이 대외적 환경에 일률적으로 대응할 수 있도록 하는 데 필수적이라면, 조직 적응력은 기업이 효과적으로 원하는 전략을 펼치게 하는 능력이다. 조직 적응력은 기본적으로 세가지 요인과 연관된다. 그 세가지는 ⓐ 인도 조직에서 최고 경영팀의 구성; ⓑ 현지 기업에서 나타나고 있는 기업문화의 이해; ⓒ 모회사와 인도의 자회사 혹은 합작회사간에 얼마나 잘 효과적으로 협조하고 있는 정도이다. 적응력의 범위는 고정되어 있지 않다. 환경이 변하기 때문에 적응력을 지켜가기 위해서는 다른 방법이 사용되어야 한다.

최고 경영진의 구성

최고 경영진이 전략을 잘못 짠 예도 많이 있다. 인도에서 실패한 많은 다국적 기업들 중, 특히 유럽 대륙에서 온 기업들은(미국이나 영국 회사와 다르게) 인도인(expatriate Indians)을 본사의 최고 경영팀에 넣지 않았고 매우 비싼 연봉을 주고 본국임원을 인도 지사로 데려왔다. 대부분의 경우 이러한 경영인들은 국제 경영에 대한 경험이 없었고 더욱 심각한 것은 다문화를 이해하는 능력이 부족했던 것이다.

인도 기업을 운영하는 것은 성가신 노조, 쩨쩨한 관료들 그리고 공급과 분배 체인에 있는 사람들과 원만한 관계를 형성시킬 수 있는 특별한 능력을 가져야 함을 의미한다. 물론 대부분의 인도 마을의 열악한 인프라 밖에 없는 상황에서 매우 뛰어난 위기 관리 능력을 가지는 것도 물론 중요하다. "제대로 잘 굴러가는 배" 정도의 경영 수준을 가지고서는 많은 외국인 경영인들이 인도에서 실패할 수 밖에 없었다.

자기가 받는 월급보다 훨씬 적은 돈을 받았지만 기술적으로 그리고 경영 측면에서 자기 자신보다 뛰어났던 인도인 동료들을 잘 다룰 수 없었던 스칸디나비아 회사의 외국인 경영자 사례가 있다. 본사에 있을 때 그는 결코 임원진 회의에 참석하지 않았고 기업의 신용에 대한 책임감과 국가노동법에 대한 책임을 혼자 떠맡고 있었다. 단시간 내에 이 경영인은 그가 실질적인 업무시간을 그 도시에서 잘나가는 호텔 바에서 훨씬 더 많이 쓰고 있다는 것을 깨달았다.

물론 인도에서 성공한 외국인 출신 경영인의 이야기도 많다. 하지만 이러한 스토리에는 한가지 공통된 주제가 있다. 이 경영인들의 성공은 인도와 인도의 문화를 모든 측면에서 흡수했다는 것이고, 가장 중요한 것은 그들은 "인도인처럼 생각" 할 수 있었다는 것이다!

인도 지사의 최고 경영진은 근본적으로 외국인 경영인으로 구성되어야 하는가 혹은 그 지역의 인도인을 가능한 최대한 경영에 참여시켜야 하는가? 이는 다국적 기업이 세계 어디에서 경영을 하던지 간에 마주치는 딜레마이고 인도 역시 예외는 아닌 것이다. 본국에서 온 경영인이 경영 하는 것의 장점은 본사에 있는 직원들과 서로 신뢰할 수 있다는 것이고, 이는 모회사가 현지에 적응하는 것을 더욱 쉽게 만든다.[25] 또한 이들은 모회사와 자회사 간에 지식 전달을 원활하게 할 뿐 아니라 투명한 기업문화를 만들 수 있게 돕는다. 당연히 이 모든 것은 효과적으로 전략을 적용시키는 데 도움이 된다. 이미 언급했듯이, 미국, 영국, 캐나다 등과 같은 나라들은 이러한 측면에서 장점을 가지고 있고, 이들 중 많은 기업이 인도 출신의 직원을 현지로 발령 낼 수 있는 것이다.

인도 시장에서 급속도로 엄청난 성공을 거머쥐게 된 한국의 "재벌"에게 인도 현지 파견직원과 한국의 최고 경영진 간에 협력구조(operating link)가 없었다면, 성공은 상상조차 할 수 없었을 것이다. 하지만 좀 더 분석을 해보면 한국에서 파견된 매니저들은 매우 유능한 인도인 매니저를 바로 아래 매니저로 두었고, 이는 아래로의 의사소통(downstream interface)이 원활해지는 결과를 가져왔다. 단순히 파견된 직원이 있다는 사실이 성공을 보장해주지는 않지만, 본사의 완벽한 지원과 함께 대담하고 공격적인 행동을 빠르게 취해야 하는 환경에서는 파견직원이 추가적인 능력을 발휘할 수 있을 것이다. 인도인 매니저보다는 외국 출신의 매니저들이 더 유능하다고 믿는 긍정적 인식이 인도인 직원들 사이에 높아졌다. 이런 분위기에서 한국에서 파견오는 직원의 고용도 용이해졌다.[26]

파견직원을 늘 고용해야 한다거나 현지인을 고용하는 것이 꼭 문제가 된다거나 그 반대일 것이라는 말을 하려는 것이 아니다. 여러 방면으로 파견직원을 쓰는 것이 위에서 보았듯 위험 할 수도 있다. 왜냐하면 그 직원은 그 나라의 문화에 적응 할 수도 못할 수도 있기 때문이다. 그들은 그 지역에서 헤쳐나가야 할 문제점들에 대해 파악하지 못하고 있을 수도 있고 노력을 덜 하게 될지도 모른다.[27] 비록 인도의 환경이 이전보다는 파견직원들에게 좀 더 좋아졌지만, 과제는 여전히 남아있다. 파견직원을 데려다 쓰는 것이 비싸다면, 기업들이 왜 그들을 고용하길 꺼리는지 이해할 수 있을 것이다.

인도의 비즈니스 환경에서 서양의 다국적 기업은 대체적으로 회사를 경영하기 위해 인도 사람들을 고용하거나 인도 출신의 직원을 인도로 돌려보냈다. 회사를 경영하기 위해 인도 출신의 직원을 인도로 다시 보내는 것은 혼합된 성공(mixed success)이었다.[28] 이 직원들이 자국에서 새롭게 발견된 문제들에 대해 힘들었다는 사실과는 별개로 인도 직원들이 쉽게 그들을 받아 들이지 못했을 수도 있다. 따라서 이 문제에 대해 그 누구도 제대로 답할 수 없는 것이다. 더욱 중요한 것은 다국적 기업이 직면하고 있는 절대적인 전략, 국제 경험의 수준 그리고 시장으로써 인도를 이해하는 것과 파견 가능성이 있는 매니저가 있는지 여부이다.

기업문화

기업문화는 기업을 성공적으로 이끄는 데 있어서 중요한 역할을 한다.[29] 모든 기업은 시장이 요구하는 것을 충족시키기 위해 내부적의 일관된 계획으로 효과적이고 시기 적절하게 사업계획을 실행해야 할 필요가 있다. 이는 기업 내의 윤리나 기업정신과 큰 연관이 있다. 윤리나 정신은 기업정책의 방향을 잡는 가치 혹은 믿음을 뜻한다. 서양의 기업이 인도 기업을 배우거나, 합작회사를 세우거나 혹은 지사를 세울 때 다른 가치나 믿음을 가지고 있는 직원들과 교류해야 한다. 문화의 충돌이 될지도 모르는 이런 상황 하에서 서양기업의 전통적 기업문화가 현지에 어떤 인상을 줄지 심각하게 생각해 보아야 한다.

미국에 본사를 둔 텔레커뮤니케이션 회사인 "Worldwide Telecommunications Company"의 경우를 보자. 이 회사는 인도 회사 "Subcontinental Software Solutions"와 합작회사를 세웠다. 이 회사는 크게 두 가지 문제를 겪었다. 첫째, 인도에서의 문제를 해결하기 위해 미국 본사에서 인도로 온 직원은 자신이 인도에서 성희롱을 당했다고 주장했다. 반면 회사의 부회장은 그 직원이 문화적 이해가 부족했다고 주장했다. 한 미국기업의 직원이 합작회사에서 개발된 기술을 훔쳐 자신의 회사를 세우려는 것을 알게 되었을 때 또 다른 엄청난 사건이 발생하게 된다![30]

세계적으로 에스컬레이터 시장을 점유하고 있는 스위스 기업 Schindler의 예를 보자.[31] 실비오 나폴리(Silvio Napoli)는 인도 지사의 매니저를 맞게 되었다. 처음에 나폴리는 그가 꼼꼼하게 일을 배분하는 사람임에도 목표한 것이 제대로 돌아가지 않아 애를 먹었다. 문제는 복합적이었다. 다른 매니저들이 회사전략에 의심을 품는 것부터 인도의 경영팀이 합의한 전략을 지키지 않았을 때 계약을 이행하지 않는 것까지 다양했다.

그럼에도 불구하고 나폴리는 쉽게 포기할 사람이 아니었다. 2000년 말 이 회사는 1997년 사업 계획에 못 미치는 500대 이상의 엘리베이터를 판매할 수 있었다.[32] 그는 회사 내부의 문화를 바꾸어 성공을 거둘 수 있었다. 나폴리는 다음과 같이 애기했다.

> *우리는 쉰들러에서 일하면서 직업에 만족할 명석하고 행동력 강한 사람들을 고용했다. 그 당시 그들은 엄청나게 일을 잘했을 뿐 아니라 회사에 대한 소속감 역시 가지고 있었다. 하지만 이는 지속적으로 지켜져야 할 부분이었다. 그래서 경력을 계속 개발시킬 수 있는 인센티브나 인식과 같은 측면에 상당히 집중해야 했고 가능한 빨리 목적을 달성할 방법이 고안되어야 하고 적용되어야 한다고 생각했다.*[33]

해외투자사업 대개의 경우도 서양 기업은 투자초기에 전략을 효율적으로 펼쳐가는데 어려움이 있었다. 문제의 본질은 위에서 설명한 두 가지 예에서 각기 달랐지만, 두 사례 모두 각각의 두 모기업에 적절한 문화를 만드는 것이 중요하다는 것을 강조하고 있다. 따라서 중요한 질문은 인도 비즈니스 환경에서 적절한 문화는 무엇이며 처음부터 어떻게 이러한 문화를 만들어 갈 수 있는가의 문제이다.

먼저 다국적기업은 *보상뿐 아니라 가치*를 중요시 하는 문화를 만드는 것이 매우 중요하다. 많은 다국적기업들은 이렇게 하고 있고 신하의 연구 결과가 보여주듯이 이러한 노력은 대부분 성공적이었다.[34] 이렇게 성공하기 위해서 가장 중요한 것은 모(母) 다국적기업이 가장 우수한 *표준으로 삼는* 투명성과 일관성이다. 인도인들이 외국에서 온 경영인을 현지 출신의 경영인보다 긍정적으로 인식한다면 사업 초기 이러한 기준을 세울 때 다국적기업이 더욱 큰 영향력을 미칠 수 있을 것이라고 추측할 수 있다. 앞에서 지적한 바와 같이 작업 규범(performance norms)이 중요하다면 *협동심 강한 행동*의 기준 역시 인도 기업의 맥락에서는 다소 어려움이 될 것이다.

협동해서 일하는 데 방해가 되는 많은 요소들이 있다고 가정하면, 쉽지는 않겠지만 좀 더 결합력 있는 직장문화를 위해서 이러한 어려움을 극복하는 것이 당연히 중요할 것이다. 인센티브를 늘리고 매니저들의 협력도를 높이기 위한 트레이닝 프로그램이나 세미나, 각기 다른 수준의 회사에서 모범적인 리더십을 보이는 것과 같은 혼합된 형태의 메커니즘이 필요하다. 이 메커니즘이 작동한다면 새로운 행동양상을 만드는 데 도움이 될 것이다. 마지막으로 *윤리적으로* 행동하기 위해 배움을 더 잘 이해하는 것(better appreciation of learning)이 필요하다. 비록 문화적 차이가 윤리체계를 인식하는 데 영향을 주지만, 이러한 보편성은 장기적으로 모든 이들의 관심사일 것이므로 다국적 기업의 경영인들은 공통적으로 적용할 수 있는 윤리의식 체계를 가지고 있을 필요가 있다. 이러한 노력은 부패, 성희롱, 환경적 요소를 무시하는 것처럼 발생가능성이 있는 문제들을 완화 시킬 수 있고 다국적기업들이 Bofors, Union Carbide, 최근 Enron의 경우와 다르게 부당한 시선을 받지 않아도 될 것이다.

모회사와 자회사간의 효과적인 작용

모회사와 자회사의 활동에 대해 공통된 비전을 공유하는 것은 매우 중요하다. 자회사는 다국적 기업의 전반적인 목표에 부흥하기 위해 어떤 노력을 할까? 자회사가 어떤 목표를 좇아야 하고 그렇게 하는데 있어서 가장 효과적인 수단은 무엇일까? 자회사에게 어느 정도의 독립된 경영권이 주어져야 하고 자회사의 활동을 모니터하기 위해 어떤 감시 체계가 있어야 하는가? 자회사를 외국에서 온 매니저가 경영해야 하는가 아니면 현지인에게 독립적 권한을 주고 마음대로 경영할 수 있게 해야 하는가?

우리가 제안하는 것은 만약 공통적인 비전이 있다면, 자회사가 다국적 기업뿐 아니라 자회사에게 이익이 될만한 전략을 공식화하고 실천하는 것이 더욱 쉬울 것이란 것이다. 하지만 이는 이상적인 상상일 뿐, 다국적 기업과 자회사 간의 전략적 대상이 달라서 시작되는 모회사와 자회사간에 본질적인 갈등이 있다. 이러한 차이점으로 인한 여파는 종종 모회사의 경영인 뿐 아니라 자회사의 경영인 둘 다 각자의 주장에 대한 집착이 심화되어 더욱 강화된다. 대안적인 관점을 가지지 못하게 되면 공통점을 찾기 더욱 어려워진다. 갈등은 전략과 관련된 것이고 적용에 관련된 현실적 문제 일 수 있다. 장기에 걸쳐 이런 갈등이 해결된다고 하더라도 소비된 시간은 곧 경영과정의 비효율성으로 직결된다. 이는 곧 직원들의 사기에 상당히 부정적 영향을 미친다.

어떻게 "분리(divide)"가 최소화 되고 되거나 극복될 수 있을까? 확실히 그 누구도 이 질문에 답할 수 없고 명확한 대답도 없겠지만, 이 책의 마지막에 있는 케이스 스터디로 몇 가지 권고 할 만한 점은 있다. 첫째, 인도인 직원을 본사로 데려가 트레이닝 시키는 것이다. 이상적으로는 이 트레이닝이 최고 경영팀에만 한정되어서는 안 된다. 이를 통해 "공통된 비전"을 만들어 낼 수 있을 것이고 현재의 상황에 대해 양측 모두가 좀 더 잘 이해할 수 있을 것이다. 좋은 예로는 인도에서 40여명의 엔지니어를 2년간 이탈리아로 보낸 ST Microelectronics이다. 이로 인해 직접적으로 회사 기술과 친근해졌을 뿐 아니라, 더 중요한 것은 회사가 가진 관점을 이해할 수 있었다는 것이다. 이러한 과정에서 사람들은 이탈리아 본사에 있는 ST Microelectronics의 최고 경영진도 인도의 현지 상황에 대해 좀 더 잘 알게 되었을 것이다. 동시에 그들이 인도로 돌아가 현지의 다른 직원들에게 트레이닝을 시켜 인도 지사의 기반을 다질 수 있었다.

우리는 모회사의 최고 경영진이 인도의 환경을 이해하고 비록 이들이 인도의 자회사에 매일 직접 경영에 참여하지는 않더라도 인도경영에 엄청난 노력을 쏟는 것이 중요하다고 믿는다. 이렇게 노력을 한다고 해서 반드시 갈등이 없는 것은 아니겠지만, 이렇게 함으로써 갈등이 생겨도 긍정적으로 해결할 수 있는 동기부여가 가능할 것이고 이는 분명 엄청난 발전일 것이다. 비록 이렇게 권고하는 것이 평범하게 들릴지 모르나 분명 종종 간과되고 결국은 부정적인 결과를 가져온다.

GE의 전(前)회장인 잭 웰치가 인도 시장에 엄청난 노력을 했다는 사실을 모른다면 인도에서 GE의 성공을 이해하기 힘들 것이다. GE가 인도에서 제일 큰 비즈니스 프로세싱 회사인 GE International Services를 세운 것이 좋은 예이다. 처음에는 이 회사를 세우는 것에 대해 GE 본사에서 반대가 있었다. 하지만 잭 웰치의 강력한 지지로 이 회사가 인도에 설립된 것이다. 결국 이 회사는 GE 그룹내에서 상당히 성공적인 회사가 되었다.

결국 모회사의 최고경영진이 자회사가 가진 문제에 대해 충분히 느끼고 반응을 보이는 것으로 인식되는 것이 매우 중요하다. 자회사는 혁신의 원천이 되도록 동기부여를 받아야 하는 것이다. 핀란드 회사인 Wartsila Diesel은 이러한 면에서 교훈을 주고 있다. 이 회사의 자회사는 그들의 성공을 한 소비자에서 해외의 다른 소비자에게로 전하는 혁신적인 프로젝트를 하도록 고무되어 있었다. 현재 인도 지사는 Wartsila의 사업과 유지보수 관리 서비스를 전 세계적으로 보급하는 데 앞장서고 있다.

인도에서 성공하려면 반은 수도승, 반은 전사처럼 일해야 한다. 나는 내 안에서 수도승의 성격을 더 개발시키기로 했다.

(실비오 나폴리Silvio Napoli, South Asia 부사장)[35]

콜럼버스와 같은 마음가짐을 가져야 합니다, 인도에서 성공하고 싶다면.

(어느 핀란드 경영인의 말)[36]

문화 적응력은 세계적으로 성공하기 위해 상당히 중요한 요소이고 인도 역시 예외는 아니다. 인도의 사회문화적 환경에서 사업하고 있는 서양출신의 경영인은 성공적으로 사업을 이끌어 가기 위해 다문화를 이해하는 능력을 길러야 할 것이다. 이렇게 말하는 것은 그렇게 하는 것이 쉽다거나 서양인 매니저가 인도의 모든 사회문화적 측면을 받아 들여야 한다는 것은 아니다. *사려 깊게 적응하는 것(thoughtful adaptation)*이 중요하다. 이는 서양인 매니저가 일반적으로 인도인들에게 그리고 특히 인도인 동료에게 존경을 표하는 행동을 하는 것을 의미한다.

직장에서 적응해 갈 때 의심 할 것도 없이 가장 중요한 것은 현지인과 충분히 교류할 수 있는 능력뿐 아니라 인도의 사회구조적 환경에 적응해 가야 한다는 더 큰 문제가 있다. 분석가들은 이러한 측면을 각각 현장작업 적응, 일반사회 적응 그리고 상호교류 과정의 적응이라고 분류한다.[37] 외국에서 온 매니저들이 효과적으로 인도의 문화적 환경에 적응해야 하는 것처럼 인도에 함께 온 매니저의 배우자가 잘 적응하는 것 역시 똑 같이 중요하다. 많은 경우에는 배우자의 현지 부적응 때문에 인도에 온 매니저가 제대로 경영에 힘쓰지 못하는 경우가 많다.[38]

성공적으로 적응한 결과는 무엇이며 외국인 매니저가 인도의 사회문화적 환경에서 살아남기 위해 가져야 할 다문화 수용능력은 어떤 것일까? 외국인 매니저가 인도의 사회문화적 환경에 잘 적응하려면 매니저는 ⓐ 인도인 동료들과 좋은 관계를 맺을 수 있어야 하고; ⓑ 바람직한 방법으로 대화할 줄 알아야 하며; ⓒ 인도인 동료들과 협력할 줄 알아야 한다. 이러한 측면들이 다문화를 이해하는 능력으로 손 꼽힌 것이다.[39] 분명 다문화를 이해하는 능력은 기업이 목표를 달성하는 데 중요하다. 인도인 동료와 관계가 좋지 않다면 외국인 매니저는 자회사나 합작회사에서 일어나고 있는 일을 정확히 파악하기 어려울 것이다. 효과적인 커뮤니케이션으로 정확한 신호를 보내고 꼭 해야 하는 일을 효율적으로 그리고 효과적으로 확실히 해내는 것이 중요하다. 마지막으로 기업이 전략을 효과적으로 실행시키고 갈등에 휘말리지 않으려면 협동하는 것이 필수적이다. 다문화에 대한 적응은 그 국가가 회사에 대해 긍정적인 인식을 하게 될 것이고, 본사에서 온 경영인들도 원활하게 사람들과 교류할 수 있는 방법으로 기대했던 것을 다시 구성해 갈 수 있을 것이다.

인도 GE의 사장인 스캇 베이만(Scott Bayman)보다 인도로 발령되어 더 잘 적응한 예는 없을 것이다. 그는 부인이 초기에 반대했던 것을 무릅쓰고 1993년 인도 GE의 사장으로 발령받아 현재 인도에서 11년간의 근무를 마쳤다. 그가 인도에 있는 다국적 기업경영자 중 가장 오래 지속적으로 근무한 사람일 것이다. 그가 일하는 동안 인도 GE는 전체적으로 혹은 부분적으로 36개나 회사를 소유한 기업으로 성장했다. 10억 달러가 넘는 투자를 통해 수출뿐 아니라 한해 총 판매량이 20억 달러를 넘었으며 2만3천명을 고용했다(현재 이 책을 쓰는 시점에서). 미디어를 보면 베이만의 가족은 완전히 인도 사회에 동화되어 갔고 정기적으로 인도 음식을 먹었으며 힌두어를 배우고 인도인들이 쇼핑하는 곳에서 쇼핑했다고 한다. 2004년 2월 16일 발행 된 *비즈니스 인디아*는 "나는 어디에도 갈 수 없어요. 우리는 여기서 가장 오래 살았거든요. 여기가 정말 집이에요!"라고 한 베이만 부인의 말을 인용한다.

만약 다문화를 이해하는 능력이 인도의 사업환경에서 성공하는 데 필수적이라면, 인도의 환경에서 기업을 꾸려가기 위해 경영인이 가져야 할 자질은 무엇이며 이러한 자질을 어떻게 발전시킬 수 있을까? 아래 부분에서 이러한 것들을 논하겠다.

다문화를 이해하는 능력의 본질

학자들은 다문화를 이해하는 능력에는 세가지 필수조건이 있다고 본다. ⓐ 인식능력(cognitive competencies); ⓑ 정서적 능력(affective competencies); ⓒ 행동능력(behavioral competencies)이 그것이다.[40] 인식능력은 외국인 경영인이 그가 직면하고 있는 상황이 의미하는 것을 정확하게 파악하는 능력이다. 예를 들어 그가 배분한 일이 제 시간에 완성되지 않았을 때, 그가 애매하게 지시해서 그런 건지 직원이 게으른 건지 혹은 그들이 다른 일을 하고 있는지를 알아채는 것이다. 상황을 정확하게 진단하는 것은 적절한 행동을 취하는 데 필수적이다.

정서적 능력은 외국인 매니저가 자신이 예상했던 것과 다른 결과가 나왔거나 몹시 화가 난다고 해도 안정적인 태도를 보일 수 있는 능력을 의미한다. 관료라는 장애물, 부패 혹은 직원들이 잘못 처리해온 일 등이 이러한 감정이 생기게 하는 원인일 수 있다. 이러한 상황에서 매니저가 화가 나서 그 화를 분출해 버리는 일은 매우 비생산적이기 때문에, 서두르는 모습을 보이지 않는 것이 중요하다. 행동능력은 외국인 매니저가 목표를 달성하기 위해 다양한 대안적 전략을 이용하는 것이다. 예를 들어 한 관료가 제대로 반응을 보이지 않고 까다롭게 굴면 매니저는 그를 확신시키기 위해 다른 방법을 택해야 하는 것이다.

이러한 능력은 동적(dynamic)일 뿐 아니라 정적(stable)인 구성요소라는 점을 강조할 필요가 있다.[41] 문화적 지식, 스트레스와 갈등을 다루는 능력은 이러한 능력 중 좀 더 동적인 요소인 반면, 개방성, 안정적인 감정 그리고 외향성은 정적인 요소이다. 이는 배움을 통해 습득할 수 있는 능력이기도 하지만, 배우지 않더라도 어떤 사람은 다른 사람보다 더 잘 적응할 수도 있음을 뜻한다.

최근 학자들은 "문화적 지능(cultural intelligence)" 이라는 이름 아래 각각 다른 다문화 이해 능력을 종합하려고 하였다.[42] 문화적 지능이 높다는 것은 매니저가 자신이 직면하는 각기 다른 문화적 상황에서 기본적으로 일이 돌아가는 방법을 이해하고, 특정 목표를 성취할 수 없더라도 계속 동기를 이어가며, 새로운 문화에서 그에 맞추어 행동할 수 있음을 의미한다. 몇몇 학자들이 이야기 했듯이 "단지 당신이 그들의 문화를 이해한다는 것을 보여주는 방법으로 외국인에게 마음을 열진 않을 것이다. 당신의 행동을 통해 당신이 그 세계로 진입했음을 보여 주어야 하는 것이다"[43] 학자들이 이야기 하듯이 모든 매니저들은 예상하지 못했거나 친숙하지 않은 문제에 대해 자기만의 방법으로 대응한다. 익숙하지 않은 환경에서는 상당히 불편해 하는 사람도 있다. 반면 그 문화가 기대하는 것을 이해하고 따라서 그들의 행동에 적응해 가는 사람들도 있다. 여전히 몇몇 사람들은 직관에 의지하거나 관록에 호소하고 다른 이들은 호스트를 따라 한다. 하지만 아마도 이 모든 세가지 능력을 모두 갖춘 이는 거의 없을 것이다.

다문화 이해 능력 개발하기

만약 다문화를 이해하는 능력이 인도의 사업환경에서 성공하는 데 필수적이라면, 그런 능력은 어떻게 키워야 할까? 미리 말해 두건데, 다문화를 이해하는 능력은 하루아침에 만들어 지는 것이 아님을 이해해야 한다. 그 능력을 습득하는 데에는 확실히 개인 차가 있고, 몇몇 사람들은 문화적 장벽이 엄청난 장애물이라 여길 수 있다. 이를 극복하기 위해 많은 매니저들은 분명 능력을 개발하려 할 것이다.[44]

인도에서 다문화를 이해하는 능력을 기르는 것은 다방면으로 접근할 필요가 있다. 이는 ⓐ 인도 문화에 잘 적응하지 못하는 개인을 대상으로 다문화를 이해하는 능력을 기르는 트레이닝; ⓑ 장기적으로 인도 문화에 노출 시키기; 그리고 ⓒ 개인과 그 가족이 자신들의 문화와는 다소 다를 인도 문화의 도전 과제에 대해 동기부여를 해 줄 수 있는 모회사의 적절한 지원이다.

다문화를 이해하는 능력을 기르는 트레이닝은 많은 장점이 있다. 이는 ⓐ 외국인 매니저의 스트레스를 완화 시켜 줄 수 있고; ⓑ 그 국가 출신의 직원들과 더욱 좋은 관계를 가질 수 있고; ⓒ 목적에 쉽게 도달할 수 있게 하며; ⓓ 자아 개발을 촉진 시킨다.[45] 이전에 언급했듯이 인도인과 외국인 매니저 사이의 문화적 거리는 상당히 멀다. 이는 당연히 커뮤니케이션, 의사 결정, 협상부터 전략적 파트너십을 관리 하는 것까지 다문화를 바탕으로 하는 경영활동(managerial interaction)의 모든 측면에 영향을 끼친다.

이러한 문화적 차이가 뚜렷함에도 불구하고, 서양의 기업들은 이러한 측면에 그리 크게 주목하지 않는 듯하다. 한 사람은 "서양의 고위급 경영진은 문화적 차이를 극복하기 위해 특별히 세운 계획이 없고, 종종 상당히 다른 인도인들의 경영 방식과 이것이 의도한 결과에 얼마나 많은 영향을 미치는지 생각하지 않는다"[46]고 지적한다. 이렇게 문화적 차이를 무시하는 이유가 무엇이든 간에, 이것은 외국에서 온 매니저들이 적응하는 데 도움이 되지 않는다는 것은 확실하다.

중요한 문제가 발생하면 다문화 이해를 돕는 컨설턴트(cross-cultural consultant)들이 자주 등장하게 된다.[47] 다문화를 이해하는 트레이닝을 하는 것은 비록 만병 통치약이 될 수는 없어도 위기상황이 닥치는 횟수를 줄일 수 있을 것이다. 가장 기본적으로 다문화를 이해하는 트레이닝은 서양인 매니저가 가지고 있는 기대치를 조정할 수 있을 것이고 그렇게 하면서 적응할 수 있을 것이다. 따라서 서양에서 온 매니저는 인도의 계급제 구조에 어떻게 적응해야 할지 배우거나 인도인들과 어떻게 해야 좀 더 잘 협상 할 수 있을지를 배울 것이다. 인도에서 몇 년 동안 일해야 하는 외국인 매니저에게는 그 나라에 도착한 후에 트레이닝을 하는 것과 더불어 출발하기 전에도 트레이닝을 하는 것이 더욱 효과 적일 것이다. 그 나라로 떠나기 전의 불안감을 없앨 뿐 아니라 당사자와 가족들이 인도의 환경에 대해 배우는 기회가 되기 때문에 이 두 트레이닝 방식을 합치는 것이 유용할 것이다.[48]

트레이닝과 더불어 다국적 기업은 인도로 발령 받은 외국인 매니저들이 개인적으로 다문화를 이해할 수 있는 기술을 기르도록 인도에서 충분한 시간을 보낼 수 있게 해주는 것이 중요하다. 전략적으로 혹은 매니저가 가족을 이유로 떠날 수도 있기 때문에, 항상 그렇지는 않더라도 외국인 매니저가 인도의 문화에 더욱 많이 노출 될수록 성공할 확률은 더욱 높아진다. 시간이 지나면서 외국인 매니저들은 문화적 충격 단계에서 그 문화를 받아들일 수 있는 수준으로 옮겨 갈 것이다.[49] 모든 사람이 성공적으로 이렇게 단계를 옮겨 갈 수 있는 것은 아니고 성공적으로 적응하는 데 걸리는 시간도 개인마다 다를 것이다. 머무는 기간이 더 길수록 다문화를 이해하는 능력을 기를 수 있는 가능성은 점점 커질 것이다.

셋째로 다문화 이해 능력을 개발하는 것은 모회사의 지원으로 더욱 향상될 수 있다. 외국에서 온 매니저가 그 능력을 지속적으로 발전시킬 의지가 충분하다면 이러한 지원이 더더욱 중요하다. 이러한 지원은 많은 형태로 나타날 수 있다. 적절한 트레이닝을 제공하는 것부터 그 매니저가 마주할 수 있는 문화적 도전 과제에 대한 충분한 이해까지 포함할 수 있다. 이는 인도에서 해야 할 일을 통해 그 매니저의 업무능력이 향상될 수도 있다는 것을 확실히 표시해줌으로써 더욱 강화될 수 있다.

이 장에서는 어떻게 다국적 기업이 인도의 환경에 적응했는지를 분석한다. 적응에는 세가지 측면이 있다. 이는 바로 전략적, 조직적 그리고 문화적 측면이며 다국적 기업의 적응력이 향상될 수 있는 방법을 그려보았다. 이 적응력은 하룻밤 새에 만들어 지는 것이 아니며 석응한다고 해서 바로 확실한 이익을 볼 수 있는 것도 아니다. 적응력은 인도 시장에서 성공하기 위한 전제 조건이므로 그 중요성을 절대로 간과해서는 안 된다.

비록 이제서야 인도가 세계화와 더불어 자유화를 받아들이기 시작했지만,

가끔씩 불쑥 튀어 나오는 긴장되는 상황도 있다. 다국적 기업이 이러한 긴장의 상황을 얼마나 효과적으로 다루느냐는 그들이 얼마나 적응했는지의 정도에 달려있다. 이는 확실히 다국적 기업을 곤욕스럽게 하고 시험 하겠지만, 잘 적응했다면 오히려 더 생기 있게 운영할 수 있을 것이고 인도와 떨어질 수 없을 것이다. 많은 회사들은 이미 그렇게 해왔고 다른 많은 회사들도 그렇게 하고 있는 중이다.

결론짓자면 인도의 전경련을 자문해 온 보스톤 컨설팅은 인도에서 성공적으로 경영되고 있는 유럽 회사들을 분석하여 마련한 보고서[50]에서 인도에서 운영되는 다국적 기업의 열 가지 성공 요인을 소개했다. 이러한 요인들은 인도에서 성공적으로 경영하려면 완전히 다른 경영 패러다임을 고려해야 할 것임을 알려준다. 이는 ⓐ 가치 제안(value proposition), ⓑ 가격 측정, ⓒ 마케팅과 분배, ⓓ 제품 설명과 특징, ⓔ 제품을 브랜드화 시키는 것을 "인도화" 시키고, ⓕ 가능한 많이 현지의 능력 있는 경영인들을 포함시켜 현지 경영팀에게 최대한 힘을 실어 주는 것 그리고 ⓖ 세계적 수준으로 현지 경영을 지원해 주는 것이다.

세계적 수준의 노력

1. 인도를 가장 집중해야 할 곳(key focus area)으로 보아라. "필요한 자원을 인도에 배치시키고 신속하고 호의적인 결정을 내리게 된다."
2. 신속하게 의사결정을 하게 만드는 대담하고 장기적인 대상을 정해라. "눈에 보이는 시장 가능성을 넘어 회사가 중심을 잡게 되고 잠시 문제가 될 장애물(short term hurdles)을 뛰어 넘게 만든다."
3. 기업의 현지화와 더불어 통합을 가속화 시키는 과정을 만들어라. "현지팀에게 주어진 자치권을 올바르게 균형 잡히게 하며 인도 현지에서 기업의 목적을 바로 세운다."
4. 시장에서의 도전과제에 맞서려면 글로벌 측정기준이나 표준과 관련된

"규칙을 바꿔라." "측정기준은 인도시장의 현실에 들어맞게 잘 조정될 것이고, 기업은 인도가 주는 기회의 모든 장점을 취할 수 있을 것이다."

권한을 갖춘 현지 경영

1. 사람, 인적자원의 관리 그리고 외부 이해관계자들과의 관계와 관련해 장기적인 계획을 세워라. "그러면 더 비용 효율성이 높고(cost effective) 연속성을 증가 시키고 현지 환경에 대한 이해를 높일 수 있다."
2. 그 나라를 운영하는 데 가치가 부가된 역할을 정의해라. "현지 팀이 더 열심히 일하게 만들고 책임이양(transfer of responsibility)이 쉽게 이루어진다."
3. 현지 팀을 경영하고 신뢰를 쌓아라. "현지팀은 필요한 비즈니스 유연성을 갖게 되고 전략적 의사결정 과정을 원활하게 한다."
4. 제품 시장을 넘어 인도에서의 기회를 만들어라. "인도 기업의 관심을 끌게 되고 세계화 된 기업에 대한 가치를 이끌어 내며 경쟁력이 될 수 있는 장점이 생길 것이다."

현지화 된 상품 비즈니스 모델을 마케팅하기

1. 인도에서 가격과 수익창출의 경쟁력을 얻기 위해 가치 사슬(value chain)의 일부를 현지화 하라. "효과적인 가격 구조를 만들고 표준적인 품질을 유지하고 효과 정도를 강화 시킴으로써 경쟁력 있는 장점을 만들게 된다."
2. 인도를 명확하게 분석하라. 그러면 구체적인 비즈니스 모델 전략(상품, 가치, 가격)을 "제대로 된(right) 제품을 올바른(right) 위치에 적절한(right) 가격으로 전달할 수 있다. *인도를 위해서(for India).*"

사례 연구 1 : Wartsila India Ltd

연 30억 달러의 수익을 올리는 핀란드 기업 Wartsila는 세계에서 선두를 달리는 선박 전력 공급회사이자 경영 분권화를 통해 문제해결을 제시하는 부문에서 선도적 회사이다.

Wartsila는 1983년 인도 시장에 진출해 가능성 있는 전력생산 시장에 문을 두드렸다. 그 당시에는 좋은 품질과 비용의 효율성 그리고 집중된 경영권의 분산이 절실하게 필요했던 시기였다. 이 회사는 Wartsila가 만든 엔진이 오일을 정제하는 과정에서 나온 중유(residual fuel oil)를 태우는 방법으로 매우 효율적인 중유(heavy fuel)제조 기술을 발전 시켰다. 이 연료는 질이 좋지 않았기 때문에 초고속 디젤이나 등유와 같은 액체 연료로 발전시키지는 못했으나 매우 적은 비용으로 전기를 생산할 수 있었다.

Wartsila는 수입된 기본 장비만을 공급하면서 사업을 시작했으나, 곧 시장의 필요에 반응하여 인도 지사가 완전한 전력 해결책을 제시할 수 있도록 하였고 이를 장기적으로 운영하고 유지하도록 계약도 맺었다. Wartsila는 실직적으로 신뢰할 수 있고 효율적인 전력생산 기업으로 성장했다.

Wartsila는 해상력을 추진시킬 장비의 도입으로 전력 공급 비용을 현실화할 필요성을 깨닫게 되자 그 지역에 세계적 수준의 서비스를 제공하고 현지에서 이를 뒷받침 할 수 있도록 뭄바이 근처에 제조 시설을 짓고 1986년 4월 인도 자회사를 설립하게 된다.

최근 Wartsila는 인도에서 3천 메가와트의 전력을 보유하고 있으며, 전국적으로 일곱 개 도시에 8백 명이 넘는 직원을 가진 현지 기업이 이를 지원하고 있다. 인도 Wartsila는 중유와 가스를 활용한 전력공급시장 주식을 70퍼센트 이상 보유하고 있다. 인도에서 최근 엄청난 자연가스 소스가 발견되면서 Wartsila는 다시 한번 시장 가능성을 붙잡게 되었고 재빨리 이 연료를 바탕으로 한 인상적인 발전 솔루션을 만들어 냈으며 이미 전국에 많은 발전소를 지었다.

Wartsila가 인도에서 성공할 수 있던 핵심요소는 아래와 같이 요약될 수 있다.

(Ⅰ) 뛰어나고 신뢰할 수 있는 제품 – 이 회사는 인도에 벌써 20년 가까이 있었고 거의 70퍼센트 이상이 재방문 하는 고객(repeat customer)이다. 제품은 기술적인 측면뿐 아니라 신뢰도에 있어서도 전 세계에서 최고 수준이다.

(Ⅱ) 장기적 관계 형성하기 – 이 회사는 사업 관계를 형성하는 데 있어서 신뢰와 성과에 중점을 두고 있고 단기적으로 이득이 있는 것보다는 장기적인 수익창출에 우선 순위를 둔다. 기업문화는 본국인 핀란드의 문화를 상당부분 반영한다. 성과는 확실해야 하고 말보다는 행동으로 보여야 한다.

(Ⅲ) 직원에 대한 믿음 – 인도의 Wartsila는 전 세계 지사 중 가장 많은 직원이 있지만 완전히 인도인이 경영하고 있다. 이 회사는 직원에게 힘을 실어주고 엄청나게 자유로운 운영권을 부여하는 것에 대해 믿음을 가진다. 약속한 것보다 더 많이 그리고 더 잘 해낸다는 단서 하에 말이다.

이미 소개한 보스톤 컨설팅 사의 보고서는 Wartsila가 인도에서 "성공할 수 있었던 요인"으로 다음과 같은 것들을 소개하고 있다;

(Ⅰ) 글로벌 경영 과정 – 외국 기업의 글로벌 경영과 현지 국가 지도층과의 뿌리깊은 신뢰는 현지경영에 부족한 융통성을 살려주고 전략적 차원에서 언제든지 활용되는 조언을 상호간에 해줄 수 있다.

(Ⅱ) 현지 경영 프로세스 – 현지 경영을 통해 매우 성공적으로 인사 이동 프로그램을 가동 시킬 수 있었고 인도가 가지고 있는 장점을 이용해 세계적인 IT, 엔지니어링 그리고 O&M 서비스를 바탕으로 하는 기업의 성장에 엄청난 기여를 하게 되었다.

(Ⅲ) 고객의 주문에 맞추는 비즈니스 모델 – O&M 서비스는 원래 인도에서 엄청난 산업고객(industrial client)의 요구에 응해 만들어졌는데, 이로 인해 Wartsila는 세계적으로 인기를 얻었다. 결과적으로 인도에서의 Wartsila 경영 방식은 이러한 서비스를 만들고 적용하는 데 있어 세계적 경쟁력을 갖게 된 것이다.

사례연구 2 : ST Microelectronics

ST Microelectronics는 연간 70억 달러의 수익을 올리는 글로벌 리더로서 다양한 전자제품(electronics application)에 반도체와 집적회로 해결방안을 디자인하고 제공한다. 1988년 인도 지사가 설립되었다. 이 지사는 현재 전 세계 지사 중 가장 중요한 디자인 센터가 되었으며 NOIDA(델리 근처) 센터가 유럽의 본부를 빼고는 가장 큰 규모를 자랑한다.

인도 지사는 NOIDA에서 1990년 IC 디자인 작업을 시작하였고, 이 성공 덕분에 1995년 NOIDA에 두 번째로 큰 IC 칩 디자인 센터를 열게 된다. 현재 이 센터는 이 회사의 인도 지사의 핵심이 되었고 칩과 시스템 디자인에 덧붙여 세일즈, 마케팅, 고객 서비스 그리고 기술지원과 같은 기능을 통합시켰다.

현재 ST Microelectronics는 인도 지사에 2천명 정도의 직원이 있고 뱅갈루루에 세 번째로 문을 열 신설 디자인 센터가 있다. 인도 지사는 디자인 친화형 체계(system-on-design) 칩을 포함해 다양한 스펙트럼의 지적

자산이 디자인에 활용된 제품을 제공한다. NOIDA에서 디자인 하는 것은 IP · IC 디자인, 시스템 적용 디자인 그리고 경영정보시스템 디자인을 포함한다.

ST Microelectronics는 DVD, 고화질 텔레비전, 웹 카메라, PDA 등과 같은 소비자 디지털 전자기기에 사용되는 회로나 시스템을 만드는 세계적 선두기업이다. 이러한 제품에 사용되는 소프트웨어의 많은 부분이 인도 지사에서 생산된다. 인도 지사에서는 유무선 텔레커뮤니케이션을 디자인을 담당하고, 텔레커뮤니케이션 주변장치의 자동조작(Telecommunication Peripheral Automation)에 필요한 소프트웨어를 설계한다.

NOIDA 디자인 센터는 이미 70여 개의 국제 특허품을 가지고 있고 이 중 대다수는 현장에서 즉시 적용과 변용이 가능한 솔루션으로 무장되어 있는 분야이다. 게다가 인도 지사는 이미 매우 발전된 65 나노미터 기술 체제로 디자인 플랫폼 개발을 시작했고 모바일 멀티미디어 터미널을 위해 "Nomadik"라 부르는 프로세서 칩 패밀리를 개발하기 시작했다. "Nomadik"은 실시간 양방향 오디오비주얼 커뮤니케이션이 가능하게 하고 MP3 음악, MPEG4, 비디오 그리고 JPEG 스틸 이미지를 다운로드 하고 배포하는 것을 가능하게 한다.

본사의 사장인 파스쿠알레 피스토리오(Pasquale Pistorio)는 인도지사가 가진 디자인과 개발에 관한 재능은 우리가 세계를 이끌 제품과 기술 포트폴리오를 만드는 데 엄청난 도움을 주었다"라고 말한다. 2007년 이 회사는 추가적으로 인도 지사에 상당히 능력이 뛰어난 5천명 정도의 전문가들을 고용하길 희망하고 있다.

보스톤컨설팅사의 보고서에는 아래의 요인들이 ST Microelectronics가 인도에서 성공할 수 있었던 요인으로 꼽혔다.

(Ⅰ) 글로벌 경영 프로세스 – ST Microelectronics의 글로벌 CEO의 개인적 비전은 인도 지사가 성공하는 데 중요한 적극력이 되었다. 글로벌 경영을 통

해 인도 지사가 성장하고 성공할 수 있도록 적극적으로 문화적 지원 체제를 지원했다. 초기에 40명의 현지 엔지니어가 2년간 본사로 가서 집중적인 트레이닝을 받았다 이는 훗날 인도 회사가 앞으로 돌진할 수 있는 원동력이 되었고 다른 직원들도 트레이닝 받을 수 있는 기회를 가져왔으며 인도 지사가 성장할 수 있는 인적 기반을 다졌다.

(Ⅱ) 현지 경영 프로세스 – 현지 경영을 통해 인도지사는 프로젝트 *실행*의 현장에서 고부가 가치의 프로젝트를 수행하는 상태가 되었고, 동시에 프로젝트에 대해 스스로 책임을 지고 앞장 서게 된다. (예; system-on-chip, SOC 디자인) 이는 인도의 가격 경쟁력과 강력한 기술 능력을 발전시키고 입증하면서 이루어낸 것이다. 객관적인 작업 수단 외에도 경영진은 가능한 많은 관리자를 인도로 초청해 사업이 어떻게 돌아가는지 직접 보게 하는 것이 중요하다는 것을 깨달았다. 자신감을 통해 결국 인도의 모든 회사 부문들이 각각 대표역할을 하게 되었다. 인도가 글로벌 경영 체제의 매우 중요한 연결고리가 된 것이다.

(Ⅲ) 고객의 주문에 맞추는 비즈니스 모델 – 이 회사는 고급 능력을 개발하고 보유하는 것이 중요하다는 것을 깨달았고 그래서 인도인 직원의 필요에 따라 인간 관계 전략(Human Relations Policies)을 수립했다. 직원의 능력을 향상시키고 이득을 주는 글로벌 벤치마크는 인도인의 우선순위에 따라 수정되었다. 예를 들면 가족의 가치를 중시 하는 것과 빠르게 발전 하는 것을 선호하는 것 말이다. 이로 인해 인도 자회사는 인도에서 최고의 직원을 가졌다는 명성을 얻게 된다.

사례 연구 3 : GE Capital International Service (GECIS)

GECIS는 인도에서 가장 크고 가장 오래된 비즈니스 프로세스 아웃소싱(BPO) 회사이고 인도에서 글로벌 BPO 붐을 일게 한 장본인이다. 이 기업을 따라 주요 다국적 기업들은 현재 인도에서 이와 비슷한 활동을 하고 있다.

1991년 자유화가 시작된 후 인도의 경제가 성장하기 시작하면서, GE Capital은 상업과 금융 서비스로 사업을 시작했다. 금융서비스는 인도 파트너 HDFC와 합작 회사 형태로 시작되었다. 두 분야의 사업 모두 GE Capital이 인도에서 자리 잡는 데 도움을 주었고 State Bank of India와 합작해 주요 신용카드 회사로써의 기반을 다졌다. 인도에서의 튼튼한 기반을 바탕으로 GE Capital은 인도에서 다른 사업을 할 구상을 하고 있었다.

GECIS는 사실 1998년 의도하지 않은 사업을 시작하게 되었다. 미국 코네티컷(Connecticut)의 GE의 금융부서에서 일하던 공인회계사 프로코드 반다리(Promod Bhandari)는 인도 가전제품 사업 지원을 위해 인도로 발령 받았다. 그때 British Airways와 American Express는 소규모의 글로벌 비밀 연구소를 인도에서 운영하고 있었다. 반다리는 이 곳에서 GE의 기회를 포착했다. 전(前) American Express 직원의 도움과 그 당시 GE Capital의 부사장 그리고 여덟 명으로 구성된 팀이 만들어져 단순한 주소 변경 업무를 시작했다. 원거리 프로세싱 서비스를 하겠다는 아이디어는 이 회사의 브레인 스토밍 부서에서 시작되었다. 이 부서는 BPO가 실현 가능한 사업이라고 생각했다. 인도에서 잘 교육 받고 영어를 할 수 있는 인력이 상당히 경쟁적인 비율로 엄청나게 제공될 수 있도록 하였다.

이렇게 시도한 일이 초기 성공을 거두면서 현재는 GECIS라고 개명된 BPO 사업이 GE의 다른 부서 일을 맡기 위해 확장되기 시작했다. 현지 인력도 급속히 늘어났다. BPO 경험을 가진 인력이 충분하지 않아서, 콜센터 비즈니스, 호텔, 항공사 그리고 여행가이드를 하던 똑똑한 젊은이들이 매니저 50명, 콜센터 직원 500명의 비율로 매달 고용되었다.

매니저들은 해외 GE 지사를 방문하게 되었고 본사와 원거리인 인도에서 오피스 백업 업무를 추진하기 위한 기술과 능력이 강조되는 새로운 비즈니스를 시작하게 된 것이다. 고위 경영인들은 프로세스 오리엔테이션뿐 아니라 음성과 기술 트레이닝, 에티켓 기술을 전수 받았다. 이들은 엄격한 트레이닝을 받으러 해외로 보내지기도 했다. 이제 이 팀은 세계적 수준의 비즈니스 프로세스 아웃소싱을 수행 할 수 있게 되어 기업의 가치사슬을 높일 수 있게 되었다.

초기에 GE 내부에서 있었던 아웃소싱에 대한 심각한 반대를 잭 웰치의 지원에 힘입어 극복하자, 7백개나 되는 프로세스가 인도로 보내져 가격 면에서 50퍼센트나 이익을 보게 되었다. GECIS는 현재 콜센터 외에도 발전 분석학, 네트워크 안전, 회계, 불만 처리, 고객 기술 지원과 같은 일을 하고 있다. 현재 본부인 구르가온, 하이드라바드, 자이푸르(Jaipur) 그리고 뱅갈루루 지사의 직원을 합치면 만2천명이 넘고, 4천 개 정도의 지원센터(back-up center)를 중국, 헝가리 그리고 멕시코에 보유하고 있다. (but reporting to the Gurgaon Headquaters) GECIS의 한해 수익은 4억2천만 달러에 이른다. 이는 현재 제 3자에게 제공하는 서비스 수익도 포함한다.

GE의 주도권을 쥐고 있는 잭 웰치를 대신해 제프리 이멜트(Jeffrey Immelt)가 부임하면서 본부에서는 GECIS가 유용하고 수익성이 좋은 것으로 인식하고 있음에도 불구하고 이를 GE의 글로벌 경영에 더 큰 자리를 차지하게 하는 것에 대해 다시 생각하게 되었다. 스캇 베이만은 "GECIS는 가짜 돈(funny money)이었다. 우리는 기술 회사이기 때문에 전략적으로 맞지 않는 GECIS를 배제 시키고 싶었다"라고 말했다. 2004년 11월 9일 GE는 GECIS 보유분의 60퍼센트를 두 개의 글로벌 민간기업(General Atlantic Partners and Oak Hill Capital Partners)에 5억 달러라는 터무니 없는 가격에 팔았다.

제 7 장

인도인과 대화하기

인간은 서로의 공통점에 끌리지만, 습관과 관습이 그들을 갈라놓는다.

유교 말씀

이제는 서양의 경제가 아시아의 황인종들을 재촉하고 자극하여 그들이 서구인들을 미워하고 궁극적으로 서양에게 폐해가 돌아가게 할 필요가 없다. 만약 그렇게 한다면 전투직후 세워진 방금 사망한 자의 때 묻지 않은 비석에 "동양을 괴롭힌 바보 여기에 눕다"라는 비문을 보게 될 것이다.

Rudyard Kipling

"노래할 수 없다면, 그게 무슨 새인가?" 새가 말했다.
"수영할 수 없다면 그게 무슨 새인가? 오리가 말했다.

프로코피예프, "피터와 늑대"

모든 형태의 부정적 편견이 개입된 시각은 섣부른 기대에 근거한다.
모든 기대는 하나의 판단에 불과하다.

대화는 인간이 교류하는 데 있어 가장 기본적인 것이며, 인간은 대화 없이 살 수 없다.[1] 사람은 자신의 의견을 상대방에게 정확하게 효과적으로 전달할 수도 있고 그렇지 못할 수도 있다. 하지만 우리가 다른 이들과 교류할 때 우리는 그 뜻을 의미했건 아니건 간에 특정한 의미로 메시지를 전달하게 된다. 무엇보다도 대화는 상대방이 어떤 행동을 하도록 정보를 주거나 목적을 달성하기 위해 다른 사람에게서 정보를 얻어내는 목적이 있는 활동이다. 비즈니스 회의를 하거나 특정 상품을 사거나 팔려고 할 때, 대화는 이러한 목적을 달성할 수 있는 수단이 된다.

어떤 문화에서도 대화는 문제를 일으키곤 한다. 성격, 나이, 성별, 사회성 그리고 사회경제적 바탕에서 오는 차이로 인해 대화를 하는 데 문제를 일으킬 수 있는 것이다.[2] 다른 문화와 접하게 되었을 때에도 대화에 문제가 생길 수 있다. 문화적 차이가 커질수록 대화를 어떻게 할 것이라는 가정(assumptions) 역시 늘어난다. 각각 다른 문화에서 사회화 된 개개인은 그들의 행동을 결정하는 가정에 대해 정확하게 알지도 못한 채 엄청나게 다른 가정 하에 대화를 하게 된다.[3]

여기서는 인도인과 서양에서 온 매니저 간에 대화를 할 때 문제가 되는 원인과 결과에 대해 접근해 보려고 한다. 또한 외국인 매니저가 이러한 도전과제를 효과적이고 효율적으로 다룰 수 있는 방법도 다루고자 한다. 그러나 외국인 매니저가 인도인 직원들과 일하면서 마주치게 될 세분화된 문제에 대해 이야기 하기 전에, 다문화를 바탕으로 대화할 때 극복해야 할 문제점의 일반적인 본질부터 이야기 하려 한다. 다른 문화 간에 대화를 하는 것이 왜 어려운가? 대화하는 법을 두고 갈등이 생기면 그 결과는 어떤가? 어떤 맥락적 요소가 다문화 간의 대화를 하는 데 문제를 악화시키는가?

문화간 의사소통과 가정의 역할

각각 다른 문화에서 사회화 과정을 겪은 매니저는 특정 상황에서 다른 *가정* 하에 회사를 운영하게 된다. 이 *가정*은 매니저와 개인의 지식구조를 반영한다. 이는 훨씬 넓은 대외적 환경뿐 아니라 타인과 연관된다. 이러한 구조를 *도식(schemata)*이라고 한다. 이는 조직화된 지식을 뜻하는 것으로 ⓐ매니저가 사건 · 사람을 인지하는 방법을 만들고; ⓑ 매니저가 내린 판단 · 해석에 영향을 주며; ⓒ 그 상황에 반응하는 법을 가다듬는다.[4]

조직화 된 지식은 학자들이 *표면적 문화(surface)*와 깊은 문화(*deep culture*) 간의 차이점을 특성 지은 것에 부합하여 의식의 변화 정도에 따라 존재한다.[5] 표면적 문화는 가시적인 상징과 인공물로 구성되는 반면, 깊은 문화는 상당히 깊게 자리잡고 있는 가치로 구성되며 이는 뚜렷하게 보이거나 접근 할 수 없다. 인도 문화의 맥락에서 이러한 표면적 문화의 예는 인도 여성들은 *사리(saree)*라고 불리는 독특한 옷을 입는 것이고, 좀 더 심도 있게 문화적 특징을 표현하는 예는 그들이 가진 시간에 대한 개념이나(제 5장 "인도 이해하기" 참고) "목샤(moksha)"나 환생의 원칙에 대한 믿음일 것이다.

매니저가 다른 문화에서 온 사람을 대할 때 가지고 있는 가정은 여러 방면으로 대화가 진행되는 것에 영향을 준다. 먼저 가정은 우리가 상대방을 어떻게 인식하는지를 직접적으로 포함한다. 믿을만 한가 아닌가? 상대방이 믿음직스럽지 않다는 결론이 내려지면 분명 앞으로 그 사람을 대하는 데 있어 부정적인 영향을 줄 것이다. 매니저가 상대방이 믿음직스럽지 못하다고 생각하게 되면 정보도 덜 나누게 될 것이고 상대방이 하는 말도 확실히 믿지 못할 것이다.

예를 들어 인도인 직원이 높은 자리에 있는 사람을 대할 때 공손한 태도를 보이는 것을 생각해보자. 이러한 문화적 성향은 유럽인 매니저뿐 아니라 미국인 매니저에게 불신을 나타내는 것으로 인식된다.[6] 대신 미국인이나 서유럽 출신의 매니저가 토론을 빨리 진행시키면, 이는 비생산적이라고 여겨진다. 인도에서 사업하는 것의 어려움에 대해 이야기한 외국인 매니저의 말을 들어보자. "좌절한 조엘은 더 많은 일을 시켜야 했기 때문에 빨리 진행시키려고 했지만, 인도인들은 그가 일을 끝마치는 데만 관심이 있다고 생각했다. 인도인들은 그의 지력, 능력 그리고 성실함에 대해 의문을 품기 시작했다. 그가 직원들에게 격식을 따지지 않고 업무지시를 했던 것도 인도인들에게는 불편하고 존중 받지 못한다는 느낌을 주었다. 대체로 그들은 조엘을 신뢰하지 않고 그가 제안하는 일에 대해서도 신뢰하기 어려웠다."[7]

가정은 우리가 다른 나라에서 온 매니저와 교류할 때 무엇을 인식하는지 역시 포함한다. 정의하자면 인식(perception)이란 특정시간 내에 인식해야 하는 정보가 너무 많기 때문에 선택적일 수 밖에 없는 것이다.[8] 이는 특정 문화출신의 매니저들이 다른 상황에 비해 특정 사건 · 상황에 더 민감할 수 있음을 의미한다. 이전의 예에서 미국인은 시간이 돈이기 때문에 시간에 대해 민감하다고 했다. 이것이 바로 그들이 비즈니스를 신속하게 처리하는 이유이다. 시간에 민감하기 때문에 미국인들은 인도인들에게 더 중요한 문제들을 못 보고 지나칠 수 있고 관계를 무너뜨리는 결과를 낳을 수도 있다.

마지막으로 가정은 매니저들이 직면하고 있는 상황 · 사건에 대해 반응하는 방법에도 영향을 준다. 미국에 있는 Dream USA에서 일하게 된 라만 매튜(Raman Matthews)의 예를 보자. 아라오즈 박사(Dr. Araoz)는 라만이 의사소통의 문제로 인해 자신감이 결여되었다고 한다. "외국인으로써 그는 자신이 이 나라에서 성공할 수 있을지 확신할 수 없었다. 그의 생각은 종종 무시되었지만, 다른 사람이 다른 방식으로 똑 같은 의견을 내면 그 의견은 수렴되었다."[9] 그는 회사를 그만 둘 생각까지 하고 있었다.

상반되는 가정의 결과

상반되는 가정(conflicting assumptions)은 문화간에 엄청나게 다양한 문제를 일으킬 수 있다. 상반되는 가정은 *확인되지 않은 기대감, 아웃사이더라는 느낌, 더욱 더 애매해 지는 것*, 그리고 *불안감*으로 이어 질 수 있다.[10] 개인이 진심으로 믿거나 소중히 여겼던 가치 · 믿음이 더 이상 자신이 속해 있는 문화에서 중시되지 않는 다는 것을 알게 되면, 그들은 무기력해지고 그 다음에는 무엇을 해야 할지 확신하지 못하게 된다. 불만과 모호함 이 두 가지를 만들어 내는 것은 무기력함과 불명확함일 것이다. 이러한 상황에서는 그 다음에 어떤 일이 일어날지도 모르는 것이다. 어떤 매니저들은 문화적 차이에서 오는 문제점을 별 어려움 없이 다룰 수도 있겠지만, 다른 이들은 그런 다른 문화적 상황을 대하는 데 어려움을 겪을 수도 있다. 학자들은 이러한 상황에서 자연스럽게 충격을 겪게 되면, 매니저들은 움츠려 들거나 그 나라를 떠날 수도 있다고 주장한다.[11]

예를 들어 매니저가 기대했던 것이 현지 직원이건 최고 경영진과의 협상이건 간에 제대로 이루어지지 않았을 때, 매니저는 좌절하고 화가 나고 나거나 두려움과 분노를 느끼게 될 수도 있다는 것이다.[12] 그것이 인도인 직원들의 반응을 직접적으로 이끌어 내거나 혹은 제 시간에 끝마쳐야 하는 프로젝트라면, 매니저는 스스로 목표를 깨닫지 못했다는 것을 알고 이러한 감정이 드는 것이다. 이러한 감정이 본질적으로 문제가 되는 것은 아니나, 문제는 매니저들이 문화간에 문제 없이 성공적으로 대화를 하는 데 영향을 미칠 이 감정을 어떻게 조절하느냐이다. 문제는 사람이 좌절하게 되면 자연히 공격적으로 충동을 일으킬 수 있지만, 이렇게 공격적인 행동은 문제를 심화시킬 수 있다는 것이다.[13] 비슷한 맥락에서 사람이 불안해지면 자연스럽게 그 상황에서 벗어나고 싶어하게 되고, 이는 프로젝트를 끝마치는 데 역효과를 낼 수 있다.

상반되는 가정으로 인해 매니저들은 상대방이 왜 그렇게 행동을 했는지 혹은 왜 이 일이 일어났는지 생각하며 잘못된 판단을 내릴 수도 있다. 예를 들어 인도인 직원이 해야 할 업무를 처리하지 않으면, 전형적인 미국인이나 유럽인 매니저는 그 직원이 게으르거나 그 일을 마치기 위해 충분히 노력하지 않았다고 생각하게 된다. 그러나 이는 인도의 문화적 맥락에서 잘못 해석한 것일 수 있다. 왜냐하면 인도인 직원은 일을 끝마치기 위해 상급 매니저의 지시를 기다리고 있을 수도 있기 때문이다. 크레그 스토티(Craig Storti)는 "인도에서 매니저는 모든 결정을 한다. 직원들은 매니저에게 지시를 받을 때까지 일을 시작하지 않는다. 그들은 세세하게 지도 받아 실수하고 싶지 않기 때문이다. 미국인 직원들은 전형적으로 개인이 적극 참여하는 편이다"라고 말한다.[14]

가장 근본적으로 상반되는 가정은 다른 문화적 배경을 가진 개인들이 같은 행동에 대해 다른 평가를 하도록 만든다. 여기에는 추가적인 문제가 있다. 그것은 다양한 문화에서 온 사람들은 스스로 선입견을 가질 수 있다는 것이다. 비록 이러한 선입견의 정도가 문화마다 다르긴 하지만 말이다.[15] 이러한 선입견을 통해 개개인은 자신의 행동에서는 긍정적인 결과가 나오도록 만들고, 상황적 요인에 대해서는 부정적인 결과가 나오도록 만든다. 학자들은 스스로 가지는 선입견은 인도보다는 미국에 더 널리 퍼져있다고 한다.[16] 부정적인 결과가 나온 것에 대해 개개인이 남의 탓을 하려고 스스로 선입견을 가지고 있다면 문제가 해결되는 것을 더욱 어렵게 만들 수 있다. 매니저들이 스스로 이러한 결정을 한다거나 그들이 결정한 것이 그들의 문화적 배경을 통해 특정 지식에 의해 한쪽으로 치우쳐 있다는 사실을 인식하지 못한다면, 이는 서로 이해하는 것을 더욱 어렵게 만들 것이다. 요약하자면 잘못된 판단은 가능성을 실현시키는 것을 방해하고 업무 처리의 효율성을 저하시킬 수 있다.

상반되는 가정은 인도인 매니저와 미국 · 유럽에서 온 매니저 간에 문화적 거리를 더욱 멀어지게 할 수 있다. 오해가 늘어나는 것 보다도 다른 문화에서 온 사람들 간에 자연스럽게 "우리"와 "그들"이라는 구분을 하게 되는 것이다. 이렇게 시작부터 방해요인이 되는 것은 나와 같은 문화적 배경에서 온 사람들을 긍정적으로 바라보고 나와 "다른" 배경에서 온 사람을 부정적으로 보려는 자연스러운 성향과 연관 있다.[17] 사람들은 다른 배경에서 온 사람의 잘못은 지적하려 하는 반면, 자기와 같은 배경에서 온 사람의 잘못은 그럴듯하게 덮으려 하는 경향이 있다.[18]

종종 사람들은 다른 문화의 고정관념을 마음속에 담아두려 하는데, 그러한 행동은 "자기 충족적 예언(prophecy)"을 하게 되는 위험성을 지닐 수도 있다.[19] 이는 한 문화적 배경에서 온 사람이 다른 문화에서 온 사람의 특성에 대해 가정한 것을 확신하는 방법으로 행동하는 것이다. 고정관념을 가지고 있는 것은 특정 그룹에 있는 개인과 전반적인 그룹 특징 사이의 연관성을 과대평가 할 수 있음을 의미한다. 이로 인해 사람들은 마음을 덜 열수도 있고, 자기와 같은 배경을 가진 이와 그렇지 않은 이 간의 차이를 확대시킬 수도 있다.[20]

상반되는 가정을 통해 직접적으로 생길 수 있는 결과는 다른 문화에서 온 사람이 자신의 생각을 다른 이에게 정확하게 전달하지 못할 수 있거나 그러한 문제에 있어서 다른 문화에서 온 사람이 전달한 생각을 이해하기 어려울 수도 있다는 것이다. 잘못된 결론 · 해석은 미래의 관계를 악화시킬 수 있고 관계에 대해 서로서로 자신감을 갖기 힘들어 질 수도 있다. 비효과적인 대화는 종종 직원의 사기를 꺾을 수 있고 협상을 할 때 불신을 키울 수도 있고 효과적인 리더십에 영향을 미칠 수도 있으며, 문제를 해결하는 데 더욱 어려움을 겪을 수도 있다. 다시 말해 효과적으로 대화할 수 없는 것은 사업을 하는데 있어 모든 측면에 부정적 영향을 끼칠 수 있고, 이러한 이유로 매니저들은 대화하는 데 특히 수의를 기울여야 한다.

인도인이 대화하는 방식

특정 문화적 배경을 가진 그룹이 대화하는 방식은 여러 측면에서 분석될 수 있다.[21] 크게 네 가지 측면이 있다. ⓐ 고맥락 대 저맥락(high context versus low context), ⓑ 이데올로기주의 대 실용주의(ideologism versus pragmatism); ⓒ 조합적 대 추상적(associative versus abstractive communication); 그리고 ⓓ 언어적 대 비언어적 대화이다(verbal versus nonverbal communication).[22] 여기서는 각각의 두드러지는 특징을 찾아보고 이에 따라 어떻게 인도문화가 비추어지고 있는지 알아보겠다.

고맥락 대 저맥락 대화의 패턴

맥락의 차이는 다양한 대화 방식 중 가장 많은 영향력을 미치고 다른 문화에서 온 사람들이 메시지의 내용에 더 혹은 덜 민감할 수 있다는 것을 의미한다.[23] 홀(Hall)이 설파했듯이 "맥락은 사건을 둘러싸고 있는 정보이다. 이는 그 사건의 의미와 반드시 연관되어 있다. 의미를 부여하는 요소 – 사건이나 맥락 – 는 문화에 따라 다른 비율로 영향을 준다."[24] 맥락은 사람이 정보를 전달하는 방식에 엄청난 영향을 주고, 특히 사람이 사용하고자 하는 대화 방식에 영향을 주게 된다. 학자들은 간접적인 것과 직접적인 것, 간결한 것과 복잡한 것, 정황적인 것과 개인성향에 기초하는 것 그리고 주도적인 것과 수단적인 방식의 대화의 차이점을 그려냈다.[25] 직접적인 대화 방식에서 사람들은 가능한 명확하게 메시지를 전달하는데 반해, 간접적인 대화 방식에서는 메시지가 명확하기 보다는 암시적으로 전달된다.

간결한 대화 방식과 복잡한 대화 방식간의 차이는 전자는 사람들이 단어보다는 비언어적 뉘앙스에 의존하는 반면, 복잡한 언어방식에서는 언어적 표현이 높이 평가된다. 정황적인 방식이 통하는 경우 사람들간의 관계가 협조적인데 반해, 개인적인 방법은 사람들이 그들간의 장애물을 없애려고 노력한다. 주도적인 대화 방법은 "어떻게" 대화를 하는지에 초점을 맞추는 반면, 수단적인 대화방법은 목표를 달성하는 것에 집중되어있다. 고맥락 문화에서는 기계적이기 보다는 간접적이고 종종 복잡하며 문맥을 중시하고 감정을 담아 대화하려고 한다.[26]

실제로 이러한 문화에서 어떠한 제안이 들어오면 사람들은 이와 관련해 확실히 그들의 소망을 표현하지 않을 것이고 상황 · 조건에 대해 반대를 표현하지 않을 것이다. 또한 이런 문화에서 사람들은 같은 것을 각기 다른 방식으로 말할 수도 있다. 마찬가지로 대화의 톤과 메시지의 내용은 사람들간의 관계에서 계급의 높고 낮은 정도에 따라 상당히 영향을 받을 것이다. 마지막으로 이러한 맥락에서 대화의 방식은 목표를 달성하는 문제와 많이 연관되어 있지 않을 수도 있다.

많은 사람들은 인도인이 대화하는 방식이 원래 간접적이라는 것을 발견했다.[27] 인도인들은 상대방의 기분이 나빠질까 하는 두려움에 종종 "No"라고 직접적으로 말하는 것을 좋아하지 않는다. WIPRO Technologies의 회장인 기리쉬 파란즈프(Girish Paranjpe)는 "인도인들은 회의에서 발언하지 않고 고객과 직접 대면하는 것을 좋아하지 않는다. 이러한 특징은 프로젝트가 연기 되거나 비용이 초과되는 이상한 상황까지 끌고 가게 된다."[28] 다른 사람들도 이와 비슷한 말을 한다.

나스닥과 Tata Consultancy Services간에 아웃소싱 관계를 다룬 DEC의 Worldwide Service Delievery의 부사장인 웬델 존스(Wendell Jones)는 문화적 차이에서 오는 대화상의 문제는 그가 해결해야 했던 중요한 문제였다고 말한다.[29] 독일인과 인도인 간에 교류하는 것에 대해 수자타 바네르지(Sujata Banerjee)는 "인도인들이 'no problem' 이라고 말할 때, 독일인들은 현실에서의 *도전과제*가 받아들여지지 않았다고 *추측*하기 때문에 어려움을 느끼게 된다. 인도인들에게 'no problem' 이란 단지 '문제가 생길 것이란 것은 알지만, 마지막까지 최선을 다한다' 는 의미이다."[30]

인도인의 대화 방식은 단순하기 보다는 복잡한 특징을 가진다. 인도인들은 말하기 좋아하고 다양한 방법으로 그들의 관점을 표현한다. 이러한 행동은 인도인들의 정황에 의존한다는 사실로 더욱 강화된다. 정황과 맥락에 의존한다는 것은 일어날 수 있는 모든 가능한 일에 대해 예상해야 하고 그 의미가 분명하게 나타나야 한다는 것이다. 아라오즈가 지적하듯이 "사업에 대해 이야기 할 때 간결하고 논리적으로 말하길 원하는 미국인들에게 수다를 떤다는 것이 얼마나 어려운 일인지 인도인 엔지니어는 알지 못한다."[31]

인도인의 대화 방식은 맥락을 매우 중요시한다. 개개인이 무엇에 대해 이야기 하는지, 그리고 어떻게 대화하는지가 개인 간의 관계의 특성에 따라 형성된다. 예를 들어 인도의 문화는 계급제도에 바탕을 두고 있기 때문에 회사에서 각기 다른 직급에 있는 직원들 간의 대화 방식에 영향을 준다. 인도인 직원은 상사에게 매우 예의 바른 태도를 보일 것이고, 이러한 이유로 대화를 시작하길 꺼려 상사의 입맛에 맞지 않는 정보는 전달하지 않게 된다.

덴마크 회사의 자회사에서 일하는 인도인 매니저는 "우리 인도인들은 상사에게 'no'라고 말하지 않는다. 상사가 화낼 것이기 때문이다"라고 말한다.[32] 신하가 연구한 회사인 British American Corporation의 디렉터는 "인도인들은 말을 너무 많이 해서 시간낭비를 한다. 그들은 회의에서 회의주제에 집중하는 법이 없다. 인도인들이 하겠다고 한 것과 그들이 정말 해내는 일에는 엄청난 차이가 있다. 그들은 '정확한' 일을 하는 것보다도 다른 이들이 어떻게 말할지에 더 신경을 쓴다"라고 지적한다.[33]

결국 인도인들의 대화 방식은 구조적이라기보다는 감정적이라고 해야 할 것이다. 이 방식은 "듣는 사람으로 하여금 주의를 기울여 상대방이 어떤 말을 했는지 적고, 어떻게 메시지를 전달하고 있는지 관찰하게 만든다…. 제대로 전달되지 않은 메시지는 제대로 전달된 메시지 만큼이나 중요할 수도 있다."[34] 이것에 대한 좋은 예는 미국 대사인 앨런(Allen)과 인도 초대 총리 자와하랄 네루 간의 대화이다. 1954년 미국이 파키스탄에 군사 원조를 하겠다고 했을 때, 아이젠하워 대통령은 주인도 미국 대사에게 네루를 만나 이 원조가 인도에 대항하는 의미가 아님을 전달하라고 하였다. 두 사람이 만나는 동안 네루는 조용하고 감정을 억제하고 있어서 미국 대사 앨런은 네루가 이 원조에 대해 기분 나빠하지 않다고 결론지었다. 그러나 코헨(Cohen)의 말대로 이는 미국 대사가 완전히 잘못 판단한 것으로 드러났다. 그는 네루의 진정한 속 뜻을 이해하지 못했던 것이다.[35]

관념적 대화 방식 대 실용주의적 대화 방식

관념적인 대화 방식은 대화를 할 때 그 문화의 지배적인 이데올로기를 사용하게 된다. 그리고 트리안디스(Triandis)는 이것이 "다른 이들도 같은 생각을 가지고 있다고 가정하게 만든다"고 한다.[36] 이와는 대조적으로 실용주의적 대화 방식은 의도한 목표를 달성하는 대화 방식을 사용한다. 인도인들의 대화 방식은 종종 관념적인데, 이는 이상주의적인 사고방식(idealistic mode of thinking)과 최근 인도의 내셔널리즘의 부활로 이루어져있다. 실제로 페리(Perry)는 "워싱턴 D.C에 위치한 Pew Research Center의 2003년 글로벌 행동 조사를 보면 인도가 지구상에서 가장 민족주의적인 국가로 조사되었다. 인도의 문화가 상당히 뛰어나다는 것에 74퍼센트의 응답자가 '완전히 동의' 한다고 하였다."[37] 이상주의적 대화 방식은 모든 문제를 바라보는 데 있어서 특정한 관점이 있다. 이는 "보편주의적인(universalistic) 사람이 특수(particularistic)하고 실용적(pragmatic)인 상대와 대화를 할 때, 보편주의적인 사람은 실용을 중시하는 사람을 하찮게 생각하고 생각이 깊지 않다고 생각한다. 반면 실용주의적인 사람은 '보편주의적인 사람' 을 이론적이고, 생각이 불분명하며 일반적이라고 여긴다."[38] 관련된 문제는 이상주의자(ideologist)와 실용주의자(pragmatist)가 완전히 다른 철학에 기초해 대화를 하면 둘 간에 공통점을 찾기 힘들 것이란 것이다.

역사적으로 인도에 대해서는 이상주의적 사고방식이 지배적이었고 특히 다국적 기업들은 더욱 그렇게 생각했다. 1991년 자유화를 시작으로 외국인 투자자들이 최소한 초기에는 회의적으로 대접받았다. 카길(Cargill)과 같은 많은 독립적인 전력 생산자와의 높은 수준의 갈등이 바로 그 증거이다. 그러나 인도의 소프트웨어 산업이 급격히 발전하고 이러한 발전에 있어서 외국 기업들이 긍정적인 역할을 했다는 것이 알려지면서 확실히 외국인 투자자들이 인도를 바라보는 시각에 변화가 생겼다. 인도의 민족주의가 강화됨과 동시에 인도가 세계에서 강대국의 위치로 인식되고 그에 걸맞은 수준이 되기를 바라는 열망이 강해졌다. 물론 이는 인도의 자부심과 우수성이라는 프리즘으로 그들의 대화를 인식해야 한다는 의미이다.

조합적 대화 방식 대 추상적인 대화 방식

학자들은 조합적인 대화 방식과 추상적인 대화 방식의 차이도 구분하였다.[39] 조합적인 대화 방식은 그 사람이 누구이며, 무엇을 하는 사람인지 명확한 구분을 하지 않는다. 대조적으로 추상적인 대화 방식은 이러한 구분을 한다. 이러한 구분은 메시지가 전달되고 다른 문화에서 그 메시지를 해석하는 방법에 중요한 영향을 미친다. 예를 들어 그 사람이 누구이고 그 사람이 무엇을 하는지 명확하게 구분하지 않는다면, 그 사람의 기분을 상하게 하지 않고 부정적인 피드백을 하기란 어려울 것이다.

개인(들)에게 미칠 영향을 고려하지 않고 추상적으로 어떤 정책의 장점이나 단점을 논하는 것은 어렵다. 인도의 문화는 추상적 대화 방식과 더불어 조합적 대화 방식을 포함하는데, 조합적 대화 방식이 조금 더 많이 쓰인다. 이는 인도인들이 비판에 대해 굉장히 민감하고 "문제와 사람을 분리 시키는" 피셔(Fisher)와 우리(Ury)의 잘 알려진 교훈을 따르기 어렵기 때문이다.[40] 유교문화가 지배적인 중국, 한국, 대만 그리고 일본보다는 체면을 차리는 게 인도에서는 좀 덜하지만, 체면과 관련된 문제가 중요한 것은 틀림 없다. 지위, 카스트, 나이 그리고 계급을 중요하게 여길 때, 체면의 문제는 당연히 중요해 지는 것이다. 그러므로 피드백을 주고 일을 하겠다는 승낙을 받아내고 직원들의 사기를 북돋아 주기 위한 대화는 이러한 것들을 고려해야 한다.

Tata Steel이 좋은 사례이다. 이 회사는 기업문화를 바꾸려고 엄청난 노력을 했다. 신하가 지적하듯이 많은 고위 매니저들은 평등을 더욱 추구하는 새로운 기업문화에 반대했다. 그는 한 젊은 직원의 말을 인용한다. "권력에 목마른 고위 매니저들이 있었다. 옛날 문화에서 자라온 사람들 말이다. 그들에게 이러한 변화는 잘못되고 불쾌한 것이었다. 모든 변화에 대해 그들이 알았어야 했고 그들에게 승낙을 구했어야 했으며, 모든 과정이 그들의 손을 거쳐 갔어야 했다고 느꼈다."[41] 그들의 행동에 대한 해석은 이 시스템이 기업의 효율성을 높였을지는 몰라도 대체적인 시스템의 결과로 고위 인도인 매니저들이 체면이 서지 않았다는 것을 보여준다.

비언어적 대화

학자들은 사람들이 종종 단어에 집중하지만, 대화에 있어서 가장 중요한 것은 비언어적으로 나타난다는 사실을 지적하지 않을 수 없다.[42] 콥랜드(Copeland)와 그릭스(Griggs)는 "우리가 외국에 있을 때 상당히 무의식적으로 행동을 올바르게 하더라도 상대방의 흥미를 잃게 할 수 있다"고 지적한다.[43] 여러 가지 이유로 이러한 일이 일어날 수 있다. 예를 들어 적절하지 않은 제스처를 사용한다거나 다른 사람과 대화를 할 때 일정거리를 두지 않았다던가 하는 것이다. 마찬가지로 어떤 문화의 사람들에게는 만지거나 깍듯이 행동하지 않는 것이 다른 사람을 불쾌하게 하는 것처럼 눈을 맞추는 것은 불편한 일일 수도 있다. 비언어적 행동은 매니저가 주의해야 하는 네 가지 중요 요소로 구성된다. ⓐ 거리; ⓑ 접속; ⓒ 눈 마주치기; 그리고 ⓓ 몸짓이다.[44]

미국 · 서유럽에서 온 매니저는 그가 생각했던 것 보다 전형적인 인도인 매니저 · 직원이 매우 다른 비언어 커뮤니케이션을 사용 한다는 것을 알게 될 것이다. 게스텔랜드(Gesteland)는 인도에서 일했을 때 인도인 비즈니스 파트너와 점심을 먹으러 간 적이 있었다. 점심을 먹으러 갈 때 인도인이 게스텔랜드의 손을 잡았고 최소한 처음에는 이것이 그를 조금 불편하게 했다. 유럽 · 미국 문화에서 손을 잡는 것은 분명 성적인 관심을 내포하지만 인도에서는 단지 우정을 뜻하는 것이다. 다행히도 게스텔랜드는 이러한 인도 문화를 금방 알아차렸고 문화적인 실수로 여겨질 만한 행동을 하지 않게 되었다.[45]

개인적인 공간이나 사람들간의 거리는 그 사람이 교류하고 있는 상황에 달려있다. 일반적으로 자기보다 높은 위치에 있는 사람이나 자기보다 계급이 낮은 사람일 때, 거리는 멀어지게 된다. 과거에는 인도인들이 같은 지위에 있는 사람하고만 눈을 맞추길 좋아했으나, 현대 사회에서는 더 이상 그렇지 않다고 한다.[46] 캐나다 국제개발부의 매뉴얼이 보여주듯이 "공공영역이나 사영역에서 중상위 그룹에 있는 여자 직원들은 그들을 부를 때 똑바로 쳐다봐주고 남자 직원들도 그렇게 해주기를 바란다"고 한다. 현장에서도 제스처를 다르게 사용한다. 인도인들은 "yes"를 뜻할 때 머리를 양 옆으로 흔드는데, 이것은 서양 문화 전통에서 "no"를 의미한다.

비언어적 대화는 무의식적이기 때문에 컨트롤 하기가 쉽지 않다. 그래서 유럽, 미국인 매니저들이 더욱 주의를 기울여야 한다. 그렇지 않으면 의도하지 않은 메시지를 전달 할 수도 있기 때문이다. 이는 협상을 성공적으로 이끌지 못할 수도 있고 직원의 사기를 떨어뜨리고 효과적으로 대화하지 못하거나 때에 알맞게 대화 하지 못할 수도 있기 때문이다.

인도인들과 대화하기 : 외국인 매니저들에게 주는 의미

외국인 매니저들이 인도인과 효과적으로 대화하기 위해서는 무엇을 해야 할까? 일단 외국인 매니저들이 인도인과 하룻밤 만에 효과적으로 대화 할 수 있는 마법 같은 방법은 없다. 현재 인도 회사들은 점점 문화적 차이를 인식하고 있고 직원들이 유럽이나 미국 사람들과 일하면서 다문화를 수용하는 능력을 강화할 수 있도록 트레이닝 프로그램을 만들고 있다.[47]

예를 들어 뱅갈루루에 위치한 WIPRO Technologies는 인도인 직원들이 미국인들과 더욱 효과적으로 일할 수 있도록 트레이닝 시키고 있다. 미국인 트레이너를 데려오고 Mckinsey 같은 회사에서 컨설턴트를 데려와 해외뿐 아니라 인도에서도 트레이닝 시키고 있다. 소문에 의하면 Infosys는 직원들을 위해 경영방법을 변화시키는 프로그램을 만들고 있다고 한다.[48] 이러한 노력으로 기대할 수 있는 결과는 시간이 지나면서 언어의 장벽을 줄어들게 할 것이라고 추측해 볼 수 있다. 인도인 전문가들은 유럽보다는 미국의 환경에서 대화하고 일하는 것이 더 편하다고 한다. 나라의 세부적인 언어 · 문화의 차이부터 유럽의 보수주의까지 그 이유는 다양하다.[49]

인도인들과 효과적으로 대화하기 위해 외국인 매니저들은 어떠한 명확한 단계를 밟아야 할까? 외국인 매니저는 ⓐ 인도인의 대화 방식에 좀 더 잘 알아야 하고; ⓑ 자신의 감정을 좀 더 효과적으로 다룰 수 있어야 하고; ⓒ 이념적인 논쟁은 피하고; ⓓ 인도의 하위문화(sub-cultural)에서 일하는 것을 즐기는 사람을 이해하도록 해야 한다. 아래의 단락에서 이러한 단계를 설명해 보도록 하겠다.

인도인의 대화 방식을 더 잘 이해하기

이는 너무나 판에 박힌 말이지만, 그렇다고 해서 결코 중요성이 덜한 것은 아니다. 외국인 매니저가 인도인들이 어떻게 대화하는지 이해하지 못한다면 상당한 어려움을 겪게 될 것이고 업무를 효과적으로 끝마칠 동기를 잃게 될지도 모른다. 비록 이러한 권고사항이 상식적인 것이긴 하지만, 여러 가지 다른 이유로 매우 중요하다. 더 많이 인식하게 되었다는 것은 외국인 매니저가 인도인 직원과 일하면서 좀 더 현실적이거나 정확한 기대를 할 수 있다는 것을 의미한다.

예를 들어 현실적이고 · 명확하게 기대를 하면, 매니저는 인도인들이 "no"라고 이야기 하기를 꺼리는 것이 특정 문제나 토론 중 주제에 대해 완전히 동의한다는 것을 의미하지 않는다는 것을 배우게 될 것이다. 매니저는 원하는 대답을 얻기 위해 좀 더 세부적으로 조사할 필요가 있다. 다시 말해 정확하게 인식하는 것만이 오해 그리고 혹은 대화가 잘못 흘러가는 것을 막을 수 있을 것이다. 이와 비슷하게 정확하게 기대를 하면 매니저는 좌절, 분노, 걱정과 같은 부정적인 감정을 겪지 않게 될 것이고 분명 당장에 일을 하는 데 도움이 될 것이다. 매니저가 당장 급한 업무에 집중할 수 있을 뿐 아니라 그는 미래에 일을 하면서 위험요소가 될만한 행동도 하지 않게 될 것이다. 정확하게 기대하게 되면 외국인 매니저가 인도의 문화에 대해 배우려고 하는 모습에서 진심으로 인도에 관심을 가지고 있다고 인도인에게 확신을 줄 수 있을 것이다. 이렇게 하는 것이 사람들간의 교류에서 긍정적인 작용을 한다.

부정적인 감정들을 잘 조절해라

문화간에 교류를 하다 보면 반드시 부정적인 감정이 생기기 마련이다. 앞서 언급했듯이 이러한 감정은 서로 기대가 어긋나면서 생기게 된다. 다른 문화를 더 잘 이해하게 되면 이러한 감정이 생기는 것과 감정의 골이 깊어지는 것을 어느 정도 막을 수 있지만, 여러 가지 이유로 이것을 완전히 막을 수는 없다. 첫째, 인도에서 사업을 하는 외국인 매니저의 기대는 하룻밤 만에 바뀌지 않을 것이다. 매니저가 사람들이 사는 방법을 완전히 이해하고 이것을 인도인 직원들과의 일상 생활에 적용시키는 것에는 다소 시간이 걸릴 것이다. 둘째, 아무리 최선을 다해 준비를 했어도 외국인 매니저는 완전히 혹은 완벽하게 인도의 문화가 주는 뉘앙스를 이해하기란 어려울 것이고, 그들이 인도 문화에 대해 사전에 준비하고 이해했음에도 불구하고, 때때로 이러한 감정의 갈등을 겪게 될 것이다.

그렇다면 외국인 매니저들이 어떻게 이러한 감정을 효과적으로 다스릴 수 있을까? 감정을 다스리는 데에는 개인 차가 있어서 어떤 사람은 다른 이들보다 감정을 더 잘 다스린다는 것을 앞에서 언급했었다. 하지만 이러한 감정이 최소한으로 생기도록 단계를 밟아 갈 수는 있다. 외국인 매니저들이 이러한 감정을 긍정적으로 잘 다스릴 수 있도록 도와줄 수 있는 것은 *자신이 혼자가 아니라는 것*을 인식하는 데서 시작된다. 다시 말해 그들은 똑같은 감정을 겪게 될 다른 외국인 매니저가 있으리라는 가능성을 고려해야 한다는 것이다. 이렇게 인식하게 되면 자신감이 높아질 뿐 아니라 함께 인도에 있는 외국인 매니저들과의 네트워크를 형성할 수도 있을 것이다. 가장 중요한 사실은 매니저들이 자신의 감정을 잘 다스린다면 그들 스스로가 인도인들에 의해 어떤 독특한 방법으로 다루어지지 않는다는 가치있는 직관을 갖게끔 할 것이다. 이를 통해 외국인 매니저가 인도인에 대해 부정적인 태도를 가지게 되는 것을 막을 수 있고 이는 분명 긍정적 발전이다.

둘째, 외국인 매니저가 부정적인 감정을 겪게 되더라도, 그는 이러한 감정이 표현 되지 않도록 억눌러야 한다. 앰브로스 비어스(Ambrose Bierce)가 말했듯이 "화났을 때 말해버려라. 그러면 가장 후회하게 될 것이다."[50] 화난 것과 같은 감정을 공개적으로 표현하게 되면 관계를 망치게 되고 그 관계를 원래대로 돌려놓기가 더욱 어렵게 된다. 이는 매니저가 자신이 가지고 있는 어떤 문제에 대해 염려스러운 점을 절대로 표현해야 하지 말아야 한다는 의미가 아니다. 단지 이렇게 염려스러운 점을 문화를 고려해 표현해야 한다는 것이다. 외국인 매니저는 그가 걱정스러워 하는 점을 차분하게 표현할 수도 있고 문제를 나중에 다시 언급할 수도 있으며 문화를 고려해 잘 전달할 수 있는 사람의 도움을 받을 수도 있다.

셋째, 외국인 매니저는 그 상황을 다시 만들기 위해(reframe) 노력해야 한다. 매니저는 분명히 부정적인 상황에서 긍정적인 측면을 찾으려 애쓸 것이다. 이는 쉽지 않지만 시도하지 말라는 것은 아니다. 아마도, 정말 아마도 인도사람이 말한 것 중에 최소한 생각해 볼만한 것은 있을 것이다. 이는 결코 외국인 매니저가 할 수 있는 모든 것을 무용지물로 만들어 버린다는 것이 아니라, 외국인 매니저가 인도인과의 문화적 차이를 줄이기 위해 사용할 수 있는 전반적 전략을 제시 할 수 있다는 것이다.

이념적인 논쟁은 피하라

함정에 빠지기는 쉽고 빠져 나오기는 어렵다. 인도인들의 마음 상태는 민족주의적이기도 하고 이상적이기도 하다. 이상적인 측면으로 인해 인도는 세계 경제에 통합되면서 변화하고 있지만, 민족주의는 사라질 기미가 보이지 않는다. 서양인의 마음가짐은 대개가 실용적이기 때문에(비록 나라마다 차이는 있겠지만) 이념간 갈등이 생기게 되는 것이다. 비즈니스와 관련된 맥락에서 인도의 급속한 경제개혁 과정과 개방된 인도가 초국가적 기업을 어떻게 대해야 하는지에 대한 이념적 논쟁이 등장했다.

이러한 논쟁을 통해 지적 재산, 사유화 그리고 경제에 있어서 정부의 역할을 보호해야 한다는 문제의식이 발생했다. 이념적 논쟁은 합의의 여지가 없게 만들고 오히려 각자의 입장을 더욱 굳게 할 뿐이다. 효과적으로 문제를 해결할 수도 없게 할 것이고 극단적으로는 역효과를 낼 수도 있을 것이다. 흥미로운 사실은, 이념적 갈등에도 불구하고 초국가적 기업들이 인도에서 효과적으로 이익창출을 하며 운영되고 있다. (에너지 분야는 제외)

인도를 긍정적으로 인식하기

외국인 매니저가 인도에 긍정적인 태도를 보이는 것은 중요하다. 자기가 사업하고자 하는 그 어떤 문화에서도 이는 똑같이 중요한 전제 조건이지만 인도 문화에서는 특별한 의미가 있다. 다행히도 그리고 안타깝게도 인도인들의 마음가짐은 식민 지배 경험을 통해 만들어 진 것이고(제 1장 참고) 최소한 처음에는 외국인 투자자들을 어느 정도 의심스럽게 본다는 것을 의미한다.

분명 모든 외국인 투자자들을 이렇게 의심하는 것은 아니겠지만, 외국인 투자자가 인도인들이 안심할 수 있도록 해야 한다. 이렇게 안심시키는 방법은 외국인 매니저가 인도에 대해 좋은 감정을 가지고 있다는 것을 인식시키는 것이 가장 좋은 방법이라고 나타났다. 인도의 BAC Corporation에 대해 신하가 연구한 좋은 예가 있다. 회사에서 이사직을 맡고 있는 영국 출신의 윌슨씨는 인도인들의 사회적 관행을 받아들이고 편안하게 느꼈다. 신하가 이야기 하듯이 "그는 직원들과 자유롭게 섞였고 종종 점심도 같이 먹고 결혼식도 참석하고 엉망진창인 힌디와 펀자비로도 이야기 하고 인도 커리를 좋아하는 것 같았다. 직원들은 그가 말을 참 잘 들어 주는 사람이라 생각했다."[51] 이것이 바로 인도인 직원들이 대체적으로 영국인 매니저에게 좋은 인상을 가지고 있는 이유 중 하나인 것이다.

문화를 넘어 대화를 하는 것은 쉽지 않고 전체를 예상하기도 힘들다. 사람들은 자기가 예측한 대로 대화하려고 하고 자연히 갈등이 시작 되는 것이다. 이 장에서는 외국인 매니저들이 인도인 직원들과 동화되지 못하는 문화적 요소들에 대해 그려보았다. 미래에는 이러한 차이가 줄어들겠지만 이 장의 중간부분에서 어떻게 이러한 차이를 조정 할지에 대해 다루었다.

제 8 장

인도 정부와의 관계 유지 : 다국적 기업의 중대한 도전

들어가기

역사적으로 다국적기업과 개발도상국의 관계는 늘 갈등관계였다.[1] 이 "갈등"은 레이몬드 버논(Raymond Vernon)의 표현처럼 이제는 "한물 간 협상 모델(obsolescence bargaining model)"이다.[2] 이 모델은 협상력의 핵심 구성요소와 같은 측면에서 다국적 기업과 투자대상국 간의 관계를 개념화 한다. 먼저 다국적 기업이 그 나라에 진입하게 되면, 처음 그 나라에 들어간 시점에서는 협상에 있어 우세하지만, 이 기업이 그 나라에 투자를 시작하면, 그 우세함은 사라진다. 기업이 고정적으로 가지고 있는 자산은 투자대상국의 정책에 인질이 되는 것이고 그 국가의 정부는 잠재적으로 자기 마음대로 협상 기간을 새롭게 바꿀 수도 있는 것이다. 이러한 구조는 원래 천연자원을 다루는 다국적 기업의 자산을 빼앗는 것에서 시작되었다. 결과적으로 이 구조는 제조업 분야에 투자하는 다국적 기업을 설명하기 위해 사용되었으나, 설득력은 훨씬 부족했다.[3]

1980년대 초반부터 현재까지 다국적기업과 개발도상국간의 관계에 변화가 있었다.[4] 사람들은 이 관계가 옛날처럼 논쟁적이기보다는 훨씬 협력적이라고 한다.[5] 학자들은 이렇게 관계에 변화가 생긴 이면에는 여러 가지 요인이 있다고 이야기 한다. 어떤 학자들은 현재 서로 의존적인 다국적 기업의 매니저들과 그 나라의 정부가 서로를 잘 인식하고 있고 이렇게 상호의존적인 관계에서 이윤을 최대화 하기 위해 협동하는 법을 배워야 한다고 말한다.[6]

다른 이들은 발전을 촉진할 자원이 없고 투자대상국의 관료들이 다국적 기업을 더욱 효과적으로 다룰 수 있는 자신감이 없어서가 아니겠느냐고 주장한다.[7] 세계화와 시장 자유화로 인해 주최국이 목표를 수정해서 현재 세계 시장에서의 경쟁력을 높이기 위해 협력하고 노력하는 것이라는 주장도 있다.[8] 마지막으로 학자들은 다자 기구가 투자대상국이 다국적 기업과 교류할 때 할 수 있는 것과 없는 것을 강요하기 시작했다고 한다.[9] 1985년 다국적 기업이 개발도상국에 150억 달러를 투자한 것에 비해 2002년 1620억 달러를 투자했다는 것을 보면, 이러한 변화가 얼마나 큰 것인지를 알 수 있다.[10]

다국적 기업과 투자대상국 정부간의 협력적 관계가 증가하고 있다고 해서 갈등이 전혀 없는 것은 아니다. 둘 다 추구하는 목표가 있고 그 관계에서 잠재적인 이윤을 최대화 하려고 할 것이기 때문이다. 다국적 기업과 투자대상국의 정부 사이에 잠재적으로 존재하는 긴장감은 비경제적인 문제와 더불어 경제적 문제까지 수반한다. 경제적 관점에서 중대한 문제는 다국적 기업의 활동이 그 나라의 전반적인 경제적 복지를 향상시키는가에 관한 것이다. 이는 대체로 그 나라에서 그 다국적 기업의 활동이 긍정적인 혹은 부정적인 파급효과(spillover)를 미치느냐에 달려있다.[11]

다국적 기업의 활동을 통해 수입된 기술을 현지 기업인들이 받아 들일 수 있을 때 긍정적인 효과가 생긴다. 다국적 기업이 직원들을 트레이닝 시키듯이 투자대상국이 인적자원을 개발시키려고 노력할 때에도 긍정적 영향을 미치는 것이다. 다른 방법으로는 현지 공급자들에게 기술을 지원하고 제품 품질 수준을 향상시키거나, 현지 소비자들에게 더 좋은 품질의 상품을 제공하는 방법으로 긍정적 효과를 기대할 수 있다.[12]

다국적 기업이 부가가치가 더 높은 활동을 개발도상국에 전수하고자 하면, 긍정적인 일출효과는 더욱 강화된다. 결국 다국적 기업을 비판하는 이들은 이러한 기업이 그들의 기술을 공유하길 꺼리고 현지의 기술(input)보다는 수입 된 기술을 사용하려고 하며 종종 연구 개발과 같은 고부가가치적 활동을 기업 본사에만 집중시킨다는 것이었다.[13] 게다가 다국적 기업이 지역 경제에 바람직하지 않은 소비 패턴을 조장하거나 주최국에서 본국으로 이윤을 넘기는데 운송비를 쓰고 독점권을 활용하기 위해 최대한의 이윤을 추구했다는 것이다.[14]

비경제적인 문제는 외국인 직접 투자의 긍정적인 영향과 부정적인 영향을 계산하는 데 있어서 투자대상국에게 똑같이 중요하다. 한가지 굉장히 염려스러운 점은 이러한 기업들의 잠재력과 그들에게 적대적일 수도 있는 정부의 타도(overthrow)와 같은 행동을 책임지고자 하는 의지가 있느냐이다. 이러한 것들이 늘상 일어나는 일은 아니지만, 다국적 기업의 완전무결한 상태에 명암을 드리운다.[15] 칠레의 살바도르 아옌데(Salvador Allende)의 정부에 맞선 ITT와 1954년 과테말라에서의 쿠데타에 United Fruit Company가 참여한 것이 그러한 예이다.

기업이 정부관료들에게 뇌물을 제공하는 데 가담하는 것은 이러한 기업에게 반감을 가지게 하는 요소가 된다. 비록 미국 해외부정방지법안(U.S Foreign Corrupt Practices Act)이 뇌물을 주는 것을 금하고 있지만, 프랑스, 독일, 일본과 같은 많은 선진국 소재 기업들은 사업 자금으로 뇌물을 제공해도 된다고 허락되었다.[16] 최근 OECD는 "해외근무자의 뇌물에 관한 부패협약(Corruption Convention on the Bribery of Foreign Officials (CCBFO))"을 채택하였다.[17] 세계에서 선두그룹에 있는 열 개의 수출국을 포함하는 이 협정에 따라, 정부는 외국인 임원에게 뇌물을 주는 것을 법으로 금지시키려 하였다. 다국적 기업이 주최국의 경제에 부정적 영향을 미칠 수 있는 가능성은 다국적기업이 더 낮고 느슨한 환경기준의 이점을 이용하기 위해 개발도상국으로 이전할 수 있다는 점에서 나타난다. 이와 비슷하게 다국적 기업이 더 낮고/느슨한 노동력 규제와 낮은 임금을 지불해도 된다고 여겨지는 나라로 생산기지를 옮기면서 "밑 바닥으로 돌진(race to the bottom)"하는 현상을 만들어 낼 수도 있다는 것이 지적되었다. 최근 맥킨지 기업 연구소(McKinsey Business Institute)의 분석가들이 실시한 연구를 보면, 외국인 투자는 결국 최근에 생겨난 시장경제에 긍정적인 역할을 한다고 나타났다.[19] 분석가들은 조사한 기업 14곳 가운데 13곳이 외국인 직접 투자가 분명 유익한 것으로 나타났다고 주장했다. 외국인 직접 투자가 주는 이점은 많았다.

먼저 외국인 투자는 소비자들에게 엄청나게 다양한 상품을 선택하고 더 싼 가격으로 구입할 수 있게 하였다. 예를 들어 외국 기업이 인도에 진출한 이후 에어컨, 텔레비전, 세탁기의 가격이 10퍼센트 하락했다. 다른 예로 인도의 자동차 산업을 생각해보자. 1980년대 초반 인도의 자동차 산업은 1960년대 기술을 사용해 제작하는 두 가지 모델뿐이었는데, 이것을 2만 달러에 판매하고 있었다. 현재 인도에는 매년 8내지 10퍼센트 정도씩 가격을 줄여가며 시장에 자리 잡은 모델이 30여 개가 넘는다.

둘째, 분석가들은 다국적 기업이 만들어 내는 일자리가 비판자들이 말하듯이 임금이 낮은 것이 아니라 주로 월급이 많다는 점을 지적한다. 예를 들어 인도의 비즈니스 프로세스 아웃소싱 분야의 임금은 비슷한 기술을 요구하는 다른 화이트 칼라 직업과 비교해 50에서 100퍼센트나 높다.[20] 다른 연구결과를 보아도 외국인 투자가 인도 경제에 많은 기여를 했다는 것을 뒷받침 하고 있다. 분석가들은 인도에서 소프트웨어 산업의 발전이 다국적 기업의 지원을 많이 받았다고 이야기 한다. Hewlett Packard, Motorola 그리고 Texas Instruments와 같은 다국적 기업은 현지 교육기관과 공고한 제휴(link)를 맺었고 이를 바탕으로 산업분야의 인적자원을 개발하려고 애썼다. Nortel과 같은 다른 기업들은 합작하는 인도 기업에 경영과 마케팅 노하우뿐 아니라 최고급 기술을 전수해 주었고, 이러한 면에서 산업이 전반적으로 경쟁력을 제고할 수 있도록 하였다.[21]

스웨덴의 트럭 제조사인 Volvo는 1998년 인도에 트럭 공장을 설립했다. 품질 좋은 트럭을 만들어 내기 위해 볼보는 인도 공급자에게 기술을 전수하고 경영 능력을 향상시킬 수 있도록 도왔다. 흥미롭게도 가장 큰 도움이 가장 약했던 공급자에게 제공 된 것이다.[22]

이러한 연구결과가 외국인 직접 투자가 이익이 된다는 것을 뒷받침 하고 있지만, 그 어떤 연구결과도 완전히 혹은 완벽하게 이 문제에 대해 결론을 내릴 수는 없다. 웰스(Wells)가 지적하듯이 "일부 외국인 직접투자는 좋은 영향을 끼친다. 하지만 일부는 거의 확실하게 부정적 영향을 끼친다. 사실 정확히 각각의 분야에 어떤 종류의 투자가 이루어지느냐는 결정하기 어렵다. 설령 그 효과를 단지 경제적 기준에 의거해 측정한다 해도 말이다."[23] 이는 논란의 여지가 생길 투자는 늘 있을 것이고, 이로 인해 다국적 기업과 투자대상 간에 다툼이 생길 수도 있다는 이야기이다. 한 예로 파키스탄, 인도 그리고 도미니카 공화국과 같은 국가에 대한 에너지 분야의 외국인 투자를 들 수 있다. 이러한 프로젝트의 대부분이 비판 받았다. 인도에 진출한 Enron의 경우 인도 정부와 논쟁을 벌여야 했다. 전반적으로 현재 다국적 기업은 과거보다 긍정적으로 인식 되고 있지만, 이러한 인식은 다국적 기업과 투자대상국간의 교류가 서로에게 이익이 된다고 인식될 때 지속될 것이다.

인도와 다국적 기업 : 경쟁 관계?

다국적 기업과 인도 정부와의 관계는 많은 단계를 거쳐왔다. 1947년 독립 이후 10년간은 다국적기업을 유치할 필요성에 대해 인도 정부의 의견이 분분하여 인도 내에 다국적 기업이 많지 않았다.[24] 1957년 외환 위기를 겪으며 정부는 다국적 기업에 좀 더 긍정적인 태도를 보일 수 밖에 없었다. 이 위기로 인해 인도의 산업발전을 위해 꼭 필요한 외국 기술을 수입하려던 정부의 계획에 브레이크가 걸렸다. 정부는 다국적 기업과 매매 계약을 맺었는데, 이로 인해 다국적 기업은 재정뿐 아니라 기술적 측면에 엄청난 소유권을 가지게 되었다. 180도 전환된 인도의 정책은 외국인 투자의 증가로 이어졌다. Encarnation은 "1957년 위기로부터 딱 10년 후에, 다국적 기업이 위기 당시에는 10분의 1이던 인도 기업 자산의 5분의 1이나 컨트롤 하게 되었다. 외국 기술로 외국인 소유권(foreign equity)을 강화시키면서, 1960년대 다국적 기업은 독립시대의 인도 역사에서 무적의 협상력을 갖추게 된다"고 말한다.[25]

다국적 기업에 대한 호의적인 태도는 오래가지 않았다. 1960년대 중반 정부는 다시 한번 외국인 투자에 대한 정책을 재평가 하게 되었다.[26] 이렇게 극단적 상황으로 인해 1973년 매우 엄격한 "외환 관리법(Foreign Exchange Regulation Act)"이 제정되었다. 이 법 조항 아래 다국적 기업들의 소유지분 제한이 40퍼센트 이하로 떨어졌다. 더 높은 수준의 소유권을 바랬던 기업들은 최고급 기술을 제공하고 인도에서 생산하는 상당량의 제품을 수출해야만 했다. 이때가 바로 새로운 법을 따르기를 원치 않던 IBM과 CocaCola가 인도에서 물러나기로 결심했을 때이다.

1960년대 최대 101개였던 외국 투자기업의 수가 인도 시장에 진출하는 외국 기업의 수는 매년 줄어 1968 – 1979년 사이 37개로 줄어들었다.[27] 정말 흥미로운 것은 새롭게 인도에 진출하는 기업 수는 줄어들었는데 이미 인도시장에 진출해 활발하게 활동하고 있던 대부분의 다국적 기업은 인도를 떠나기보다 계속 머무르길 원했다는 것이다.[28] 좋을 게 하나도 없어 보이는 새롭게 제정된 투자법에도 불구하고, 많은 기업들이 인도에 남고자 했던 이유는 다음의 두가지 이다. 첫째, 인도의 엄격한 수입규제로 인해 당시 인도에서 물러난다면 그 기업은 인도 시장에서 완전히 퇴출됨을 의미한다. 둘째, 많은 다국적 기업들이 이렇게 자유롭지 못한 투자 환경 속에서도 자신들에게 이익이 될만한 협상을 제안할 수 있었다.[29]

1980년대에 들어서면서 정부는 외국인 투자에 대해 새로운 시각을 가지게 되었다. 신하가 지적하듯이 "그들은 당시 생산되고 있던 제품의 품질과 종류를 지속시키는 데에 만족하고 있었다. 공공부문 사업의 경우 자금의 건강은 생각하지 않고 산업기반을 다지고 복지를 강화한다는 명목 하에 손실이 축적되어 있었다. 직원들은 개인이나 그 산업분야의 이익을 위해 회사에서 짜낼 수 있는 만큼 짜냈다. 라이센스를 발급해 주는 것도 너무 관료화 되어 있었다. 기술도 점점 낙후되고 있었다."[30]

조금 더 자유로운 제도를 만들기 위한 첫 번째 시도는 이 때 시작되었다. 이제 정부는 자본과 기술 수입을 자유화 시키려 하였고, 다국적 기업이 인도에서 더 많이 활동할 수 있도록 노력하였다. 신하는 이렇게 새롭게 마련된 제도들이 긍정적 영향을 미쳤다고 말한다. 그가 관찰한 것처럼 "1980–1989년 사이 승인 받은 외국 기업의 수의 평균은 규제가 심했던 시기의 한해 37.08개에 비교해 171.90으로 늘어났다."[31]

비록 외국인 투자 제도를 자유화시키려는 첫 번째 단계는 1980년대에 이루어졌지만, 외국인 투자에 활력을 불어 넣은 것은 새롭게 선출된 나라심하 라오(Narasimha Rao)가 이끄는 정부였다. 엄청난 국제수지 위기를 겪으면서 정부는 국제통화기금에서 자금을 대출하려고 노력했다. 국제통화기금은 대출을 위한 조건으로 경제자유화를 요구했다. 외국인 투자 체제의 큰 변화 중 하나는 외국인 소유권의 40퍼센트 제한을 없앤 것이다. 일부 한정된 분야에서 인도 국립은행은 외국인 투자자들이 소유권을 51퍼센트 가질 수 있도록 자동적으로 승인하였다.

1998년 인도 정부는 외국인 투자자들이 인도 은행에 배당(stake)을 40퍼센트까지 올릴 수 있도록 허용하였다. 비록 최대 26퍼센트까지만 외국인 소유권을 허용 했던 보험분야도 외국인 투자자들에게 개방되었다. 최근 정부는 100퍼센트 소유권 확보로 외국인 직접 투자에 대한 규제를 완화 시켰고 현재 광고 분야도 이의 적용이 허용된 상태다.[32]

당연히 이제 인도 정부가 시행한 모든 정책 이니셔티브는 다국적 기업이 인도에서 활동할 수 있도록 쉽게 길을 열어주고 있다. 그러나 다국적 기업과 인도 정부간에 긴장감은 계속 되고 있다. 이러한 긴장감은 ⓐ 국가 전역에 퍼져있는 민족주의와 민주적으로 선출된 정부가 책임져야 할 것; ⓑ 승인 과정을 지체시키는 관료들의 무기력함 · 내분; ⓒ 만연한 부패; 그리고 ⓓ 다국적 기업과의 경쟁을 피하려는 현지 기업의 방어전략에서 찾을 수 있다. 이러한 문제들은 아래에 설명되어 있다.

민족주의

비록 인도에서 다국적 기업을 대하는 태도가 변하고는 있지만, 여전히 반감은 존재한다. 워싱턴에 있는 Pew Research Center의 2003년 Global Attitude Survey를 보면 인도는 가장 민족주의가 강한 나라로 나타났다.[33] 반감이 생기는 데에는 여러 가지 이유가 있지만, 아마 가장 중요한 이유는 다국적 기업이 국가주권에 위협을 가하지 않을까 하는 두려움 때문인 것 같다.[34]

다국적기업이 인도의 환경을 지배하게 되면, 의사 결정은 외부사람들에게 맡겨질 것이고, 그들은 인도의 경제, 정치 그리고 사회복지를 극대화 시킬 수 없는 방법으로 행동할지 모른다는 것이다. 결국 이는 다국적 기업의 소유권(equity holding)을 약화시킨 1973년 외국환관리법 제정의 근본적인 배경이다. 비록 이 법안이 더 이상 효력이 없고 그 태도가 변하지 않았지만, 여전히 존재했던 민족주의의 여파는 남아있다. 이는 정부 정책에 많은 영향을 미쳤고 지금도 미치고 있다.

예를 들어 인도 정부가 시작한 사유화 대상기업의 바이어들은 외국 기업보다는 대부분 현지 기업이었다. 비록 이것이 인도정부가 의도적으로 만든 것은 아니었지만, 이러한 결과로 인해 당시 담당장관이었던 아룬 쇼우리(Arun Shourie)가 크게 기뻐하였다. 그는 "외국 기업들은 이러한 과정이 잘 진행될 것이라 생각하지 못했을 것이다, 그래서 항상 최선을 다해 노력하지 않는다. 그렇게 나쁜 것만은 아니다. 만약 외국 기업이 모든 것을 매입했다면, 나라 전체가 뒷걸음질 쳤을 것이다. 대부분이 신설투자라는 것이 다행이다."[35]

민족주의로 인해 후퇴가 일어난 가장 극적인 예는 아마도 미국의 에너지 기업인 Enron의 투자일 것이다. 비록 이 사례가 여러 면에서 흔한 경우는 아니지만, 외국인 투자자에게 반감을 가지고 있는 환경에서 다국적 기업이 자신들의 행동을 제대로 인식하지 못하고 있을 경우 일이 얼만큼 잘못 될 수 있는지를 보여준다.

Enron은 에너지 분야가 1991년 개혁이 시작되면서 외국인 투자에 개방되었을 때, 초기 외국계 발전 업체 중 하나였다. 이 회사는 마하라슈트라의 전력 공급 부족을 해결하기 위해 그 지역에 2천 메가와트 전력 프로젝트(28억 달러)를 제안했다. 초기 협상이 난항을 겪었고 세계은행(World Bank)의 지원을 받지 못했기에 도움을 받을 수 없었다. 그럼에도 불구하고 협상이 이루어졌지만 그 지역에 새로운 정부가 들어오고 나서 그 협상의 적법 여부에 시비를 걸었고 "사기, 부패 그리고 허위진술이라는 명목"으로 협상을 취소하려고 했다.[36] 비록 Enron이 이러한 주장에 소송을 걸긴 했지만, 규제위원회와 새로운 협상은 할 수 없었다.

그러나 규제위원회와 더 많은 대중이 주인공인 장편소설은 여기서 끝이 아니었다. 제 2국면이 2002년까지 시작되지 않을 것이라는 기대에 반해, 프로젝트의 제 1국면은 1999년 시작되었다. Enron이 매긴 가격이 거의 현지 발전 업체보다 4배가 높았기 때문에 주정부는 다른 이해관계자들과 함께 이 프로젝트에 관심을 가지게 되었다.[37] Enron은 이 문제에 대해 이야기 하겠다는 의지를 보였지만, 실질적으로 계약조건을 바꿀 생각은 없었다. 협상은 계속 난항을 겪으며 Enron은 다홀(Dabhol) 프로젝트에서 빠지겠다고 하고 주전력위원회(State electricity board)는 Dabhol Power Company에서 더 이상 전력을 구입하지 않겠다고 했다. 2001년 Enron이 파산선고를 하면서 이 프로젝트의 투자자들은(General Electric and Bechtel) 2003년 인도 정부를 대상으로 중재 소송을 시작하면서 투자금을 되찾으려 하였고 이를 해결하기 위해 오랜 시간 노력하였다.

Enron이 여러가지 측면에서 예외적인 경우이지만, 외국 발전 업체들은 어려운 시간을 겪었다. 란간(Rangan)과 맥카프리(McCaffrey)는 "2003년 말 10년이 더 지난 후에 Enron은 외국 투자자들은 잊어버린, 그리고 어떻게 1990년대에 했는지 모르는 운이 없었던 전력 프로젝트를 다시 시작했고, Enron은 정부가 제시한 전력 발전소를 짓는 '초고속' 승인을 받아들인 일곱 개의 외국기업 중 하나였다. 그러나 이 기업은 애초에 정부가 약속한 투자조건에 대한 약속의 이행이 이루어지지 않자 해당사업에서 철수했고 그 과정에서 법정 소송들이 발생했다."[38] 외국인 투자자들이 계약서 상의 조건이 지켜지지 않고 있다는 것에 대해 당연히 염려하고 있었는데, 이 협정의 계약 조건들은 다소 피공급자인 주(州) 소유의 전기위원회 측에 유리하게 치우쳐져 있어 공급자는 모든 리스크를 감당하고 판매자는 거의 리스크가 없는 방식이었다.[39] 이 협정이 한쪽으로만 치우친 성격이라고 한다면, 왜 이 협정이 민족주의적 감정이 표출될 수 있는 좋은 사례였는지 쉽게 이해할 수 있다.

CocaCola와 Pepsi는 최근 인도에 있는 비정부기구인 과학환경센터(Center for Science and Environment)로 인해 어려움을 겪었다. 이 센터는 이 회사들이 파는 음료수에 유럽연합이 지정한 허용치를 넘는 농약이 들어있다고 주장했다. CocaCola는 유럽연합의 기준보다 45배가 넘는 농약이 들어있고, Pepsi는 37배나 많다는 것이었다.[40] 이러한 주장이 제기되자마자 전국에서 난리가 났다. 많은 주정부들은 이러한 회사의 음료수를 자신들이 점검할 수 있게 만들었고, 인도 의회는 그 지역에서 이 음료수를 팔지 못하게 하였다. 주장에 대한 당연한 결과였다. 분석가들은 과학환경센터가 또 다시 일주일 안에 펴낸 보고서에서, 콜라 판매량이 30~40퍼센트 줄어들었다고 밝혔다.[41]

CocaCola와 Pepsi는 서로 "쌍벽을 이루는 라이벌"임에도 불구하고 부정적인 선전활동(publicity)을 헤쳐나가기 위해 함께 일하기로 결심했다. 다행히도 주정부가 자체적으로 실시했던 테스트에서 음료수에 들어있던 농약의 양은 기준치를 넘지 않는 것으로 나타났다. 유럽연합이 지정한 농약 함유량의 기준을 넘은 경우도 비정부기구가 제시한 11-70퍼센트에 보다 1.6배에서 5.2배 좋은 것으로 나타났다.[42] 정부가 실시한 독립적인 테스트는 이러한 위기상황을 조금이나마 완화시켰지만, 다시 한번 이 나라에서 민족주의 감정을 부추기는 것이 얼마나 쉬운지 보여주었다. 이 글을 쓰는 현재 인도 대법원에 의해 콜라회사들은 병과 캔에 농약 허용수치를 표기하게 되어있다.

인도에 있는 다국적 기업의 고위 간부들은 자신들이 정치활동가들에게 상당히 두드러진 타겟이라고 느낀다. 그들의 느낌을 말하자면 바티아는 "사생활에 있어서 그들은 자신들이 '스와데쉬(Swadeshi, 외래품 배척운동)'라는 이름 하에 희생자이자 대신 매를 맞고 있다고 말하지만, 감히 그 이름을 거론할 감정이 아니다"라고 말한다.[43]

관료들의 관성 · 내분

"캐나다 기업은 관료정치에서 이루어지는 사업 계약에 대한 불확실성, 지루한 기다림과 인도에 회사를 세우기 위해 해야 하는 문서 작업이 매우 번거롭다고 생각했다. 계약이 성사되어도 시장에 접근할 수 있는지는 여전히 보장되지 않았다. 한 기업은 주정부에게 변화를 요구하다가 프로젝트가 취소되었다. 이 기업이 프로젝트의 진행상황을 알게 되는 데에는 1년이 넘게 걸렸다."[44] 이는 인도에서 사업을 하려고 하는 다국적 기업이 도전해야 할 중요한 과제를 보여주고 있다. 인도 관료들의 행동은 많은 사람들이 반복해서 이야기하는 주제이다.[45] 은퇴한 고위 매니저이자 인도의 뛰어난 작가인 굴차란 다스(Gurcharan Das)가 설파했듯이 "사업현장에서 내가 30년을 지내면서 내 사업을 망쳐버릴 힘은 있었지만 내 사업을 이해하는 관료를 단 한번도 만난 적이 없다"고 한다.[46] 다스만이 이러한 결론을 내린 것이 아니다. 거버넌스에 대한 쇼우리의 책 리뷰에서 루스(Luce)는 "그러나 전 세계에서 가장 많이 교육 받은 이들 중 일부인 고위공무원들은 종종 '행동'이 사회에서 가지는 의미와는 전혀 관련 없이 내부에서 자체적으로 규정한 우주에 사는 것만 같다"고 말한다.[47]

인도의 관료들은 전통적으로 "잘난 척"을 해왔고 이것이 그들이 제일 잘하는 것이었다. 이러한 이유로 그들이 전문가 트레이닝을 제대로 받지 못한 점과 자주 직업이 바뀌는 점을 고려하면, 근본적으로 열정을 가지고 일한다거나 문제를 확대시키기보다는 최소화 시키는 능력을 기르기 어려울 것이다.[48] 이렇게 관료들의 행동이 굼뜨게 되는 것은 종종 중앙과 주 사이뿐 아니라 중앙 수준(central level)의 중간기관과의 갈등으로 인해 축적된다. 여기에 덧붙이자면 혁신을 주도할 강력한 촉진요소의 부재로 문제는 계속 쌓여만 가는 것이다. 루핀, 란간 그리고 쿠마르가 말하듯 "의사결정 과정은 느리다. 관료들은 잘못한 일들 때문에 벌을 받지만, 잘한 업무처리에 대해 인정받지 못한다."[49]

이러한 관료들의 행동이 주요한 장애가 될 것이라는 것은 2001년 A.T. Kearney의 "인도 직접 투자기관의 신뢰(FDO Confidence Audit of India)"라는 보고서에서 예측된 바 있다. 이 연구결과는 관료라는 장애물이 인도로 외국인 직접투자가 이루어 지는 흐름을 방해하고 있다고 설명했다.[50]

부패

부패 문제는 인간의 역사만큼 길다. 케네디(Kennedy)와 디 텔라(Di Tella)는 "2천년 이상 이전에 인도의 총리는 이 주제에 관해 방대하게 글을 썼고, 중국 공무원들은 '부패 없는 환경을 만들어가기' 위해 추가로 월급이 지급되었다. 부패는 셰익스피어의 희곡에서 두드러지는 역할을 하였다. 그리고 미국 헌법은 뇌물은 대통령이 탄핵 될 수 있는 명백하게 언급된 두 범죄 중 하나라고 명시한다."[51] 세계화 시대에 무역과 투자가 번창하기 시작하면서 부패문제는 해외 사업에서 필요한 윤리에 대한 논의 중 가장 중요한 이슈가 되었다.

부패는 모든 부정적인 행동의 넓은 범위를 포함한다고 말하는 것이 좋겠다. 예를 들어 엘리엇(Elliot)은 소규모 부패, 대규모 부패 그리고 적법성이 모두 다른 고위관료의 도움을 이용하는 수단으로서의 차이를 구분해 냈다.[52] 엘리엇에 따르면 소규모부패는 낮은 직급의 관료를 포함하고 산업활동과 관련해 관료들의 규제를 가장 교묘하게 피하는 것과 관련되어 있다. 대규모 부패는 고위공무원이 연루되어있고 종종 중요한 정책 이니셔티브를 결정하는 데 영향을 주거나 주요 계약을 이행하기 위해 정부가 조달을 하는지 여부를 결정하는 데 영향을 준다. 마지막으로 관료의 도움을 통해 일을 하는 것은 개인이 정치인들의 의사 결정에 영향을 주기 위해 로비 하는 것을 뜻한다.

부패는 윤리적으로 받아들일 수 없고 경제, 정치 그리고 사회에 부정적인 영향을 준다는 거의 만장일치에 가까운 합의가 있다.[53] 부패에 대해 가장 신랄하게 비판하는 이 중 하나가 부패근절을 위해 힘쓰는 비정부기구인 국제 투명성 기구의 회장인 피터 아이젠(Peter Eigen)이다. 그는 "부패는 의사 결정과정을 제대로 이루어지지 못하게 한다. 이는 품질보다는 뒤에서 봐주는 것(kickbacks)이 많기 때문이다. 특히 규제완화와 민영화 과정에서 그렇다. 그 여파는 몇 년간 지속된다. 부패문화가 공공기관 관료들에게 표준으로 작용하는 것뿐 아니라, 소모적으로 잘못 경영한 것으로 인해 교육, 주택과 건강보험으로 투자되어야 할 자원이 부패한 공무원들의 주머니로 들어가게 되는 것을 의미한다. 간략하게 말해 부패는 삶의 윤택이 그 대가로 치러진다."[54]

더 광범위 하게 말해 분석가들은 부패가 간접적일 뿐 아니라 직접적인 비용이 든다고 지적한다.[55] 직접적으로 부패에 드는 비용은 뇌물이 가장 확실한 증거인데 반해 간접비용은 투자수준이 낮아지거나 공공부문의 지출이 줄고 경제 성장률이 낮아지는 것이다.[56] 최근 연구는 부패가 외국인 투자에 부정적인 영향을 미치는 것으로 나타났다.[57]

학자들은 부패를 두 가지 차원으로 특징 지었다. 하나는 널리 퍼지는 성질(pervasiveness) 그리고 자의성(arbitrariness)이다.[58] 부패가 널리 퍼지는 성격을 가졌다는 것은 그 나라에서 사업을 할 때 자주 불법적으로 거래하는 것이 기준이 되었음을 말한다.[59] 부패가 자의적으로 일어난다는 것은 그 나라에서 어떤 부패가 일어나고 있는지 예측할 수 없음을 의미한다. 몇몇 학자들은 "그런 환경에서 기업들은 누구에게 지불하고 무엇을 지불하며 지불 하는 것이 약속한 물품이나 서비스를 제공 받을 수 있는 것인지 확신하지 못한다"고 말한다. 부패가 자의적으로 생기는 것은 기업이 시장을 예측하기 어렵게 만들고, 회사가 그 국가에서 사업하고자 하는 데 드는 거래비용을 증가시킨다. 널리 퍼지는 부패의 성격으로 인해 거래비용이 증가될 수도 있지만, 부패가 조직화 되어 있다면 그 회사에 끼치는 영향력은 줄어들 것이다.

제 5장에서 부패의 몇몇 측면에 대해 자세히 논했었다. 이미 언급했듯이

인도에서 부패는 만연하다. 이는 나라가 공공연히 인식할 뿐 아니라 국제 투명성 기구의 순위에서도 잘 나타나있다. 2003년 조사에서 인도는 133개국 중 83위를 차지했다.[60]

이와 비슷하게, 한 분석가는 "심지어 인도인들의 관점은 1995년 설문조사에서와 같이 모호하다. 이 조사를 보면 부패가 다양한 직업군에서 만연해 있음을 알 수 있다. 응답자의 98퍼센트가 정치인들이 부패 하다고 믿었고, 그 중 38퍼센트가 일반인들이 부패 하다고 믿는 것으로 나타났다"고 말한다.[61] 이 지표에서 인도의 순위는 1991년 35위에서 2002년 71위로 떨어졌다.[62] 실제로 몇몇 학자들은 인도의 부패는 만연해 있기도 하고 자의적으로 일어나기도 한다고 주장했다.[63] 학자들은 부패가 만연하고 자의적으로 발생하는 것이 외국인 직접 투자에 부정적인 영향을 준다고 주장한다.[64] 부패로 인해 사업하는 데 드는 비용이 증가했고 이러한 체제 때문에 미래 외국인 투자자들의 마음을 단념시킬 수도 있다는 것이다.

인도 기업이 가진 방어전략

1990년대 인도의 경제자유화로 인해 인도 기업들은 인도 시장에 다국적 기업이 진출하고, 자유화 된 수입 때문에 국제 경쟁 상태에 놓일 수 밖에 없었다. 많은 인도 기업들은 새로운 경쟁 압력에 시달렸다. 예전의 체제에서는 "세계적 수준의" 회사를 만들어야 한다는 자극이 거의 없었다.

동기와 관련된 문제는 인도 기업이 규모경제를 만들어 낼 능력이 없었고 최신기술도 부족했고 유명브랜드를 가진 다국적 기업과 경쟁하는 것에 대해 무기력했고 자본도 부족했으며, 글로벌 경쟁의 현실을 직시할 경영전문가를 가지고 있지 않다는 요인들로 인해 축적되어 있었다.[65] 인도기업의 불안정함은 인도 시장이 수입과 외국인 투자에 대해 개방되었을 때 완전히 노출되어 있었다.

자유화의 결과 중 하나는 이미 인도 파트너와 합작회사를 세운 많은 다국적 기업이 자신들의 인도 파트너에게 돈을 주고 포기하게 하거나 100퍼센트 소유할 수 있는 자회사를 설립하고 싶어했다는 것이다. 이렇게 다소 공격적인 외국인 투자자의 성향은 인도파트너들에게 큰 위험으로 감지되었다. 인도 상공회의소 사무총장 아밋 미트라는 "만약 외국인 직접 투자나 기술협력자가 브랜드 가치가 뛰어난 인도 파트너와 합작회사를 차렸다고 치자. 그 경우 외국 주주들은 돈을 벌게 될 것이고 금융기관의 대출을 쉽게 일으킬 수 있다. 그 다음 다국적 기업은 쉽게 인도 파트너를 버리고 자신들이 100퍼센트 소유한 투자회사를 차려 '자동적인 외국인직접투자 통로'를 만들어 인도 기업들을 곤경에 처하게 할 것이다"라고 말했다.[66]

이러한 두려움에 맞서 인도 기업인들은 새로운 규칙을 발표하라고(지금은 불명예스러워진 "Press Note 18"의 내용) 인도정부를 대상으로 로비를 벌였다. 그 내용은 만약 이미 합작회사 형태의 외국 회사가 새롭게 100퍼센트 자회사를 세우고 싶어한다면, 먼저 외국인 투자 장려 협회(Foreign Investment Promotion Board)에서 승인을 받아야 하고 새로운 회사를 세우기 전에 인도 파트너가 이를 반대하지 않는다는 증명서를 발급 받아야 한다는 것이었다. 이것이 인도 파트너의 이익을 보호하려는 목적으로 만들어 진 것이지만, 인도 파트너가 이 규칙을 기회로 이용하는 것도 가능했다. 인도 파트너는 이를 협상도구로 사용해 외국 파트너가 지분에 대해 원래 지불해야 하는 것 보다 더 많은 돈을 지불하도록 할 수 있었고 혹은 대안적으로 투자자의 결정에 맞서 그 일을 상당히 지연시킬 수도 있었다. 또한 어떤 경우이든지 100퍼센트 소유하는 회사를 세울 수 있는 외국 투자자의 능력은 이 새로운 요구사항 때문에 제재를 받았다.

이렇게 방어적인 접근은 분명 외국인 투자자들에게는 반갑지 않았고 현재 "Press Note 18"을 파기하거나 상당부분 효력을 약하게 하려는 움직임이 있어 여전히 논쟁이 되고 있다. (저자; 이 글을 쓰는 현재 Press Note 18은 상당부분 효력을 상실하였다.)[67] 중공업부 장관 산토쉬 모한 데브(Santosh Mohan Dev)는 최근에 Suzuki가 하르야나에 100퍼센트 소유하는 디젤 조립공장을 설립하기로 한 결정에 대해 의문을 품게 되었다.[68] Suzuki가 이러한 결정을 발표한 후 인도 정부는 Suzuki가 합작회사 계약을 위반하는 것에 대해 비난했다. 얼마 후 그들은 Maruti가 디젤 엔진 합작회사의 일부 소유권을 갖게 하는 것으로 이 사태를 마무리 지었다.[69]

서두에서 언급했듯이 다국적 기업과 인도정부의 관계는 늘 논쟁하는 관계였다. 하지만 최근 새로운 의회가 이끄는 정부가 집권하게 되면서 변화의 속도가 빨라지고 있다. 분명 이러한 도전은 인도에 있는 다국적 기업들이 성공적으로 극복할 수 있다. 극복에 성공한 기업들은 분열된 제도에 맞추어 가는데 이미 적응했다는 의미가 된다. 그렇다면 지금 우리가 생각해야 할 문제는 다국적 기업이 인도 정부와의 관계를 유지하기 위해서 무엇을 할 수 있고 무엇을 해야 하는가의 문제이다.

인도 정부와의 인터페이스 조절하기 : 다국적 기업은 무엇을 해야 하는가?

확신하건데 이 문제에 대해 간단하거나 쉬운 답안은 없다. 다국적기업은 인도 환경에서 도전과제를 다루는 데 있어서 전략적일 뿐 아니라 정치적이고 문화적으로 눈치가 빨라야 한다. 눈치가 빠르다는 것은 기업이 속임수를 잘 써야 한다는 것이 아니다. 인도 환경에서 사업을 하면서 일반적으로 사리분별을 잘 해야 한다는 의미이다. 근본적으로 다국적기업은 ⓐ 인도 환경에서 합법적으로 운영될 수 있는 권리를 획득하고 유지시키고 보호해야 하고; ⓑ 인도 관료들과 잘 지낼 수 있는 방법을 배우고; ⓒ 인도 환경에서 저자세를 취해야 한다. 이러한 것들은 아래에 잘 나타나 있다.

정통성 취득 및 유지

정통성이란 특정 환경에서 대부분의 이해관계자들이 다국적기업을 긍정적으로 바라보는 것을 의미한다. 많은 사람들은 정통성을 갖추지 못했다고 여겨지는 다국적 기업이 시장에 진입하거나 장기간의 성공을 보장 받기 어려울 것이라고 생각한다.[70] 정통성을 취득할 수 없는 기업은 비정부기구 뿐 아니라 관료들로부터 더욱 냉철한 조사를 받게 될 것이다. 인도에서 무엇을 했고 하지 않았는지에 대해 엄청나게 방해(opposition) 받았던 Enron이나 Union Carbide를 보라. Union Carbide는 1984년 보팔(Bhopal) 환경오염 사태 이후 인도를 떠난 반면, Enron은 마하슈트라에 있는 전력소에 대해 계속해서 협상을 하고 재협상을 하였다. 이 경우들이 매우 두드러지고 정치와 결부된 경우이지만, 기업이 정통성을 얻을 수 있는 방법으로 행동해야 한다는 기본적인 원칙에서는 벗어나지 않는다. 그래서 근본적인 질문은 '다국적 기업이 무엇을 할 수 있고 해야 하는가?' 이다.

(I) 정직해라 – 정직함은 외국인 투자자가 자기가 처한 환경에서 보여주는 노력의 정도를 의미한다. 이는 다음과 같은 다양한 차원에서의 질의로 측정될 수 있다. 첫째, 다국적 기업이 그 나라에 단기간 동안 있는 것에만 관심있는가 혹은 더 오랫동안 머물려고 하는가? 둘째, 다국적 기업이 더 많은 이들이 이익을 얻을 수 있는 방향으로 행동하는가 혹은 단지 자신의 이익을 극대화 시키는 것에만 관심이 있는가? 셋째, 기업이 지역 주주들의 관점을 이해하려는 데 진정 관심을 가지고 있고 자기만의 입장을 고집하지 않고 그들과 의미 있는 대화를 하는가? 넷째, 부패한 사업관행에 의지하지 않고 윤리적인 방법으로 사업하려고 노력하고 자국에서 하듯이 똑같은 기준을 고수하는가? 이는 기업의 정직함을 시험하려고 하는 철저하게 짜인 리스트가 아니라 실례를 든 것이다. 학자들은 정통성을 얻기 위해서는 정직함이 필수적이라고 이야기한다.[71] 정통성을 통해 기업이 신용을 쌓고 주주들간에 믿음을 유

지하는 것은 현지로부터 의심 받는 기업뿐 아니라 투자대상국에게도 분명 이익이 된다.

몇 가지 예를 통해 정통성을 얻은 기업을 볼 수 있다 영국-네덜란드 계 거대 기업 Unilever의 자회사인 Hindustan Lever의 경우를 보자. 이 회사는 인도가 독립하기 이전부터 인도에서 사업을 하고 있었고 계속해서 명성을 누리고 있었다.[72] 이 회사는 어떻게 그럴 수 있었을까? 무엇보다도 이 회사는 인도 지사를 인도화 시키기 위해 의식적으로 노력하였다. 회사는 인도인의 요구에 맞게 제품을 디자인했고 인도인을 고용해 경영과 기술을 담당하게 하였으며 인도에 많은 연구 센터를 세웠다. 또한 인도 정부와 주(州)의 사회적 경제적 목표를 도울 수 있는 선견지명도 가졌다. 그리고 빈곤 수준이 상당히 높은 우타르 프라데쉬에 공장을 지었고 에너지 보존, 토양 보존과 같은 지속 가능한 개발에도 활발하게 참여했다.[73] 이를 보면 이 회사가 인도 대중들에게 많은 존경을 받았다는 것이 그리 놀라운 일이 아님을 알 수 있다.

비슷한 맥락에서 Hewlett Packard는 인도의 지역개발 프로젝트에 참여하기로 결심했다. 이 사업의 목적은 기술을 촉매제로 이용해 개발이 뒤처진 지역의 경제 발전을 이룩하고자 하는 것이었다. 이 프로젝트를 쿠팜(Kuppam) "i-community"라고 명명하고, 회사는 공공영역 파트너들과 다른 사기업과 함께 이 지역에 다시 활기를 불어 넣으려고 애썼다.[74] 이 지역은 "주민 세 명 중 한 명이 문맹이고, 50퍼센트가 넘는 가구가 전기를 사용하지 못하며, 쿠팜이 위치한 안드라 프라데쉬는 4백만이 넘는 아이들이 학교에 가지 못하는" 곳이다.[75] 이러한 어려움을 극복하기 위해 회사는 많은 이니셔티브를 시작하였다. 이는 근본적으로 그 지역 주민들이 기술을 사용해 정부가 제공하는 정보나 서비스에 접근할 수 있는 것을 돕도록 만들어진 것들이었다.

(Ⅱ) 유연함을 보여라 – 다국적기업은 프로젝트 평가에서 협상, 프로젝트 실행까지 모든 단계에서 이상적으로 유연함을 보여야 한다. 외국 기업이 인도

처럼 새롭게 성장하는 시장에 진입했을 때, 그들은 프라할라드(Prahalad)와 리베르탈(Lieberthal)이 제국주의적 마음가짐이라고 설명하는 방법으로 접근했다.[76] 이러한 사고방식은 서유럽이나 미국에서 사실로 인식되는 것들이 인도에서도 똑같이 사실일거라고 가정하게 만든다.(제 6장 참고) 그들이 지적하듯이, 이러한 가정은 여러 측면에서 틀렸다.

인도의 중산층이 서양의 중산층과 매우 비슷할 것이라고 가정하여 많은 기업들은 인도에서는 판매되지 않을 물건들을 많이 소개하였다.[77] Ford는 인도 기준으로는 확실히 호화스러운 차인 2만 천달러 가격표가 붙은 에스코트(Escort)를 소개했다. 만약 다국적 투자자가 사치품에 대한 시장의 요구를 과대평가하는 실수를 저질렀다면, 이는 가난한 사람들의 삶을 향상시켜 줄 제품(developing product)이 잘 팔릴 것이라는 사실을 역시 똑같이 못보고 지나친 것이다.[78] 예를 들어 Unilever의 자회사인 Hinduston Lever는 사회 최고 빈민층을 대상으로 사탕을 소개했다. 6개월 안에 이 제품은 회사의 제품 포트폴리오에서 가장 빨리 성장하는 제품이 되었다! 이러한 행동은 다른 이들이 회사를 공격하기 어렵게 만드는 정통성을 줄 수 있다.

협상의 측면에서 외국인 투자자가 인도인의 문화적 성향을 이해하고 그 상황에서 요구되는 상대의 협상 스타일에 맞추는 것이 중요하다. 외국인 투자자가 말도 안 되는 요구사항에 따르라는 것이 아니라, 투자자는 특정한 협상 패턴을 엄격하게 따르는 것에 대해 비합리적인 주장을 해서는 안 된다는 것이다. 유연하게 행동해서 얻을 수 있는 이익은 금방 드러나지 않을 수도 있다. 하지만 이는 투자자가 장기간 동안 좋은 위치에 있는데 엄청나게 좋은 환경을 만들어 줄 것이다. 유연성은 다른 이들의 필요를 이해할 뿐 아니라 관심을 가지는 것을 의미하고 이는 분명 이로운 것이다. 사실 불운했던 Enron 회사를 괴롭혔던 문제들은 강제성이 없는 상황에서 유연성이 부족했던 데 있었고, 이는 분명 회사에게는 손해였다. 그들은 계약이 취소되었을 때 상당부분 자세를 바꾸었지만, 그 때 그들은 이미 원한을 너무 많이 산 상태였다. 취약한 인프라와 연립 민주주의의 강제성 때문이라면, 많은 독립적인 전력 생산자들이 이를 곧 알아 차릴 수 있기 때문에 사업이 시작되는 단계에서 프로젝트는 문제가 생길 수 있다. 하지만 여기서 다시 한번 강조하건데, 외국인 투자자가 그 상황에 대해 지나치게 예민하게 반응하지 않는 것이 중요하다. 유연성은 빠르게 변화하는 환경에 적응하는 데 장점으로 작용할 것이다. 외국인 투자자가 이에 적응할 수 있으면, 그 명성은 더욱 높아질 것이다. 이 책에서 다루어진 핀란드 기업 Wartsila Diesel의 성공 사례는 인도에서 유연성이 얼마나 중요한지를 보여주는 완벽한 사례이다.

(Ⅲ) 이해 관계자(stakeholders)와 대화하기 – 인도처럼 활기가 넘치는 민주주의 국가에는 많은 이해관계자 그룹이 있고, 각각의 그룹은 다국적 기업을 다루는 데 그들만의 특별한 아젠다가 있을 것이다. 다국적 기업이 이해관계에 있는 사람들과 효과적으로 대화하는 것은 중요하다. 이해관계자들은 다국적 기업이 자신들의 염려사항에 대해 충분히 반응하지 않으면 정부에 압력을 넣어 다국적 기업에 대한 정책을 수정하라고 할 수도 있다. 이러한 이유로 다국적기업이 이해관계자들과 대화를 시작하고 이를 유지해 가는 것이 중요한 것이다.

기업이 이해관계자들로부터 적대감보다는 지지를 받고 싶다면, 적시에 그리고 정확하고 의미 있게 이해관계자들의 염려사항에 대해 그들과 대화해야 한다.[79] 사실 어떤 논평자는 기업이 비정부기구와 같은 이해관계자와 동맹을 맺는 것이 끊임없이 계속해서 부딪치는 것 보다 더욱 이익이 된다고 하였다.[80] 비정부기구는 합법성을 부여하고 사회적 문제를 부각시키는 강력한 도구이며 종종 독특한 기술 전문가를 데리고 있기 때문이다.

이해관계자들과 효과적으로 대화한다고 해서 프로젝트의 성공이 보장되는 것은 아니지만, 대화를 하지 않는 것은 확실히 프로젝트 진행을 어렵게 할 것이다. 다시 한번 Enron이 다홀 프로젝트를 진행시키는 데 이해관계자들과 어떻게 대화하려고 했는지 알아보는 것이 지침이 될 것이다. Enron은 각기 다른 이해관계자들과 효과적으로 대화하지 않은 점이 줄곧 지적되었다.[81] 지적된 바와 같이 Enron의 대화는 일관성이 부족했고 명쾌하지 않았다.

반면 Enron은 그 프로젝트에 해당하는 지역에 깨끗한 물을 제공하기로 동의했을 때 몇몇 긍정적인 이니셔티브를 시작했다. 회사는 그 주변지역에 병원과 학교를 열었다. 그러나 이러한 활동의 긍정적인 영향은 기대에 미치지 못했다. 이는 Enron이 프로젝트와 관련된 문제점을 정부가 아닌 이해관계자들과 의논하기를 기피했고 이 프로젝트의 이점에 대해 인도인들을 교육시키겠다는 정책 이니셔티브를 갖고 있었기 때문이었다. 특히 이 정책 이니셔티브는 인도인들에게 이 프로젝트를 받아들이게 하라는 압력처럼 보였다. 한편 1993년 6월 28일 마하라슈트라 전력 이사회(State Board Electricity)의 사장이 받은 편지에서 조셉 수튼(Joseph Sutton)은 "세계은행의 의견이 바뀔 수 있을 것이다. 우리는 다음 번 출장에서 PR회사와 계약을 해 미디어를 관리할 수 있길 바란다"라고 말했다.[82] 이러한 발언 역시 세계은행의 "강압"에 관여하려는 것으로 보일 수 있다. 좌파와 비종교계가 프로젝트에 반대하려고 마하라슈트라에서 힘을 모았을 때, Enron의 서툰 대화전략은 프로젝트에 반대하는 의견을 더욱 강하게 하는 결과를 낳았다.[83] 결국 문제를 해결할 수 있는 가능한 대안들을 더욱 어렵게 만들면서 각각의 입장이 더욱 대립상태가 되고 만 것이다.

(Ⅳ) 인도인 관료들과 잘 지내기 – 앞서 분명히 이야기했듯이 인도 관료는 확실히 다루기 어려운 대상이다. 관료들의 "모든 것을 다 안다"는 태도, 기관간의 갈등, 그리고 권력을 놓지 않으려는 태도를 제외하고도, 다층화(多層化)된 관료제에는 추가적인 문제가 있다. 이로 인해 지연되고 불확실해지고 프로젝트 승인을 받거나 협상을 통해 합의된 것을 적용시키려고 하는 외국인 투자자들에게 엄청난 좌절을 맛보게 한다. 인도에서 처음으로 사업을 시작하려고 하는 외국인들에게 이 문제는 시간만이 해결해 줄 수 있는 것이라고 말해주

고 싶다.

무엇보다도 인도에 진출하려고 하는 그 어떤 외국인 투자자도 인도 관료제가 돌아가는 복잡성을 배우고 마스터하는 것이 가치 있다고 믿을 수 있어야 하며, 이는 장기적인 관점에서 접근할 때 가능하다. 만약 외국인 투자자에게 합작회사 파트너가 있다면, 당연히 관료들은 인도 파트너 편을 들것이다. 비록 장기적으로는 외국인 투자자가 관료와 개인적으로 인맥을 쌓는 것이 유용하겠지만, 인도의 관료제가 작동하는 원리를 이해하는 것이 단기적으로는 가장 실행 가능한 대안인 것이다. 이는 새로운 대화의 장을 열수도 있고 인도 파트너가 반대할 수 있는 것을 미리 파악하고 방지하는 역할을 할 수도 있다. 외국인 투자자는 실행 가능한 프로젝트를 짜면서 관료들이 거의 확실하게 일을 미룰 것에 대해 계산해야 한다. 인도인들의 마음에 이데올로기, 관념론 그리고 민족주의가 강하게 결합되어 있다고 한다면, 아무런 결론이 나지 않을 논쟁을 피하는 것이 좋을 것이다.

마지막으로 가장 중요한 것은 외국인 투자자는 관료들의 고집에 당황해서는 안되고 관료들의 행동이 자신을 대상으로 한다고 결론지어서도 안 된다는 것이다. 사실 인도인들도 일상생활에서 비슷한 관료주의의 장벽에 부딪치게 된다.

(V) 저자세를 유지하기 – 인도인은 성향이 공격적이지만, 이는 외부인이나 외국인 투자자의 공격성도 받아들일 것이란 뜻은 아니다. 특히 미국이나 영국에서 온 외국인 투자자가 공격적으로 설득하게 되면, 이는 부정적으로 받아들여 진다. Enron이 완벽한 사례이다. 이 회사는 본인들의 프로젝트가 줄 이점에 대해 강요하듯 설명했고 미국의 고위 관료를 이용해 이를 압박했다. 이는 투자자가 프로젝트를 통해 지역사회에 가져올 이점에 대해 설득력 있게 말하지 말라는 것이 아니다. 요지는 이렇게 설득하는 것이 제국주의 시대처럼 상하전달 관계가 아니라 다른 현지 주민과의 관계에서 협력적으로 이루어져야 한다는 것이다. 더 나아가 프로젝트를 진행시키면서 맞이하게 되는 모

든 단계에서 외국인 투자자는 각기 다른 이해관계자의 민감한 사안을 악화시켜서는 안 된다는 것이다. 분명 이는 쉽지 않고 민족주의가 팽배한 환경에서 모든 이를 만족시킬 수는 없다. 여기서 중요한 것은 외국인 투자자에 대한 반감은 그 위기상황을 더 이상 감당할 수 없는 중요 기점을 넘지 않는 다는 것을 인식하는 것이다.

정부와 관료를 다루는 것은 분명 어디서나 도전적인 일이다. 인도도 이러한 맥락에서 예외는 아니다. 비록 이미 독특한 궤적이 있지만, 인도의 환경은 특별한 도전과제를 안고 있다. 도전과제와 다국적 기업이 이를 다룰 수 있는 방법은 이 장에서 다루었다. 첫 인상으로 볼 때 인도의 환경은 외국인 투자자들에게 위협적일 수 있다. 이는 사실일 수 있지만, 다국적 투자자가 옳은 *마음가짐*을 가지고 인도 시장에 접근한다면 이러한 과제를 효과적으로 처리할 수 있다. 이는 다국적 투자자들이 겸손하고 앞을 내다 보고 행동해야 하지만, 일방적으로 제국주의적 마인드를 강요하기보다는 협력적이고 기꺼이 쌍방향(two-way)적인 교류가 이루어 지도록 해야 한다는 것을 의미한다.

제 9 장

인도에서 협상과 문제해결

성공의 비밀이 한가지 있다면, 다른 이의 관점을 이해하고 당신의 관점뿐 아니라 그 사람의 관점에서 사물을 바라보는 능력을 갖추는 것이다.

헨리 포드(Henry Ford) G.R. Shell, Bargaining for Advantage

협상가는 사람들이 동의할 만한 의견을 제시하고 그 문제에 대해 잘 알고 있으며 멀리 내다 볼 수 있는 사람이어야 한다. 그는 교활하고 교묘한 조종자로써 일을 너무 눈에 띄게 처리 하지 않도록 조심해야 한다. 능력의 핵심은 내색하지 않는 것에 있으며, 협상가는 동료 협상가에게 자신이 진실되고 신념 있는 사람이라는 인상을 주려고 부단히 노력해야 한다.

Callieres, 1716/1963, 124, cited in W. Masterbrek,
Negotiation as Emotion management

협상능력은 중요한 경영능력이다. 직원이나 외부 이해관계자나 혹은 비즈니스 파트너를 대할 때, 협상에서 경영상의 효과성을 지향한다는 것은 합작회사와 계약을 맺거나 혹시 훌륭한 직원이 다른 더 좋은 스카우트 제의를 받아도 그 직원이 계속 그 회사에서 일하기로 결정하도록 만드는 것이다. 협상은 가장 근본적으로 각 행위자가 가지고 있는 목표가 일치하지 않을 때 갈등을 해결하는 도구라 할 수 있다. 만약에 목표한 것에 대해 완벽하게 동의가 이루어졌다면 협상할 필요는 없을 것이고, 마찬가지로 목표한 것에 대해 합의가 이루어지지 않는다면 협상을 할 기본 요소가 충족되지 않는 것이다.

매니저는 늘 협상 할 수 밖에 없다. 효과적으로 협상할 수도 있지만 아닐 수도 있다. 아들러는 "문화를 가로질러 효과적으로 협상하는 것은 글로벌 비즈니스를 하는 데 가장 중요한 능력 중 하나이다"라고 말한다.[1] 협상을 잘 하는 능력은 여러 가지 이유에서 중요하다. 첫째로 그리고 가장 중요하게도 협상을 얼마나 효과적으로 하느냐는 당사자들이 *가치창출*을 할 수 있는지 그리고 *가치창출을 극대화* 할 수 있는지를 결정한다. 이렇게 유형의 경제적 이익(tangible economic benefit)이 있는 반면, 더 장기적으로 똑같이 경제적 이익이 될 수 있는 무형의 이익(intangible)이 있다.

뛰어난 협상가는 가치를 창출할 뿐 아니라 *상대방과 강력한 유대감*을 형성해 낼 수 있다. 협상가는 다른 이들을 신뢰할 수 있는 능력을 가지는 동시에 다른 이들에게서 신뢰 받을 수 있어야 한다. 사실 관계를 형성하고 유지시키는 능력은 국제 비즈니스를 하는 데 있어서 핵심 기술이다.[2] 더 나아가 훌륭한 협상가는 그들이 대변하는 조직의 총체적인 *신용*과 *이미지*를 드높일 수 있어야 한다. 비록 무형의 이익에 금전적 가치를 부여하기는 힘들겠지만, 이는 당연히 그 조직이 일하고 있는 환경에서 조직의 유효성을 결정하는 데 중요한 영향을 끼친다.

매니저들은 효과적으로 협상하는 것이 얼마나 중요한지는 알지만, 그렇게 할 수 있는 능력은 종종 *복잡한* 협상 상황에 의해 위축 된다.[3] 협상의 복잡성은 여러 가지 요인으로부터 시작된다. 첫째, *가치 창출을 극대화* 하기 위해 만들어진 전략과 *가치를 주장(claim value)*하기 위해 만들어진 전략 간에 생동적인 긴장이 있다. 전자는 정보 교환을 장려하는 반면 후자는 매니저들이 이용 당하지 않기 위해 정보를 공유하는 것을 조심스럽게 만든다.[4] 둘째, 많은 협상이 *애매*하고 *불명확*한 상황에서 진행된다. 왓킨스(Watkins)는 이해 관계자들이 많거나 예기치 않은 문제로 인해 협상이 복잡해 질 때, 협상가들은 복잡한 문제에 대해 단지 대안점, 관심사 그리고 가치 거래(value tradeoffs)에서만 정의하려 애쓸지도 모른다"고 말한다.[5] 또한 역학관계를 협상하는 것(negotiating dynamics)은 종종 협상가들이 서로에게 주는 첫 인상 그리고 협상에서 *긍정적* 혹은 *부정적*으로 나타날 수도 있는 스스로를 끊임없이 강하게 만드는 행동의 순환을 통해(self reinforcing cycle of behavior) 결정된다.[6]

협상 과정에는 *뒤집기 효과(tipping over effect)*가 있다. 이 효과는 협상과정이 어느 시점을 넘어서면 협상이 뒤집기 어려워진다는 것이다.[7] 협상과정이 복잡한 것은 협상과정에 있는 많은 관계자들 사이에 존재하는 문화적 차이에 바탕을 둔 각자의 협상 스타일 때문에 더욱 악화될 수 있다.[8]

협상과정이 복잡해 지는 것에는 여러 가지 요인이 있지만, 여기서 초점을 맞출 것은 문화, 특히 인도문화의 역할이 인도에서 협상과정에 얼마나 복잡성을 더 하는지에 초점을 맞추려고 한다. 우리는 협상과정을 형성하는 문화의 역할에 대해 간략하게 설명하고자 한다. 그 다음으로 앞에서 언급되었듯이 인도의 문화적 가치가 인도인들이 협상하는 데 얼마나 지배적인 영향을 미치는지 알아보겠다. 그리고 외국인 매니저들이 인도인들의 협상태도에 적응할 수 있도록 권고할 만한 사항들을 소개하며 결론을 짓도록 하겠다.

문화가 협상태도에 영향을 준다는 생각은 학계에서나 실제활동에서나 평범한 진리가 되었다.[9] 일부 사람들은 매니저들이 협상과정을 시작하고 협상과정과 결과에 대해 추측하며 갈등을 조절하는 과정은 각 문화별로 차이가 있다고 주장했다.[10]

협상과정은 크게 네 단계로 나뉠 수 있다. 네 단계는 ⓐ 비사무적 탐색(non-task sounding); ⓑ 정보 교환; ⓒ 설득하기; 그리고 ⓓ 양보하기 이다.[11] 이러한 틀은 *관계를 형성하는 것*이 협상을 진전시키는 필수조건임을 뜻한다. 학자들은 다른 단계에서도 역시 차이가 있다고 말한다. 브레트(Brett)는 협상가들이 정보를 교환하는 것은 문화마다 방식이 다르다고 설득력 있게 주장하였다.[12] 브레트는 저맥락(low context)을 가진 협상가는 직접적으로 정보를 교환하는 반면, 고맥락(high context)을 가진 협상가는 간접적으로 정보를 교환한다고 주장한다. 후자는 그 누구도 다치지 않게 하는 것에 매우 신경을 쓰며, 특히 다른 협상가가 *체면을 구기*는 일이 없도록 한다는 것이다. 그러므로 간접적으로 대화할 필요가 있는 것이다.

또한 실무자들과 학자들은 문화별로 차이가 있는 *양보하는 방식*과 *설득하는 방식*의 차이에 대해서도 강조했다.[13] 일부 문화에서는 설득할 때 사실을 이용하는 반면, 다른 문화에서는 감성적으로 어필하는 것이 중요한 역할을 한다. 마찬가지로 어떤 문화에서는 양보하는 방식이 상호간에 일어나는 반면, 다른 문화에서는 모든 것이 정해지지 않으면 어떤 방식도 결정되지 않는다. *협력과 문제 해결의 과정*과 선호하는 협상전략이 *경쟁적 · 대립적(confrontational) · 논쟁적(contending)*인지 여부도 역시 문화로 인해 결정된다.[14]

협상은 심리 게임으로 협상가가 상대방에 대해 결정을 내리거나 어떤 인상을 주어야 한다. 그들은 얼마나 진실된가? 현재 이 프로젝트에 대해 얼마나 노력을 하고 있는가? 어떤 대안을 가지고 있거나 고려하고 있는가? 지금의 "제안(offer)"이 그들이 할 수 있는 진정 최고의 협상인가? 이는 결코 협상가들이 고려해야 하는 소모적인 리스트가 아니라, 협상가가 결단을 내려야 하는 *전략적으로 두드러지는 문제들*을 강조한 것이다. 그들은 얼마나 쉽게 결단을 내리는가? 그들은 자신들이 내리는 결정에 대해 얼마나 엄격하며 융통성 있는가? 그들은 얼마나 극단적인 혹은 중재적인 결정을 내리는가?

쿠마르(Kumar)는 이러한 *해석*이 협상이 시간이 흐르며 어떻게 진화되는지에 결정적 영향을 미치며 *문화*가 그들의 결정에 영향을 미치는 데 중요한 역할을 한다고 주장한다.[15] 예를 들어 많은 아시아 문화에서 협상가는 즉각적으로 결정을 내리지 않는다. 이는 유럽과 미국의 협상가들이 종종 빨리 결단을 내려야 한다는 압박을 받는 것과 대조적이다. 이와 비슷하게 협상가들이 극단적인 결단을 내리거나 내리지 않는 것은 문화의 통제 여부에 따른 문제의 본질에 달려있다. 다시 말해 문화에서 결정을 내리는 것은 더욱 극단적일 수 있다는 것이다.

사람을 포함하는 결정은 느슨한 문화보다 통제된 문화에서 더 극단적일 수 있다. 갈등이 생기는 것은 피할 수 없지만, 갈등이 어떻게 다루어지는지는 문화마다 다르다. 코잔(Kozan)은 갈등이 *화합과 대립이나 규제를 가하는 모델*을 사용하여 해결될 수 있다고 제시한다.[16] 화합모델(harmony model)은 갈등을 해결할 때 체면을 차릴 필요가 있기 때문에 종종 *결과* 보다는 *과정*에 중점을 둔다. 이와 반대로 대립적 모델(confrontational model)은 *현실적 문제*에 대한 해결이 중요 관심사이다. 그리고 이것이 사람들을 불쾌하게 한다면 그냥 그렇게 되도록 내버려둔다. 규제적 모델은 기존에 있는 법 · 제도에 초점을 맞춰 갈등을 해결한다.

협상이 어떻게 진행되며 어떻게 해석이 되는지 그리고 어떻게 갈등이 다루어지는지에 대한 차이는 여러 가지 중요한 의미를 가진다. 문화마다 다른 협상 스타일은 *다른 기대를 가지게 되는 것*을 의미하고, 종종 문화간 갈등의 중심에 있는 *다른 기대감*을 나타낸다.[17] 사람들은 종종 자신들이 맹목적으로 가지고 있는 기대를 바탕으로 행동한다는 것 조차 인식하지 못한다.

*협상 스타일의 차이*가 주는 의미는 크다. 이러한 차이는 결국 비즈니스 협상을 마무리 짓는 데 필요한 시간을 늘리게 된다. 그러나 결과는 더욱 심각할 수 있다. 학자들은 서로 다른 기대를 가지는 것은 부정적인 감정과 불신을 낳을 수 있다고 말한다.[18] 협상가들이 좌절, 분노, 긴장 혹은 걱정과 같은 감정을 겪게 되면, 그들은 당사자들간의 간격을 멀어지게 할 수 있는 행동을 할 수도 있다. 이를테면 좌절하게 되면 공격적으로 반응하게 되고, 이는 협상가들이 상대방의 불성실함이나 거짓말에 대해 비난하는 상황까지 될 수 있다.

이렇게 되면 당연히 상대방도 비슷한 방법으로 대응하게 될 것이고, 이는 갈등을 심화시킬 수 있다. 협상가가 긴장하거나 걱정하게 되면 상대방이 유리해질 수 있다고 또 다시 걱정하게 되고, 이를 방지하기 위해 협상을 끝내버릴지도 모른다. 비록 이렇게 극단적인 결과가 일어나지 않더라도 협상 스타일의 차이는 좀 더 정확히 말해 혼란과 방향감각 상실을 낳을 수 있고 성공적인 협상을 할 수 있는 좋은 토대를 마련 할 수 없게 된다.

인도인의 협상 스타일

유럽인들이 다른 문화에 관심을 존경을 보이는 것은 현지에서 좋은 시작을 할 수 있는 배경이 된다. 그러나 직접적이고 논리적인 유럽식 접근방식에 근거하여 전략, 동의 그리고 투자에 대해 의문을 갖기 시작하면, 인도 특유의 난해함으로 인해 좌절할 수 있다. 유럽인들은 한가지 문제에 대해 합의했지만 인도인들과 재협상을 할 때는 이전에 협상한 것과는 다르다는 인상을 받게 되는데, 이는 인도인들이 속도보다 결과적으로 얻게 될 이익을 더욱 더 중요하게 생각하기 때문이다.

C. 빌헬름(C. Willhelm), Doing Business in India

인도에서 계약의 중요성은 협상에 얼마나 많은 시간을 들였느냐로 결정된다.

M. 카메예르(M. Kammeryer), The Other Customs Barrier

그들은 그저 완고하게만 보인다. 당신이 무엇을 제안하든지 그들은 실질적으로 고려해 보지도 않고 단박에 거절해버린다. 그리고 당신이 다른 것을 제안하면 그들은 역시 거절한다. 그들은 자신들의 방법이 최고라고 생각하고 매번 당신의 제안을 거절할 것이다.

M. Hughes에 언급된 덴마크인 매니저의 말,
인도인과 중국인의 협상행동에 대한 이론적 경험적 분석

인도인들은 극도로 예의 바르다. 그들은 절대로 상대방이 불편하게 느끼지 않도록 한다. 그들은 당신에게 압력을 가하지도 않는다. 하지만 당신은 협상 내용에 동의하였는지 하지 않았는지도 모르면서 회의를 끝내게 될 수도 있다. 나는 그들의 진짜 의도를 파악하려고 여전히 노력 중이다.

작가와의 개인적 인터뷰에서 덴마크 매니저의 말

인도에서 사업한 경험이 있는 외국인 매니저나 외국인들의 경험담은 인도인들이 협상을 대하는 방법을 파악할 수 있도록 도와 주었다. 인도인 매니저는 위의 의견들에 대해 동의하기도 하고 동의하지 않기도 한다. 단지 그들에게 이러한 의견들은 서양인들의 *주관적인 시각*을 대변하는 것으로 느껴질 수 있다. *주관성*이 인간의 행동을 결정짓는다고 가정하면, 외국인 매니저의 *주관성*이 인도인들과의 교류방식을 결정짓는다. 다시 말해 주관적 시각이 반영된 외국인 매니저의 행동은 그들이 인도인들을 어떻게 인식하는지를 반영하고, *인지는 행동을 만들어낸다*는 점에서 중요하다.

위에 언급된 것은 서양 매니저들이 인도인들을 *협상가로 어떻게 인식하는*

*지*를 명백하게 보여준다. 인도인들이 협상에 접근하는 방법은 유럽 · 미국인들이 협상에 접근하는 것과 많은 측면에서 다르다. 유럽-미국인들의 관점에서 인도인들은 논쟁하기 좋아할 뿐 아니라 간접적(indirect)이다. 인도인들은 자신들의 관심사를 최대치로 극대화시켜 시간을 강제적인 요소로 보지 않고(않거나) 오히려 시간을 협상에 관련된 지표로 본다.

지금부터는 인도인들이 협상에 접근하는 방법을 자세하게 설명하고 인도인들이 왜 그렇게 협상하는지 그 배경을 약술하여 인도인의 협상 태도를 더 명확하게 정리해 보도록 하겠다.

협상에 대한 기본 태도

인도인 협상가들은 협상을 *문제 해결* 과정이라고 생각하고, 그 성공여부는 문제를 해결하기 위해 이상적인 해결방안을 제시하는 협상가의 *명석함*에 의해 좌지우지 된다고 믿는다.[19] 이상적인 해결방법을 강조하는 것은 인도인 협상가들이 높은 *수준의 포부*를 가지고 이를 현실에 적용시키려고 한다는 것을 의미한다.[20] 인도인 협상가들이 협상을 시작할 때 가지는 높은 *수준의 포부*는 각각 다른 의미가 있다.

먼저 이상을 좇는다는 것은 모든 가능성을 고려해야 한다는 것을 의미하고, 모든 가능한 우발적 사고들이 생기는 것을 가정해야 한다는 것이다. 이는 자연스럽게 인도인 협상가들이 가능한 많은 정보를 모으고 평가해 보게 되는 결과를 낳는다. 이렇게 자연스러운 결과로 협상 과정은 느려진다. 이것이 서양인들에게는 염려스러운 부분일지라도 인도인들은 *시간에 대해 촉박하게 느끼지 않기 때문에* 이를 개의치 않는다.[21]

높은 *수준의 포부*로 인해 인도인 협상가들이 다른 협상가의 위치 · 상황을 위험한 상황의 정도(a degree of criticality)로 판단하게 된다. 당연히 비판적인 시각은 바람직하지 않은 결과가 나오지 않게 하는 데 필수적이지만, 지나치게 비판적인 마음가짐은 모든 것에 대해 단점을 찾으려 하게 될지도 모른다. 지나친 분석은 때때로 "의사 결정"이 마비상태가 되는 결과로 이끌 수 있다.

이렇게 되면 협상과정은 다시 한번 느려지거나 혹은 외국인 매니저를 좌절하게 만들 수 있으며, 그 매니저가 협상을 그만두게 할 수도 있다. 그리고 인도인들이 이상적인 해결방법을 찾는 경향이 주는 미묘한 의미가 있다. 인도인 협상가들은 자기 자신이 문제를 다루는 방법이 사실 *옳거나 올바른* 것이라는 것을 상대방에게 보이고 싶어 여념이 없을지도 모른다. 이럴 경우 협상가는 *상호간 이익이 되는 거래*를 성사시킬 수 있는 더 큰 목표를 간과하게 된다.

대안적으로 인도인 매니저는 자신의 상상 속의 이상에 *집착해 경험적 세상의 제약*으로부터 분리된다. 덴마크인 매니저가 이야기 하듯이 "*대부분의 인도인들은 협상을 할 때 높은 기대치를 가진다. 내가 인도에서 살았을 때, 나는 판매실적을 올리려는 한 합작회사를 알고 있었다. 그들은 대리점이 돈이 벌리는 곳임을 알게 되자 더 많은 주문을 받아내기 위해 판매팀을 늘리기로 결심했다. 자연히 더 많은 주문이 들어왔지만, 그들은 그 주문에 맞추기 위해 더 많은 제품을 생산해야 한다는 것을 생각하지 못했다. 물량이 주문을 따라잡을 수 없었다.*"[22]

인도인들이 이상적으로 생각하려는 경향을 보여주는 또 다른 예는 외국인 투자자들이 인도의 에너지 분야에 투자할 수 있도록 장려하는 인도의 정책을 분석해보면 알 수 있다. 1991년 경제 개혁을 시작으로 의사결정을 하는 인도 관료들은 인도의 경제 성장을 가속화시키고 유지시키려면 정부가 더 많은 외국 전력생산 회사들이 인도에 투자할 수 있도록 장려해야 한다는 것을 알게 되었다. 인도 정부는 1만 메가와트의 추가 전력을 얻을 수 있을 것이라고 기대했지만, 1991년부터 2000년 사이 2천 메가와트 밖에 늘지 않았다.[23] 이 분야에 투자를 유치하는 데 정부를 방해했던 중요 문제 중 하나는 정부 정책의 일관성과 지속성이 부족했다는 것이다. 기대치가 높았을 수는 있지만, 이러한 맥락에서 이를 수행할 수 있는 능력은 매우 *제한되어 있었다.*

이는 *이상적인 사고 방식*이 꼭 무리가 따른다는 의미가 아니다. 높은 수준

*의 기대*는 종종 양질의 해결책을 얻기 위해 필수적이다.[24] 현실과 조화를 이루지 못하는 *고상한 사고(high-minded thinking)*에 차이가 있거나, 고상한 사고로 일이 제대로 또는 효과적이지 않게 이행되었을 경우 문제가 발생한다. 제대로만 이용한다면 *이상적 생각(idealism)*은 긍정적 결과를 낳을 수 있다.

전략 협상하기

양보, 문제 해결, 피하기, 논쟁하기의 전략에는 차이가 있다.[25] 일부 사람들은 이 네 가지 외에 다섯 번째 실행 가능한 전략이 있다고 한다. 이를 "합의"라고 이름 붙일 수 있다. 이러한 전략들은 협상가가 두 가지에 근본적 관심을 가지고 있다는 것에 기초한다. 즉 개인의 결과에 대한 관심과 다른 이의 결과에 대한 관심이라고 할 수 있겠다. 이 두 가지가 모두 큰 관심사일 때 협상전략은 문제해결이라고 불리지만, 협상가가 자신의 결과물에만 관심이 있어서 상대방이 잘되건 못되건 관심을 보이지 않으면 이 전략은 논쟁이 되는 것이다.

개념에서 알 수 있듯이 이러한 전략은 서로 정반대의 성격을 가진다. 피하기는 자기 자신과 상대방의 관심이 둘 다 낮은 상태를 의미하는 반면, 양보하기는 한쪽이 상대방을 위해 자신의 필요를 양보하는 것이다. 학자들뿐 아니라 실무자들은 윈-윈(win-win)과 윈-루즈(win-lose)라는 용어를 종종 쓰고 윈-윈 전략이 종종 매우 바람직한 것으로 여겨진다. 위에서 묘사된 형태를 보면 윈-윈 전략은 문제 해결 전략을 상당히 좋아하는 반면, 윈-루즈 전략은 논쟁하기 전략과 맞닿아 있다.

그렇다면 인도인 협상가들이 선호하는 전략은 무엇일까? 비록 모든 상황이 특별하긴 하지만, 그리고 인도인 협상가들이 다른 그룹의 협상가들처럼 각각의 특정한 상황의 미묘한 뉘앙스에 민감하겠지만, 전형적인 인도인 협상가를 잘 나타내는 가장 *지배적인 전략*은 광범위한 용어(broad terms)로 정리될 수 있다.

인도인 협상가들은 *이상적인 결과*를 얻는 것에 사로잡혀 쉽게 양보하지 않는다. 주장하는 것이 상당히 *도덕적인 어조*인 경우, 거래를 하는 협상가의 능력은 줄어들고 더욱 악화될 수 있다.[26] 그러므로 전략은 *논쟁 전략(contending strategy)*이라고 여겨지는 것의 특징을 가지게 되는 것이다. 인도인 협상가들이 자신이 사용하고 있는 전략이 논쟁적이라고 느끼지 못해도, 인도인 협상가들이 쉽게 양보하지 않는 것을 상대방 외국인이 보았을 때는 논쟁전략을 사용하고 있는 것으로 비추어 질 수 있다. 결국 빌헬름이 지적하듯이 "유럽 비즈니스맨은 좀 더 '비즈니스 스쿨과 같은' 접근을 하고, 보통 인도에서 사업협상을 할 때 늘 볼 수 있는 상황인 줄다리기하는 모습에 놀란다. 협상하는 동안 '다른 협상도 이렇게 어려워?' 라는 말을 쉽게 들을 수 있다."[27]

협상결과 평가하기

*공평*하게 보이는 협의된 합의가 더욱 튼튼하기 마련이다. 협상에서 *공평성*이 중요하다는 의견은 실무자들이 몸담고 있는 커뮤니티뿐 아니라 학계에도 널리 퍼져있는 자명한 이치이다. 그러나 *공평성*에 대한 관심은 현재 협상에서 중심단계(center stage)를 차지하는데, 무엇이 공평성을 구성하느냐에 대해서는 논란의 소지가 있다.

학식이 풍부한 이들은 이제 그러한 결과를 산출해 내기 위해 사용한 과정이라는 관점과 더불어 결과물 배분(outcome allocation)의 관점에서 *공평성*을 바라보기 시작했다.[28] 결과물을 배분하는 것은 *공평함(equity), 평등함(equality)* 그리고 *필요(need)*라는 세가지 대안적인 표준의 관점에서 이해할 수 있다.[29] 공평함은 결과물이 투입량에 비례하는 것을 가리킨다. 평등함은 그 당사자들 간에 똑같이 배분되어야 함을 의미한다. 반면 필요는 더 많은 필요성을 느끼는 쪽이 더 큰 파이를 가져야 한다는 것을 가리킨다. 대조적으로

*절차상의 정의*는 협상을 좌우하는 과정에 초점을 맞춘다. 여기서 중심이 되는 질문은 다음과 같다. 각각의 당사자가 서로를 존경하며 대하는가? 그들은 거짓말이나 의심스러운 행동을 하지 않는가? 그들은 상대방이 자신들의 관점과 관심사를 알게 하도록 기회를 주는가?

비록 *배분상의* 그리고 *절차상의* 정의가 인도에서 중요하지만, 인도에서 *배분상의 정의*는 *절차상의 정의*보다 더 큰 반향을 불러 일으킨다.[30] 대부분이는 신하와 카눈고(Kanungo)가 설명한 *빈곤 신드롬(poverty syndrome)* 현상을 반영할지도 모른다.[31] 빈곤 신드롬은 사람들이 빈곤해지는 것을 몹시 두려워하여 자신들이 객관적인 조건이 보장될 수 있는 위험한 상황에 있다고 생각하는 것이다. 이는 역사적으로 자원이 부족했던 사회상을 반영한다.

인도의 사회문화적 맥락에서 *배분적 정의에 대한 관심*의 특징은 여러 가지 의미를 가진다. 첫째, 인도인들은 결과물 배분에 매우 민감하고 그들이 원하는 결과를 얻기 위해 다양한 전략을 사용한다. 핀란드에 살았던 한 작가와 관련된 이야기에서 핀란드인 매니저는 인도회사와 협상했던 것을 떠올렸다. 이 매니저는 인도인들이 자신들은 개발도상국에서 왔기 때문에 핀란드 회사가 기술을 제공하면서 요구하는 비용을 내기 어렵다고 주장했던 것을 떠올렸다. 그들은 가격을 할인해 주길 원했고 그들의 주장을 확실히 하기 위해 *감정적 어필*을 사용한 것이다.

물론 이것만이 인도인들이 결과물 분배에 대한 염려스러움을 표현하는 유일한 방법은 아니다. 그들은 조건을 재협상하려고 하거나 원래는 생각하지 않았던 것이지만 외국 파트너가 더 많은 노력을 하거나 혹은 더 많이 기여하기를 바랄 것이다. 실제로 쿠마르는 "인도인들은 그에 상응하는 양보도 없이 외국인 파트너가 장기간 동안 그들을 도와야 한다고 지속적으로 주장한다. 외국인 파트너가 관대하게 대해 줄 것이란 기대가 충족되지 않으면, 인도인들은 외국인 동료들에게 분개하게 된다"고 말한다.[32]

계약을 대하는 태도[33]

보통의 서양인 비즈니스맨이 사업을 성사시키고자 하는 노력의 성공여부는 사인을 끝마친 계약의 존재여부에 달렸다고 한다. 계약을 하는것이 문화를 넘어 널리 퍼져있다고 해도, 어떤 종류의 계약이 지배적으로 사용되는지는 다를 수 있다. 교류적, 관계적, 윤리적 그리고 관념형태의 계약 형태는 각각 구분된다. 모든 계약이 의무사항을 포함하지만, 이 의무사항이 얼마나 체계적으로 정리되어 있느냐를 떠나 그 의무사항이 얼마나 잘 지켜지느냐는 다를 수 있다. 상호 교류적 계약행위(transactional contracting)는 상대적으로 좁은 범위 내의 의무가 높은 수준으로 체계화 되었음을 의미한다. 이 스펙트럼의 한쪽 끝은 관념적 계약행위(ideological contracting)이다. 이것은 더 많은 의무를 받아들이는 것과 더불어 체계화 정도가 낮음을 의미한다.

서양에서 지배적인 계약형태는 교류적 계약이다. 교류적 계약은 그 어떤 잠재적 계약 위반에 대해 *법적 보호*뿐 아니라 *심리적 안심*도 준다. 만약 계약 위배의 상황이 발생하게 되면, 당사자들은 상대방을 고소하려 들것이다. 이는 *법적 조치*가 갈등을 해결하는 데 선호되는 방법이라는 뜻은 아니다. 단지 사업 문제를 해결하기 위해 법적으로 해결 하는 것에 대한 거부감이 적다는 의미이다. 서양에서 조차 점점 회사들은 분쟁을 해결하는 데 있어서 조정이나 중재를 택하고 있고, 많은 계약상의 합의는 중재조항을 당연히 구체화 하고 있다.

이와는 반대로 인도에서는 관념적 계약형태가 가장 널리 퍼져있다. 비록 법적 계약은 인도에서도 당연히 중요하지만, 관념적 계약에는 더 많은 부담이 지워진다. 이는 여러 이유에서 그렇다. 첫째, 인도사람들에게 집단주의적 경향이 존재하는 것이 교환거래를 지배하는 관계의 중요성을 강화시킨다. 둘째, 그것과 관련되어 오랫동안 지연되는 법적 제도는 분쟁을 판결 내리는 법적 체제에 덜 의존하도록 만든다. 다시 말해 법적 메커니즘보다 사회 통제

메커니즘이 기회주의적인 행동을 통제하는 데 더욱 효과적으로 보인다는 것이다.

외국인들이 인도에서 사업을 시작할 때, 그들은 교환거래를 제지하는 대안적 시스템에 직면하게 된다. 그들은 계약에서 당연히 확실시 되는 것에 의존하는 방법보다 종종 불확실성에 대처하는 더욱 *유동적이고 모호하며 상관적인* 방법을 불편하게 느낀다. 비록 계약상에서 확실시 되는 것이 외국인 사업가들이 그렇다고 생각하는 것보다 더욱 불확실한 것일 수 있지만 말이다. 사실 서양인들이 교류적 계약에 의존하는 것을 선호하는 것은 미국의 대리대사였던 로버트 O. 블레이크(Robert O. Blake)가 "인도에서의 사업 기회(Business opportunities in India)"라고 한 말에 잘 나타나있다. 그는 "재외공관 사람들이 미국 기업이나 투자자들에게서 가장 많이 듣게 되는 불평은 계약조건이 무역 분쟁이나 중재 시 중요시 되지 않는다는 것이다."

인도와 서양에서 계약을 다르게 접근하는 것은 여러 가지 다른 의미를 가진다. 계약조건이 지켜지지 않는다고 서양인들이 인식하게 되면 이들은 상대방의 의도에 대해 *오해*할 수 있다. 비록 상대의 행동이 계약에 대한 대안적인 인식을 반영할 뿐이라 해도, 이들은 상대방이 진실된지에 대해 의심할 수 있다. 서양인의 견해로는 서로를 대하는 데 있어서 생기는 어려움을 극복하기 위해 더 많은 노력을 해야 한다고 생각할지도 모른다. 비록 이 상황에서 요구되는 추가적인 노력이 계약에 교류적으로 접근하는 산물일지라도 말이다. 서양인들이 혼란을 겪고 당황할 수 있으며 그 상황을 더욱 악화시킬 수 있는 전략을 추구할 수도 있다는 것이다.

협상의 도전과제 해결하기: 서양인들이 무엇을 할 수 있을까?

인도인들의 협상 스타일은 외국인 협상가들에게 수많은 도전과제를 안겨준다. 전형적인 서양인 협상가는 종종 직접적이고 공격적이고 목표를 중심에 두고 시간을 정확하게 지키며 해결해야 하는 계약상의 동의를 결론짓는데 몰두해 있다. 인도인 협상가는 이에 더해 협상을 더 *복잡하게* 접근하게 만들려고 하는 특징을 갖는다.

복잡하다는 것은 장점도 단점도 아니다. *복잡성*이 가지는 의미는 단지 인도인 협상가가 외국인 협상가를 조금 더 받아 들이고, *빈곤 신드롬*이 지배적인 환경에서 협상을 대하는 인도식 접근을 받아들이는 것을 의미한다. 인도인의 관점에서는 완벽하게 이해할 수 있을지라도, 서양인 협상가에게는 방향감각을 상실하는 협상 접근법을 만들어 낼 수 있다. 그렇다면 외국인 협상가가 상대방 인도인과 협상하기 위해 어떻게 준비해야 할까? 이것이 이 부분에서 가장 중심이 되는 문제이다.

(I) 인도인 협상가가 다르게 행동하도록 인센티브를 만들어라 – 이 책의 초반에 지적했듯이 인도인들은 종종 행동과 태도를 *문맥에 의존한다.* 이는 인도인들이 다른 상황에서 다르게 행동하는 것을 의미한다. 인도인들이 외국인에 대해 원래 가지고 있는 의심, 빈곤 신드롬 그리고 분배적 정의에 대한 엄청난 염려와 더불어 인도인 협상가의 높은 수준의 포부는 그들로 하여금 논쟁적인 협상전략을 택하도록 만든다. 그러므로 서양인 협상가는 인도인들이 원래대로 하는 것보다 다르게 협상할 수 있도록 인센티브를 만들어야 한다.

이 문제에 대한 마법 같은 해결책은 없다. 그럼에도 불구하고 외국인 협상가들은 인도인 협상가들의 행동을 바꾸기 위해 인센티브를 만들 수 있다. 그들은 이성적인 범위 내에서 가능한 개방적이 되려고 노력해야 한다. 물론 이러한 노력이 서양협상가들이 자신들의 사업을 포기하라는 것을 의미하지는 않는다. 단지 *비이성적으로 폐쇄적이지* 말아야 함을 의미한다.

일반적으로 외국인 협상가가 개방적인 태도를 더 많이 보여줄수록 인도인들은 이에 더욱 긍적적인 태도를 보이게 될 것이다. 개방적인 태도는 공격적이지 않은 행동을 통해 보완될 수 있다. 앞서 지적했듯이 인도인들은 기질이 원래 공격적이지만 외국인이 공격적으로 보이는 것에 대해 잘 반응하지 않을 지도 모른다. 이 환경에서는 겸손이 미덕일 것이다. 대부분의 인도인 사업가는 "친구" 혹은 더 좋은 사이, 즉 확장된 가족의 일부라고 부를 수 있는 이들과 일하기 원한다.

외국인 사업가는 금을 발견하기 위한 새로운 탐험 계획을 세우는 대신 꾸준히 노력하는 것이 좋겠다. 비록 이러한 행동을 하는 것이 인도인 협상가의 행동을 완전히 바꾸어 놓을 수는 없겠지만, 이러한 행동이 함께 작용하게 되면 인도인 협상가들의 마음상태를 바꿀 수 있는 최소한의 분위기는 만들 수 있을 것이다.

(Ⅱ) 인도인 협상가들의 기대에 맞게 일하기 – 종종 인도인들은 기대치가 높고, 이러한 기대감은 효과적인 협상을 하는 데 장애물로 작용할 수 있다. 첫 번째로 권고할 것은 외국인 협상가는 이 기대치가 얼마나 정확하다거나 이성적인지에 대해 *논쟁적 주장*을 펴서는 안 된다는 것이다. 이렇게 하면 끝없는 논쟁과 대립상태로 빠지기 마련이다. 솔직한 논쟁보다는 *희미*하게 남겨 두는 것이 인도에서는 더욱 미덕으로 여겨질 수 있다.

정말 중요한 것은 외국인 협상가가 협상을 둘러싸고 있는 논쟁의 환경을 재구성하려고 노력해야 한다는 것이다. 새로운 문제를 제기하고 새로운 정보를 제공하며 다른 프로젝트와 비교해 더욱 광범위하고 · 비교되는 관점을 제시함으로써 논쟁의 환경을 재구성 할 수 있다. 아마도 인도인 협상가의 믿음을 얻게 되면, 그들은 상황을 다른 관점에서 보게 될 것이다.

(Ⅲ) 정당함에 신중을 기하기 – 비록 철갑 같은 계약으로 보증한다 해도, 정당하다고 여겨지지 않는 결과물은 인도를 포함한 많은 나라에서 시간의 시험에서 살아남지 못할 것이다. 정당성의 문제는 어떤 면에서 인도에서 보다 서양에서 다르게 비추어진다. 서양인의 관점으로는 자신이 사인한 계약에 충실하지 않은 것은 공정하지 못한 것으로 여겨질 수 있다. 인도에서도 이러한 문제가 없지는 않지만, 그것과 연관된 과정이나 계약에도 불구하고, 공평한 결

과를 보장할 수 있는 합의에 이르는 것과 같은 더 큰 염려사항들에 의해 가려졌다.

인도에는 사업가들이 통제할 수 없는 수많은 요인들, 예를 들어 인프라, 전력, 정치의 휘발성과 같은 것들이 있다는 것을 깨달을 때, 정당성의 문제는 인도의 환경에서도 더욱 중요해진다. 이는 결과물을 다소 예측 불가능하게 만들고 상상력과 융통성이 현재 계속되고 있는 도전과제와 조화를 이룰 수 있도록 만든다. 이러한 문제의 일부나 전체를 인식하는 외국인 투자자를 인도인 매니저들은 환대할 것이고 더 나아가 그들의 관계도 진전될 것이다.

부록 1

인도 관련 정보

Foreign Investment

- Department of Industrial Policy & Promotion www.dipp.nic.in
- Foreign Investment Promotino Board www.fupb.nic.in
- Reserve Bank of India www.rbi.org.in
- Investment & Trade Promotion Division, Ministry of External Affairs www.indiainbusiness.in

Foreign Trade

- Ministry of Commerce www.commerce.nic.in
- Indian Trade Promotion Organization www.indiatradepromotion.org
- Export Import Bank www.eximbankindia.com
- Directorate General of Foreign Trade http://dgft.delhi.nic.in, //dgftcom.nic.in
- Apparel Export Promotion Council www.aepcindia.com
- Marine Products Export Development Authority www.mpeda.com
- Agricultural and Processed Food Products Export Development Authority www.apeda.com

Industry

- Department of Industrial Policy & Promotion www.dipp.nic.in
- Ministry of Heavy Industries http://dhi.nic.in
- Ministry of Small Scale Industries http://ssi.nic.in

Information Technology

- National Association of Software & Service Companies www.nasscom.org

· Ministry of Information Technology www.mit.gov.in
· Electronics & Computer Software Export Promotion Council www.escindia.org

Economy and Finance

· Ministry of Finance www.finmin.nic.in
· Center for Monitoring Indian Economy www.cmie.com
· Planning Commission www.planningcommission.nic.in

Industry Chambers

· Confederation of Indian Industry(C.I.I.) www.ciionline.org
· Federation of Indian Chambers of Commerce and Industry(FICCI) www.ficci.com
· Associated Chambers of Commerce www.assocham.org
· India Brand Equity Foundation www.ibef.org

Miscellaneous

· Government of India Portal http://indiaimage.nic.in
· Ministry of Power www.powermin.nic.in
· Ministry of Non-Conventional Energy Source http://mnes.nic.in
· Directorate General of Hydrocarbons www.dghindia.com
· Ministry of Petroleum www.petroleum.nic.in
· Department of Biotechnology http://dbtindia.nic.in
· Ministry of Shipping http://shipping.nic.in
· Department of Company Affairs http://dca.nic.in
· Ministry of Environment and Forests http://envfor.nic.in

India Overview

1. 아시아 최남단에 위치
2. 전 지역이 북반구에 위치
3. 인도 면적(세계에서 일곱번째로 넓은 면적)
   1) 남-북 3,200km
   2) 동-서 2,900km
   3) 면적 15,000km
   4) 해안선 6,100km

4. 인구 : 10억 7천5백억명
5. 기후 : 열대 몬순 기후부터 산악극지 기후까지
6. 정치체제 : 비종교적, 사회주의적, 연방, 민주
7. 구조 : 29개의 연방주와 6개의 연합권역
8. 화폐 : 인도 루피(INR)
   1) 환율 (2004년 12월)
      ① US1$ = INR 44
      ② Euro 1 = INR 58
      ③ L.Stg. 1 = INR 84

9. 1인당 GNP : US$545+
10. 평균 수명 : 66세
11. 세계에서 가장 젊은 인구 :
    1) 35세 이하 인구 65% 이상
    2) 20세 이하 인구 50% 이상

12. 세계 최다 생산품 : 우유, 버터, 트랙터, 가공 다이아몬드, 차(tea), 과일, 설탕, 영화

13. 세계 두번째 최다 생산품 : 기술인력, 쌀 · 밀, 철도망(rail network), 연철(sponge iron)

14. 세계 최고 수준

1) 우주 기술(2008년 달 탐사)

2) 핵 기술

3) 슈퍼컴퓨터

4) I.T.

5) 생명공학(335개 회사 ; 15억달러 turnover, 40% p.a. 성장)

6) 미사일과 우주선

7) 선박, 잠수함, 연안 석유 플랫폼 디자인

부록 2

주석

아래 각주는 이 책의 공동저자인 아난드 세티(Anand Sethi)가 출판을 목적으로 좀 더 구체적인 설명을 위해 추가하였다.

1. Gaurangnath Banerjee (1921). *India as Known to the Ancient World*. Calcutta: Humphrey Press (Reprint, New Delhi AES, 1990).
2. Harprasad Ray. *Trade and Diplomacy in India*. New Delhi: Radiant Publishers.
3. Jacques Pirenne (1962). *The Tides of History*. England: Allen Unwin.
4. C. Rawlinson (1916). *The Intercourse between India and the Western World*. England: Cambridge Press.
5. Xinru Liu (1988). *Ancient Indian and Ancient China*. Delhi: Oxford University Press.
6. P.C. Bagchi (1971) *India and China A Thousand Years of Cultural Relations*. Greenwood Press (Reprint)
7. Liu. *Ancient India and Ancient China*.
8. Jawaharlal Nehru (1961). *Discovery of India*. India: Asia Publishing House.
9. Nick Robins. In Search of East India Company. *Down to Earth*. New Delhi: Centre for Science & Environment, Delhi.
10. 위와 같음.
11. Nehru. *Discovery of India*.
12. Brooke Adams. *The Law of Civilization and Decay*. India: Vintage Brooks.
13. Nehru. *Discovery of India*.
14. Robins. "In Search of East India Company"
15. Peter Ravn Rasmussen (1996). *Tranquebar: The Danish East India Company, 1616-1669*. University of Copenhagen 에세이
16. 위와 같음.
17. Peter Ravn Rasmussen (1996). *Tranquebar: The Danish East India Company, 1616-1669*. University of Copenhagen 에세이
18. P.N. Agrawala. *A Comprehension History of Business in India*. New Delhi: Vikas Publishing.
19. Francis C. Asisi. *Probing Indian American History* (www.indolink.com).
20. 위와 같음.
21. Susan S. Bean. *Yankee India*. MAPIN, MA: Peabody Essex Museum.
22. G. Bhagat (1970). *Americans in India*. New York University Press.
23. Gavin Weightman (2003). *The Frozen Water Trade*. Hyperion, U.S.A., January.

24. Federation of Indian Chambers of Commerce and Industry (1999). A Pictorial History of Indian Business. Delhi: Oxford University Pres.
25. John Maynard Keynes. *The Economic Journal*, September 1911.
26. Weightman. *Frozen Water Trade.*
27. Agrawala. *Comprehensive History of Business.*
28. Weightman. *Frozen Water Trade.*
29. The Kirloskar Story" www.kirloskars.com/html/us/hist.htm
30. Loren Michael. : Kolar Gold Fields Power." University of Wisconsin 박사 논문.
31. www.walchand.com/history.htm
32. The Quit India Movement는 1942년 8월 8일 마하트마 간디가 영국통치로부터 즉각적인 독립을 요구한 것이다. 1942년 8월 8일 "The Quit India" 법안이 인도국회를 통과하여 간디가 대중들에게 인도는 독립국가이며 더 이상 영국의 명령을 따를 필요 없이 행동하기를 원하였다. 하지만 영국은 간디나 네루와 같은 지도자를 감금시키고 집회를 금지시켰으며 전국적으로 대규모 구금이 일어났다. 전국적으로 총 9만명 정도가 체포되고 엄청난 벌금과 폭격으로 얼룩졌고 인도인들은 독립정부를 수립하면서 저항하였다.
33. B.R. Tomlinson. "Foreign Investment in India, 1920-1950." *Modern Asian Studies.*
34. M.K. Venu. "Bombay Plan to Bombay Club." *Economic Times,* September 9, 2003.
35. 위와 같음.
36. Abid Hussain. : India's Fifty Years of Economic Development." *India Perspectives*, August, 1997.
37. Federation of Indian Chambers of Commerce and Industry. Pictorial History of Indian Business.
38. 위와 같음.

제 2 장 인도의 부상 : 서양과의 대립

1. India stirs," *Financial Times*, August 29, 2002.
2. O. Goswami (2002). "India, 2002-2015: Scenarios for Economic Reforms." Confederation of Indian Industry, New Delhi, 2002
3. Indian Economy will Overtake UK, Japan, by 2035: Goldman Sachs," www.rediff.com/money/2003, October 13, 2003.
4. Nine Indian firms figure in Forbes list of fine corporations," www.domain-b.com/industry/general/20030416_forbes.html, April 16, 2003

5. N. Forbes (2001). "Doing Business in India: What has Liberation Changed?" In A.O. Krueger (Ed,) *Economic Policy Reforms and the Indian Economy*, pp. 130–167, Chicago: University of Chicago Press.
6. *Economist Intelligence Unit*, "Making the Most of India," July 9, 2003.
7. IBM Buys Indian Call Center Operator," www.msnbc.com/id/4685675, April 7, 2004.
8. www.ficci.com/mca1/business-climate/comp-advantage.htm
9. *International Herald Tribune*, "Adapt to a Changing World Economy," February 5, 2003.
10. A. Sethi (2002). "India: A Commercial History Perspective." 출판되지 않은 원고.
11. M. Backman and C. Butler (2004). *Big in Asia: 25 Strategies for Business Success*. New York: Palgrave Macillan.
12. J. Kotkin (1992); *The Tribe: How Race, Religion, and Identity Determine Success in the Global Economy.* New York: Random House.
13. G. Das (2002). *The Elephant Paradigm: India Wrestles with Change.* New Delhi: Penguin Books.
14. Y. Huang and T. Khanna "Can India overtake China," *Foreign Policy,* July/August 2003.
15. *Business Today*에서 인용, January 18, 2004.
16. S. P. Cohen (2001). *Emerging Power: India*. New Delhi: Oxford University Press.
17. S. Khilnani (1997). *The Idea of India.* New Delhi: Penguin Books.
18. Cohen. *Emerging Power: India.*
19. N. Davies (1996). *Europe: A History.* Oxford: Oxford University Press.
20. Khilnani. *The Idea of India.*
21. F.R. Frenkel (1999). : Contextual democracy: Intersections of Society, Culture, and Politics in India." In F.R Frenkel, Z. Hasan, R. Bhargava, and B. Arora (Eds.) *Transforming India: Social and Political Dynamics of Democracy,* pp. 1–25. New Delhi: Oxford. P.K. Bardhan (2003). "Political Economy and Governance Issues in the Indian Economic Reform Process." *The Australia South Asia Research Centre's K.R. Narayan Oration, March 25, 2003.* Australian National University.
22. E. Luce and Q. Peel (2004). "Reformist Sees Democracy as a Source of India's Strength." *Financial Times,* November 8, p.5
23. www.worldbank.org/data/wd 2004
24. World Economic Forum (1999). *Global Competitiveness Report.* Geneva, Switzerland.

25. V. More and S. Narang (2002). "India, 2002–15: Where can Manufacturing be?" *Confederation of Indian Industry.* New Delhi: India.
26. C. Rufin, U.S. Rangan, and Kumar (2003). "The Changing Role of the State in the Electricity Industry in India, China, & Brazil: Differences and Explanations." *American Journal of Economics and Sociology,* 4: 649–675.
27. A.O. Krueger and S. Chinoy (2001). "The Indian Economy in Global context." In A.O. Krueger (Ed.) *Economic Policy Reforms and the Indian Economy,* pp.10–45. Chicago: University of Chicago Press.
28. T.N. Srinivasan and S.D. Tendulkar (2003). *Reintegrating India with the World Economy.* Washington DC: Institute for International Economics.
29. Krueger and Chinoy. "The Indian Economy in Global Context."
30. 위와 같음.
31. 영국의 페이비언 협회가 1884년에 창설되어 현재까지 지속되고 있다. 이 단체를 중심으로 페이비언 사회주의에 대한 논의가 이루어졌다. 마르크스 주의에서 보이는 급진성 대신에 점진적 변화를 추구하고 합헌주의를 말함으로써 의회정치를 주장한다. 이들은 노동운동을 비판적 시각에서 보며 노동자를 위해서는 노동운동은 오히려 해가 된다고 주장하며 실증주의적 시각을 띠고 있다.
32. J. Mukherji (2002). *India's Slow Conversion to Market Economics.* Center for the Advanced Study of India, University of Pennsylvania, Philadelphia, PA.
33. 위와 같음.
34. 위와 같음.
35. 라지브 간디 수상의 후임으로 선출된 나라시마 라오수상은 취임 후 곧바로 대대적인 「경제자유화 및 개방화」를 위한 구조조정정책을 단행했다. 정부규제 완화를 핵심으로 하는 개혁정책의 주요내용은 산업인가제의 폐지, 공공부문의 민간개방, 외국인 소유지분상한의 상향조정, 외국 기술협정의 규제완화, 수출입 네거티브 시스템도입, 관세율 인하, 외환 및 자본시장의 자유화, 독점 제한적 외환 관행의 철폐 등이다.
36. Krueger and Chinoy. "The Indian Economy in Global Context."
37. D. Farrell and A. Zainulbhai (2004). "The Next Steps to Greater Indian Prosperity." *Financial Times,* May 25.
38. Mukherji. *India's Slow Conversion.*
39. 위와 같음.
40. Asian Development Bank (2001). *Country Economic Review,* India. Manila: Philippines, Asian Development Bank Report.

41. M. Patibandla and B. Petersen (2002). “Role of Transnational Corporations in the Evolution of a High Tech Industry: The Case of India's Software Industry.” *World Development,* 30: 1561–1577.
42. N. Bajpai and V. Shastri (1998). *Software Industry in India: A Case Study.* Harvard Institute of International Development: Harvard University Press.
43. A. Singhal (2004). “A Changing India.” www.rediff.com/money/2004/feb/21
44. India–U.S. Economic relations. *CRS Report for Congress.* February 25, 2004.
45. www.ficci.com'mca1/business–climate/comp–advantage.htm
46. N. Bajpai and J.D. Sachs (1999). *The Progress of Policy Reform and Variations in Performance at the Sub National Level in India.* Harvard Institute of International Development: Harvard University Press.
47. M. Muller (2000). “*India: What Can it Teach Us?* New Delhi: Penguin Books.
48. C. Nakane (1964). “Logic and the Smile: When Japanese Meet Indians.” *Japanese Quarterly*, 11(4): 434–438
49. D. Lal (2001). *Unintended Consequences: The Impact of Factor Endowments, Culture, and Politics on Long Run Economic Performance*. Cambridge, MA: MIT Press.
50. Taeube, F.A. n.d. *Structural Change and Economic Development in India: The Impact of Culture on the Indian Software Industry*. 9th International Conference of Regional Studies Association. Pisa, Italy, April 2003.
51. J.B.P. Sinha (1980). *The Nurturant Task Leader.* New Delhi: Concept Publishing.
52. D. Binstead n.d. *India: History, Succession, and Future of Family–Owned Businesses.* “India Study Program,” Global–Trade–Law; GMU School of Public Policy, U.S.A., January 2004.
53. G. Das (1999). The Problem. www.india–seminar.com
54. www.rediff.com, “For Indian Businessmen, Family is the First Choice,” February 21, 2003.

제 3 장 인도 소프트웨어 산업의 짧은 역사

1. Jawaharlal Nehru (1961). *Discovery f India.* India: Asia Publishing House.
2. T.R.N. Rao and S. Kak (1998). *Computing in Ancient India.* Lafayette, LA: University of Southern Louisiana.

3. Anand K. Sethi. "Indian Humanware" A Dimensional Study of India's IT Human Resources in the Context of Denmark's Requirement of IT. 덴마크 정부 제출용 보고서.
4. Mrs. Sudha Murthy. *How Infosys was Born A.R. miniscence.* From// roofin.tripod.com/infosys
5. 위와 같음.
6. Sethi. "Indian Humanware."
7. Prof. Anne Lee Saxenian (2000년 9월 29일). *Brain Drain or Brain Circulation The Silicon Valley Asia Connection.* Harvard University Asia Center.
8. India's Whiz Kids." *Business Week*, International Edition (December 7, 1998).
9. Prof. Anne Lee Saxenian. *Silicon Valley's New Immigrant Entrepreneurs.* Public Policy Institute of California.
10. Seth. "Indian Humanware."
11. Stuart Whitmore. "Driving Ambition." *Asia Week*, June 1999.
12. Hinduism." www.msn.com/encyclopedia

제 4 장 문화적 묘사 : 인도인의 경영방식에 힌두교가 미친 영향

1. C. Storti (1990). *The Art of Crossing Cultures* (p. xiii). Yarmouth, ME: Intercultural Press.
2. G. Hofstede (2001). *Cultures Consequences: Compacting Values, Behaviors, Institutions, and Organizations across Nations.* London: Sage. A. Bird and M.J. Stevens (2003). "Toward an Emergent Global Culture and the Effects of Globalization on Obsolescing National Cultures." *Journal of International Management,* 9:395–407
3. Hofstede, p. 10.
4. N.J. Adler. *International Dimensions of Organizational Behavior.* Cincinnati, Ohio: Southwestern Publishing 4번째 개정판, 2002.
5. Hofstede, p. 9.
6. J.B.P. Sinha (2003). *Multinationals in India: Managing the Interface of Cultures.* New Delhi: Sage.
7. R. Brislin and T. Yoshida (1994). *Intercultural Communication Training: An Introduction.* New Delhi: Sage.
8. P. Mishra (2002). "How the British invented Hinduism." *New Statesman*, August 26, pp. 19–21.

9. Hinduism. "www.msn.com/encyclopedia, June 28, 2004.
10. W. Doniger. "Hinduism." www.kat.gr/kat/history/rel/hinduism.htm from "Encarta" (microsoft) 2001.
11. Hinduism. "www.msn.com/encyclopedia
12. 위와 같음.
13. Hinduism. "www.msn.com/encyclopedia
14. Monier Williams (1891). *Brahmanism and Hinduism: Religious Thought and Life in India.* London, UK: John Murray Press.
15. Hinduism. "www.fact-index.com/h/hi/hindustan.html
16. Doniger. "Hinduism." www.kat.gr/kat/history/rel/hinduism.htm
17. R. Lannoy (1971). *The Speaking Tree: A Study of Indian Society and Culture.* New Delhi: Oxford University Press.
18. 위와 같음.
19. J.B.P. Sinha (2004). *Facets of Indian Culture.* 출판되지 않은 원고; Doniger. "Hinduism." www.kat.gr/kat/history/rel/hinduism.htm
20. Lannoy. *The Speaking Tree.*
21. Doniger. "Hinduism."
22. 위와 같음.
23. A.T. Embree (1989). Brahmanical Ideology and Regional Identities. In M. Jurgensmeyer(Ed.) *Imagining India: Essays on Indian History*, p. 9-27. London: Oxford University Press; N.C. Jain and E.D. Kussman (1994), Dominant Cultural Patters of Hindus in India. In L.A. Samovar and E.E. Porter (Eds,) *Intercultural Communication: A Reader* (pp. 95-104). Belmont, CAL R. Inden (1990). *Imagining India.* Oxford: Blackwell.
24. A. Dhand (2002). "The Dharma of Ethics, the Ethics of Dharma: Quizzing the Ideals of Hinduism." *Journals of Religions Ethics*, 30:347-372.
25. 위와 같음.
26. 위와 같음.
27. J.D. White (2000). Harmony and Order in Indian Religious Traditions: Hinduism. In J.B. Gittler and J. Bertram (Des.) *Research in Human Social Conflict*, pp. 81-102. Connecticut: JAI Press.
28. J.B.P. Sinha. Facets of Indian Culture.
29. D. Gupta (2000). *Interrogating Caste: Understanding Hierarchy and Difference in Indian Society.* New Delhi: Penguin.

30. N. Tarakeshwar, J. Stanton, and K.I Pargament (2003). "Religion: An Overlooked Dimension in Cross Cultural Psychology." *Journal of Cross Cultural Psychology*, 34: 377–394; R.A Emmons and R.E. Paloutzian (2003). "The Psychology of Religion." *Annual Review of Psychology*, 54: 377–402.
31. N. Tarakeshwar et al. "Religion."
32. R.A. Emmons and R.E. Paloutzian (2003). "The Psychology of Religion."
33. P. Laungani (1999). "Cultural Influences on Identity and Behavior." In Y.T. Lee, C.R. McCauley, and J.G. Draguns (Eds.) *Personality and Persons Perception across Cultures*. Pp.191–212. New Jersey: Lawrence Erlbaum Associates; R. Kumar (2004). "Brahmanical Idealism, Anarchical Individualism and the Dynamics of Indian Negotiating Behavior." *International Journal of Cross Cultural Management*, 4: 39–58; J.B.P. Sinha and R.N. Kanungo (1997). "Context Sensitivity and Balancing in Indian Organizational Behavior." *International Journal of Psychology*, 32: 93–105.
34. F. Kluckhohn and F. Strodtbeck (1961). *Variations in Value Orientations*. Evanston, Il: Row Peterson.
35. S. Gopalan and J.B. Rivera (1997). "Gaining a Perspective on Indian Value Orientations: Implications for Expatriate Managers." *International Journal of Organizational Analysis*, 5: 156–179.
36. J. T. Jones and T. Jackson (2001). Managing People and Change: Comparing Organizations and Management in Australia, China, India, and South Africa. 출판되지 않은 원고. Flinders University of Australia; J.B.P. Sinha and S. Mohanty (2004). *Tata Steel: Becoming World Class*. New Delhi: Sri Ram Centre for Industrial Relations and Human Resources.
37. 위와 같음.
38. Dilbert.iiml.ac.in/mag/panel.htm, Indian vs Western managers. 2004년 6월 14일.
39. S. Stroschneider and D. Guss (1999). "The Fate of the Moros: A Cross Cultural Exploration of Strategies in Complex and Dynamic Decision Making." *International Journal of Psychology*, 34: 235–252.
40. 위와 같음.
41. J.B.P. Sinha (2004 forthcoming). Glimpses of Indian Cultures and Its Impact on Organizational Behavior. In Y.T. Lee, V. Calvez, and A.M. Guenette (Eds.) *Cultural Competence in the World of Globalization: Cultural and Organizational Specificities*.

42. Lannoy. *Speaking Tree.*
43. Kumar. :Brahmanical Idealism. "39–58; H. Nakamura (1964). *Ways of Thinking of Eastern Peoples: India, China, Tibet, and Japan*. Honolulu: East West Center Press.
44. www.managementnext.com, June, 2003.
45. Lannoy. *Speaking Tree.*
46. R. Geissbauer and H. Siememsen (1995). *Strategies for the Indian Market: Experiences of Indo–German Joint Ventures*, P. 87. New Delhi: Indo German Chambers of Commerce.
47. P. Laungani (1999). "Cultural Influences on Identity and Behavior."
48. G.W. England, O.P. Dhingra, and N.C. Aggarwal (1974). *The Manager and the Man*. Kent, OH: Kent State University Press; R. Cohen (1997). *Negotiation across Cultures: Communication Obstacles in International Diplomacy.* Washington DC: US Institute of Peace.
49. H.R. Markus and S. Kitayama (1991). "Culture and the Self: Implication for Cognition, Emotion, and Motivation." *Psychological Review*, 108: 291–310; A. Roland (1988). *In Search of Self in India and Japan: Toward a Cross Cultural Psychology*. Princeton, NJ: Princeton University Press.
50. H.C. Triandis (1994). *Culture and Social Behavior*. New York: McGraw Hill.
51. H.R. Markus and S. Kitayama (1991). "Culture and the self" *Psychological Review*, 98: 224–253.
52. 위와 같음.
53. R. Kumar (2004). "Clture and Emotions in Intercultural Negotiations." IN M. Gelfand and J.M. Brett (Eds.) *Culture and Negotiation: A Reader*, pp.95–113. Palo Alto: Stanford University Press.
54. J.B.P Sinha and J. Verma (1987). "Structure of Collectivism." In C. Kagitcibasi (Ed.) *Growth and Process in Cross Cultural Psychology*, pp. 123–129. Lisse: Swets & Zeitlinger; K. Marriott (Ed.) *India through Hindu Categories*. New Delhi: Sage.
55. J.B.P Sinha (2005). *Facets of Indian Culture.*
56. H.C. Triandis and D.P.S. Bhawuk (1997). "Culture Theory and the Meaning of Relatedness." In P.C. Earley and M. Erez (Eds.) *New Perspectives in International Industrial Organizational Psychology*(pp.13–52). San Francisco: New Lexington Press.

57. Sinha. *Facets of Indian Culture.*

58. L. Ericson (2003). Snakes in Bombay: A Case Study of British/Indian Outsourcing Partnership. *The Milestone*, 4: 1–3.

59. Canadian International Development Agency (1994). "Working with an Indian Partner: A Cross Cultural Guide for Effective Working Relationships."

60. J.B.P Sinha, T.N. Sinha, J. Verma, and R.B.N. Sinha (2001). "Collectivism Coexisting with Individualism: An Indian Scenario." *Asian Journal of Social Psychology*, 4:133–145.

61. A. Roland. N.d. Multiple Mothering and the Familial Self. 출판되지 않은 원고.

62. J.B.P Sinha, N. Vohra, S. Singhal, R.B.N. Sinha, and S. Ushashree (2002). "Normative Predictions of Collectivist–Individualist Intentions and Behaviour of Indians." *International Journal of Psychology*, 37:309–319.

63. R.K. Gupta (2002). *Towards the Optimal Organization: Integrating Indian Culture and Management*. New Delhi: Excel Books.

64. R. Gopalakrishnan (2002). Leading diverse teams. www.tata.com, June 29, 2004.

65. C. Chakravarthy (2003). More MNC's Place Faith in Indian Managers. www.economictimes. indiatimes.com, June 15, 2004.

66. A. Panda and R.K. Gupta (2002). "Hi–Tech Communication Limited." *Asian Case Research Journal*, 2: 129–166.

67. Sinha, *Multinationals in India*, p. 154.

68. Sinha, *Multinationals in India*, pp. 180–181.

69. P. Laungani (1999). "Cultural Influences on Identity and Behavior."p.207.

70. Goplan and Rivera. "Gaining a Perspective on India Value Orientation."p. 163.

69. P. Laungani (1999). "Cultural Influences on Identity and Behavior."p.207.

70. Goplan and Rivera. "Gaining a Perspective on India Value Orientation."p. 163.

71. S. Narayan (2000). "Value mind, Indian Mind." www.littleindia.com/India/Feb00/mind.htm

72. J. Harriss (2003). "The Great Tradition Globalizes: Reflections on Two Studies of 'The Industrial Leaders' of Madras." *Modern Asian Studies*, 37:327–362.

73. Comment of a Danish manager. In M.L. Hughes (2002). *A Theoretical and Empirical Analysis of Chinese and Indian Negotiationg Behavior*. 출판되지 않은 석사 논문, The Aarhus School of Business, Aarhus, Denmark.

74. E.T. Hall (1976). *Beyond Culture*. New York: Doubleday.

75. J.B.P. Sinha and R.N. Kanungo (1997). "Context Sensitivity and Balancing in Indian Organizational Behavior."

76. Sinha. *Glimpses of Indian Culture.*

77. Panda and Gupta. "Hi-Tech Communication Limited."

78. G. Chella (2004). "India's Cultural Competitiveness: The Unfinished Task." *Business Line,* March 5.

79. D.C. McClelland (1975). *Power: The Inner Experience*. New York: Free Press.

80. J.B.P. Sinha (1985). "Psychic Relevance of Work in Indian Culture." *Dynamic Psychiatry*, 18: 134-141.

81. J.B.P. Sinha (1990). *Work Culture in the Indian Context*. New Delhi: Sage.

82. R.K. Gupta (1991). "Employees and Organizations in India: Need for Moving Beyond America and Japan." *Economic and Political Weekly*, XXXVI, M68-M76.

83. J.B.P. Sinha and S. Mohanty (2004). *Tata Steel: Becoming World Class.*

84. 위와 같음.

85. 위와 같음.

86. Sinha. *Multinationals in India.*

87. J.B.P. Sinha and S. Mohanty (2004). *Tata Steel: Becoming World Class*, p.244.

88. 위와 같음.

89. Gupta. *Towards the Optimal Organization.*

90. R. Gopalakrishnan (2002). "If only India Knew What Indians Know." www.tata.com. April 26.

91. S.V. Prasad (2003). "The Power Motive in the Indian Context: Some Reflections." *Journal of Indian Psychology*, 21: 7-20.

92. T.K. Das (2001). : Training for Changing Managerial Role Behaviour: Experience in a Developing Country." *Journal of Management Development*, 20:579-603 (p.585).

93. J.B.P. Sinha (1970). *Development through Behavior Modification*. Bombay: Allied Publishing.

94. Sinha. *Facets of Indian Culture.*

95. A. Roland. n.d. Multiple Mothering and the Familial Self. 출판되지 않은 원고.

96. Y. Vertzberger (1984). "Bureaucratic-Organizational Politics and Information Processing in a Developing State." *International Studies Quarterly*, 28: 69-95.

97. Sinha. *Facets of Indian Culture.*

98. M.K.Raina (2002). "*Guru–Shisya* Relationship in Indian Culture: The Possibility of a Creative Resilient Framework." *Psychology and Developing Societies*, 14: 167–198.
99. J.B.P.Sinha (1980). *The Nurturant Task Leader*. New Delhi: Concept Publishing.
100. J.B.P.Sinha and S. Mihanty (2004). *Tata Steel: Becoming World Class*, p.36.
101. Sinha. *Multinationals in India.*
102. J. Gosling and H. Mintzberg (2003). "The Five Minds of a Manager." *Harvard Business Review*, November, pp. 53–63.
103. J. Gosling and H. Mintzberg (2003). "The Five Minds of a Manager." *Harvard Business Review*, November, pp. 56.
104. R. Kumar (2004). "Brahmanical Idealism, Anarchical Individualism and the Dynamics of Indian Negotiating Behavior."
105. 덴마크인 매니저의 말. In Hughes, *Chinese and Indian Negotiating Behavior*, p. 82.
106. R.E. Nisbett, K. Peng, I. Choi and A. Norenzayan (2001). "Culture and Systems of Thought: Holistic vs Analytic Cognition." *Psychological Review*, 108: 291–310.
107. R. Kumar (2004). "Brahmanical Idealism, Anarchical Individualism and the Dynamics of Indian Negotiating Behavior." P.44.
108. R.K. Gupta (2004). : Prospects of Effective Teamwork in India: Some Cautionary Conjectures from a Cross Cultural Perspective." *Indian Journal of Industrial Relations*, 38: 211–229.
109. R. Kumar (2004). "Brahmanical Idealism, Anarchical Individualism and the Dynamics of Indian Negotiating Behavior."
110. Panda and Gupta. "Hi–Tech Communication Limited."
111. Hughes. *Chinese and Indian Negotiating Behavior.*
112. Sinha에서 인용. *Multinationals in India.*

제 5 장 인도 이해하기

1. Pavan K. Varma (2004). *Being Indian*. India: Penguin/Viking.
2. Shashi Tharoor (2005). "A Culture of Diversity." *Resurgence* Magazine, 8 March.
3. Varma. *Being Indian.*
4. 위와 같음.
5. Sudip Talukdar. : Makeshift Miracles." *Times of India*, January 1, 2004.
6. Shashi THaroor. "Culture of Diversity."

7. N. Vittal. "Corruption is Eating the Very Core of the Nation." Rotary District Conference에서 발표된 논문, New Delhi, January 2002.
8. 위와 같음.

제 6 장 인도에서의 성공 전략

1. C.A. Bartlee and S. Ghoshal (2000). *Transnational Management*. New York: McGraw Hill.
2. Economist Intelligence Unit (2000). "Selling to India." March, pp. 1–2.
3. 위와 같음.
4. G. Shukla (2004). "Global Winners, Indian Losers." www.rediff.com · money/ 2004/ nov/09spec.htm
5. G. Shukla (2004). "Global Winners, Indian Losers." www.rediff.com/money/ 2004/nov/ 09spec.htm, p.5.
6. A.Andres, S. Bernberg, G. Jindal, G. Ritwik, M.S. Bhatia, P. Swapnil, and S. Namit (2004). *Taming the Elephant: Turnaround of Mercedez–Benz India Ltd*. Vallendar, Germany: Otto Beisheim Graduate School of Management.
7. A.Andres, S. Bernberg, G. Jindal, G. Ritwik, M.S. Bhatia, P. Swapnil, and S. Namit (2004). *Taming the Elephant: Turnaround of Mercedez–Benz India Ltd*. Vallendar, Germany: Otto Beisheim Graduate School of Management, p.7.
8. Shukla. "Global Winners, Indian Losers."
9. 위와 같음.
10. S.D. Gupta (2004). "Korean Chaebols Rule Indian Markets." www.rediff.con/ money/2004/jul/spec.htm
11. D.N. Mukherjea and R. Dubey (2003). "The Koreans." *Business World*, September 15, pp. 37–42.
12. 위와 같음.
13. 위와 같음.
14. Gupta. "Korean Chaebols," p.3.
15. W. Pinckney (2004). "Indians Want Quality and Will Pay for It." www. agencyfaqs. com/www1/news/interviews/pinckney.html
16. 위와 같음.
17. W. Pinckney (2004). "Indians Want Quality and Will Pay for It." www.agencyfaqs. com/ www1/news/interviews/pinckney.html, p.1.

18. D. Keskar (2001)에서 인용. "When in India, Do as Indians Do." http://web23.epnet.com/ citation.asp? p.1.
19. S. Ramchander (2002). "Make Sure Your Product is Special." www.hindubusinessline.com/bline.catalyst/2002/06/13/stories/20020613000
20. S. Ramchander (2002). "Make Sure Your Product is Special." www.hindubusinessline.com/bline.catalyst/2002/06/13/stories/20020613000, p.5.
21. R. Bhushan (2003)에서 인용. "It Takes Time to Understand the Indian Market." www.blonnet.com/catalyst/2003/05/08/stories/ 2003050800040100.htm
22. Mukherjea and Dubey. "The Koreans," p. 41.
23. C.K. Prahalad and A. Hammond (2002). "Serving the World's Poor, Profitably." *Harvard Business Review*, September, pp. 4–11.
24. J.B.P.Sinha (2004). *Multinationals in India: Managing the Interface of Cultures*. New Delhi: Sage.
25. C.K. Prahalad and A. Hammond (1998). "The End of Corporate Imperialism." *Harvard Business Review*, July–August, pp.69–79.
26. Sinha. *Multinationals in India.*
27. Prahalad and Lieberthal. "End of Corporate Imperialism."
28. 위와 같음.
29. R. Goffee and G. Jones (1996). "What Holds the Modern Company Together?" *Harvard Business Review*, November–December, pp. 133–148.
30. R.A. Ostrander (1995). "Subcontinental Telecommunications Solutions." Palo Alto, CA: Graduate School of Business, Stanford University.
31. P.L. Fagan, M.Y. Yoshino, and C.A. Bartlett (2003). *Silvio Napoli at Schindler India* (A). Cambridge, MA: Harvard Business School Press.
32. M.Y. Yoshino and P.L. Fagan (2002). *Silvio Napoli at Schindler India* (B). Cambridge, MA: Harvard Business School Press.
33. 위와 같음.
34. Sinha, *Multinationals in India.*
35. Yoshino and Fagan에서 인용. Schindler India (B).
36. R. Kumar (1996)에서 인용. "Order Amid Chaos: Doing Business in India." *Wall Street Journal,* May 28.
37. J.S. Black, M. Mendenhall, and G.Oddou (1991). "Toward a Comprehensive Model of International Adjustment: An Integration of Multiple Theoretical Perspectives." *Academy of Management Review*, April, pp. 291–317.

38. R.M. Hodgetts and F. Luthans (2000). *International Management: Culture, Strategy, and Behavior*. New York: McGraw Hill.
39. A.E. Fantini. n.d. *A Central Concern: Developing Intercultural Competence*. www.sit.edu/ publications/docs/competence.pdf
40. D.A. Griffith (2002). "The Role of Communication Competencies in International Business Relationship Development." *Journal of World Business*, 37:256–265.
41. S.L–O' Sullivan (1999). "The Distinction Between Stable and Dynamic Cross Cultural Competencies: Implications for Expatriate Trainability." *Journal of International Business Studies*, 30: 709–725.
42. P.C. Earley andR.S. Peterson (2004). "The Elusive Cultural Chameleon: Cultural Intelligence as a New Approach to Intercultural Training for the Global Manager." *Academy of Management Learning and Education*, 3: 100–115.
43. P.C. Earley and E. Mosakowski (2004)에서 인용. "Cultural Intelligence." *Harvard Business Review, October*, pp. 139–146.
44. 위와 같음.
45. R. Brislin and T. Yoshida (1994). *Intercultural Communication Training. An Introduction*. London: Sage.
46. P. Petzal (2004). "India and Outsourcing: Beyond the Cost Savings." www.mce.be/ knowledge/430/35
47. A. Meisler (2004). "Global Companies Weigh the Cost of Offering a Helping Hand to the Expats." www.workforce.com
48. R. Bennett, A. Aston, and T. Colquhoun (2000). "Cross Cultural Training: A Critical Step in Ensuring the success of International Assignments." *Human Resource Management*, 39: 239–250.
49. Brislin and Yoshida. *Intercultural Communication Training.*
50. Boston Consulting Croup (2004). "Ten Tips from Successful European Companies in India."Confederation of Indian Industry 제출용 보고서.

제 7 장 인도인과 대화하기

아래 표어들은 W.B. Gudykunst and Y.Y. Kim (1992). *Communicating with Strangers: An Approach to Intercultural Communication* pp.41,89. C. Storti (1990). *The Art of Crossing Cultures.* Maine: Intercultural Press; D.C. Thomas (2002). *Essentials of International Management: A Cross Cultural Perspective*. Thousand Oaks, CA: Sage 에서 인용 되었다.

1. W.B. Gudykunst and Y.Y. Kim (1992)에서 인용. *Communicating with Strangers: An Approach to Intercultural Communication*. New York: McGraw Hill (p.41).
2. M. Guirdham (1999). *Communicating across Cultures.* Hampshire, UK: Palgrave Macmillan.
3. H.W. Lane, J.J. DiStefano, and M.L. Maznevski (1998). *International Management Behavior.* Oxford, UK: Blackwell Publishers.
4. S.T. Fiske and S.E. Taylor (1991). *Social Cognition*. New York: McGraw Hill; L. Thompson (2003). *The Mind and Heart of the Negotiator*. New York: Prentice Hall.
5. E.Schein (1985). *Organizational Culture and Leadership*. San Francisco: Jossey-Bass.
6. M. Guirdham. *Communicating across Cultures*, p.175.
7. Doing Business in India: A Cultural Perspective." Stylusinc.com/business/India/business_india.htm, February 8, 2004.
8. Fiske and Taylor. *Social Cognition.*
9. Dr. Zareen Karani Lam de Araoz. "When Cultures Collide: Professionals in Transition." www.siliconindia.com/startup/detail.asp, February 8, 2004.
10. R. Brislin, K. Cushner, C. Cherrie, and M. Young (1986). *Intercultural Interactions.* Beverly Hills, CA: Sage.
11. C. Storti (1990). *The Art of Crossing Cultures*. Yarmouth, ME: Intercultural Press.
12. G. Mandler (1975). *Mind and Emotion*. New York: John Wiley.
13. L. Berkowitz (1989). "Frustration-Aggression Hypothesis: A Reformation." *Psychological Bulletin*, 106: 59-73.
14. www.siliconindia.com/magazine/MayJune98mating.html에서 인용.
15. Guirdham. *Communicating across Culture.*
16. T.A. Chandler, D.D. Sharma, F.M. Wolf, and S.K. Planchard (1981). "Multiattributional Causality: A Study of Five Cross-National Samples." *Journal of Cross Cultural Psychology*, 12: 207-221.
17. R.M. Kramer and D.M. Messick (1998). "Getting by with a Little Help from our Enemies: Collective Paranoia and Its Role in Intergroup Relations." In C. Sedikides (Ed.) *Intergroup Cognition and Intergroup Behavior*, pp. 233-255. Mahwah, NJ: Lawrence Erlbaum Associates.
18. M. Williams (2001). "In Whom We Trust: Group Membership as an Affective Context for Trust Development." *Academy of Management Review*, 26, 377-396.
19. H.C. Triandis (1995). *Culture and Social Behavior.* New York: McGraw Hill.

20. H.C. Triandis (1995). *Culture and Social Behavior*. New York: McGraw Hill.
21. 위와 같음.
22. H.C. Triandis (1995). *Culture and Social Behavior*. New York: McGraw Hill.
23. E.T. Hall and M.R. Hall (1995). *Understanding Cultural Differences: Germans, French, and Americans*. Yarmouth, ME: Intercultural Press.
24. E.T. Hall and M.R. Hall (1995). *Understanding Cultural Differences: Germans, French, and Americans*. Yarmouth, ME: Intercultural Press. p.6.
25. R.M. Hodgetts and F. Luthans (2000). *International Management: Culture, Strategy, and Behavior.* New York: McGraw Hill.
26. A.M. Francesco and B.A. Gold (1998). *International Organizational Behavior.* Upper Saddle River, NJ: Prentice Hall.
27. Canadian International Development Agency (1994). "Working With An Indian Partner: A Cross Cultural Guide for Effective Working Relationships" P. Hobbs (2002). "The Complexity of India." *New Zealand Business*, November, pp. 12-13; R. Gopalakrishnan (2002). "If only India Knew what Indians Know." www.tata.com/tata_sons/articles/20020426_gopalkrishnan_2.htm
28. M. Jayashankar. "Building Outsourcing Bridge: Change Management Teams Help US Clients and Indian Films Understand how to Work Together." www.businessworldindia.com/june21,2004./indepth02.asp
29. Kramer and Messick. "Little Help from Our Enemies."
30. R. Gibson. "Intercultural Communication: A Passage to India." Interview with Sujata Bannerjee. www.business-spotlight.de/doc/13053?PHPSESSID, May 2003.
31. Araoz. "When Cultures Collide."
32. J.B.P.Sinha (2003)에서 인용. *Multinationals in India: Interface of Cultures.* New Delhi: Sage.
33. J.B.P.Sinha (2003), p. 144에서 인용. *Multinationals in India: Interface of Cultures*. New Delhi: Sage.
34. Hodgetts and Luthnas. *International Management.*
35. R. Cohen (1997). *Negotiating across Cultures: Communication Obstacles in International Diplomacy*. Washington, DC: United States Institute of Peace.
36. H.C. Triandis (1995). *Culture and Social Behavior* (p. 193). New York: McGraw Hill.
37. A. Perry. "An Eternally Faltering Flame: Despite Its Billion-Plus Population, India is Always an Also-Ran at the Olympics." www.time.com/asia/magazine.article/0,13673,501040823-682346,00.html, February 9, 2004.

38. Triandis. *Culture and Social Behavior.*

39. 위와 같음.

40. R. Fisher and W. Ury (1991). *Getting to Yes*. Boston: Houghton Mifflin.

41. J.B.P. Sinha (2003)에서 인용. *Tata Steel: Becoming World Class*. New Delhi: Sri Ram Center for Industrial Relations and Human Resources.

42. L. Beamer and I. Varner (2001). *Intercultural Communication in the Workplace.* New York: McGraw Hill.

43. L. Copeland and L. Griggs (1985). *Going International: How to Make Friends and Deal Effectively in the Global Marketplace*. New York: Random House.

44. R.R. Gesteland (1999). Cross *Cultural Business Behavior: Marketing, Negotiating, and Managing across Cultures.* Copenhagen: Copenhagen business School Press.

45. R.R. Gesteland (1999). *Cross Cultural Business Behavior: Marketing, Negotiating, and Managing across Cultures.* Copenhagen: Copenhagen business School Press, p. 71.

46. Canadian International Development Agency (1994). "Working with an Indian Partner: A Cross Cultural Guide for Effective Working Relationships," p.16.

47. A. Viswanathan. "Indian Companies are Adding Western Flavour." www.wipro.com/newroom/newstiem/newstory288.htm, July 28, 2004.

48. Jayashankar. "Building Outsourcing Bridges."

49. P. Jasrotia. "IT Pros Find it Harder to Work in Europe." www. expressitpeople.com 20011029/cover1.htm, October 29, 2001.

50. A. Ben Ze-ev (2000)에서 인용. *The Subtlety of Emotions*. Cambridge, MA: MIT Press.

51. Sinha. *Multinationals in India*, p. 139.

제 8 장 인도 정부와의 관계 유지 : 다국적 기업의 중대한 도전

1. R. Vernon (1971). *Sovereignty at Bay: The Multinational Spread of US Enterprise.* New York: Basic books.

2. 위와 같음.

3. S. Kobrin (1987). "Testing the Bargaining Hypothesis in the Manufacturing Sector in Developing Countries." *International Organization*, 41: 609:638.

4. R. Narula and J.H. Dunning (2000). "Industrial Development, Globalization, and Multinational Enterprises: New Realities for Developing Countries." *Oxford Development Studies*, 28: 141-167.

5. Y. Luo (2001). "Toward a Cooperative View of MNC–Host Government Relations: Building Blocks and Performance Implications." *Journal of International business Studies, 32 : 401–419 : R.Vernon (1998). In the Hurricane's Eye : The Troubled Prospects of 원서 : p.152 참조 Multinational Enterprises.* Cambridge, MA: Harvard University Press.

6. Y. Luo (2001). "Toward a Cooperative View of MNC–Host Government Relations: Building Blocks and Performance Implications." *Journal of International business Studies, Multinational Enterprises*. Cambridge, MA: Harvard University Press.

7. L.T. Wells. Jr. (1998). "Multinationals and Developing Countries." *Journal of International Business Studies*, 29: 101–114.

8. L. Eden, S. Lenway, and D.A. Schuler (2004). "From the Obsolescing Bargain to the Political Bargaining Model." 워크샵에서 발표한 보고서. "International Business and Government Relations in the 21st Century," Thunderbird, Phoenix, Arizona, January 5, 2004.

9. R. Ramamurti (2001). "The Obsolescing 'Bargain Model'? MNC–Host Developing Country Relations Revisited." *Journal of International Business Studies*, 32: 23–39.

10. D. Farrell, J.K. Remes, and H. Schulz (2004). "The Truth about Foreign Direct Investment in Emerging Markets." *McKinsey Quarterly*, March 1.

11. K.E. Meyer (2004). "Perspectives on Multinational Enterprises in Emerging Economies." *Journal of International Business Studies,* 35: 259–276.

12. 위와 같음.

13. L. Alfaro (2002). *Foreign Direct Investment*. Cambridge, MA: Harvard Business School Press.

14. 위와 같음.

15. M. Koenning–Archibugi (2004). "Transnational Corporations and Public Accountability." *Government and Opposition*, pp. 234–259.

16. R.E. Kennedy and R.D. Tella (2001). *Corruption in International Business (B)*. Cambridge, MA: Harvard Business School Press.

17. 위와 같음.

18. T.J. Palley (2002). "The Child labor Problem and the Need for International Labour Standards." *Journal of Economic Issues*, 36: 601–615.

19. Farrell, Remes, and Schulz. "Truth about Foreign Direct Investment."

20. 위와 같음.

21. M. Patibandla and B. Petersen (2002). "Role of Transnational Corporations in the Evolution of a High Tech Industry: The Case of India' s Software Industry." *World Development*, 30: 1561–1577.
22. I. Icarsson and C.G. Alvstam (2004). "International Technology Transfer to Local Suppliers by Volvo Trucks in India." *Tijdschrift voor Economische en Sociale Geografie*, 95: 27–43.
23. Wells. "Multinationals and Developing Countries," p.102.
24. D.J. Encarnation (1989). *Dislodging Multinationals: India's Strategy in Comparative Perspective*. Ithaca, NY: Cornell University Press.
25. D.J. Encarnation (1989). *Dislodging Multinationals: India's Strategy in Comparative Perspective*. Ithaca, NY: Cornell University Press, p. 181.
26. J.B.P. Sinha (2004). *Multinationals in India: Managing the Interface of Cultures*. New Delhi: Sage.
27. 위와 같음.
28. Encarnation. *Dislodging Multinationals.*
29. 위와 같음.
30. Sinha. *Multinationals in India*, p.20.
31. Sinha. *Multinationals in India*, p.21.
32. T.U-M. Nazki (2004). "Business Confidence for FDI in India." Hyderabad, India: ICFAI Business School Case Development Center.
33. A. Perry (2004)에서 인용. "An Eternally Faltering Flame: Despite its Billioin-Plus Population, India is always Also-Ran at the Olympics. August 16. www.time.com/asia/magazine/article/0
34. N. Bardhan and P. Patwardhan (2004). "Multinational Corporations and Public Relations in a Historically Resistant Host Culture." *Journal of Communication Management*, 8: 246-263.
35. R.H.K. Vietor and E.J. Thompson (2004)에서 인용. *India on the Move*. Cambridge, MA: Harvard Business School Press.
36. V.K. Rangan and A. McCaffrey (2004). *Stakeholder Analysis: Enron and the Dabhol Power Project in India.* Cambridge, MA: Harvard Business School Press.
37. 위와 같음.
38. V.K. Rangan and A. McCaffrey (2004). *Stakeholder Analysis: Enron and the Dabhol Power Project in India*. Cambridge, MA: Harvard Business School Press, p. 5.

39. R. Kumar, U.S. Rangan, and C. Rufin (2004). "Negotiating Complexity and Legitimacy in Independent Power Development." *Journal of World Business* (2005)에 실릴 원고.
40. P. Dittakavi (2003). "Coke and Pepsi in India: Pesticides in Carbonated Beverages." Hyderabad, ICFAI Knowledge Center.
41. P. Dittakavi (2003). "Coke and Pepsi in India: Pesticides in Carbonated Beverages." Hyderabad, ICFAI Knowledge Center.
42. 위와 같음.
43. G. Bhatia (2003). "Multinational corporations: Pro or Con?" *Outlook India,* October 29.
44. N. Assanie, Y.P. Woo, M.A. Jans, and J. Purves (2003). *Emerging India: Canadian Business Perceptions on Trade and Investment* (p.15). Vancouver: Asia Pacific Foundation of Canada.
45. R. Kumar (2000). "Confucian Pragmatism vs Brahmanical Idealism: Understanding the Divergent Roots of Indian and Chinese Economic Performance." *Journal of Asian Business,* 16: 49–69; B.S. Raghvan (2002). "Nettle that Nobody Grasps Bureaucratic Cobwebs Defy Brooms." *Businessline*. March 26.
46. G. Das (2002). *The Elephant Paradigm: India Wrestles With Change.* (p.62) New Delhi: Penguin Books.
47. E. Luce (2004). "India's Tragic Comedy of Civil Disservice." *Financial Times,* November 10, p.13.
48. DAs. *The Elephant Paradigm.*
49. C. Rufin, U.S. Rangan, and R. Kumar (2003). "The Changing Role of the Electricity Industry in India, China, Brazil: Differences and Explanations." *American Journal of Economic and Sociology*, 62: 649 675.
50. Assanie, Woo, Jans, and Purves, *Emerging India*에서 인용.
51. R. E. Kenndy and R.D. Tella (2001). *Corruption in International Business* (A). Cambridge, MA: Harvard Business School Press.
52. K. Elliott. "Corruption as an International Policy Problem: Overview and Recommendations." In K. Elliot (Ed.) *Corruption and the Global Economy.* Washington DC: Institute of International Economics.
53. Kennedy and Tella. *Corruption in International Business (A).*
54. P.Eigen (2002). "Multinationals Bribery goes Unpunished." *International Herald Tribune,* November 12.

55. J.P. Doh, P. Rodriguez, K. Uhlenbruck, J. Collins, and L. Eden (2003). "Coping with Corruption in Foreign Markets." *Academy of Management Executive,* 17: 114–127.
56. 위와 같음.
57. M. Habib and L. Zurawicki (2002). "Corruption and Foreign Direct Investment." *Journal of International Business Studies*, 33: 291–307.
58. Doh, Rodriguez, Uhlenbruck, Collins, and Eden. "Coping with Corruption."
59. Doh, Rodriguez, Uhlenbruck, Collins, and Eden. "Coping with Corruption.", p. 118.
60. www.transparency.org/cpi/2003/cpi2003/en.html
61. K.K. Tummala (2002). "Corruption in India: Control Measures and Consequences." *Asian Journal of Political Science*, 10: 43069 (p.51).
62. 위와 같음.
63. Doh, Rodriguez, Uhlenbruck, Collins, and Eden. "Coping with Corruption."
64. J.E. Campos, D. Lien, and S. Pradhan (1999). "The Impact of Corruption On Investment: Predictability Matters." *World Development*, 27: 1059–1067.
65. A. Karnani (1996). *Competing for the Local Market: Local Firms vs MNCs.* New Delhi: Indian Institute of Foreign Trade.
66. "Should 'press note 18' be scrapped?" www.rediff.com/money/2003/apr/09debate.htm
67. "Disinvest mantris: The best way to PSU reform is to say 'No minister." //timesofindia.indiatimes.com/articleshow/858772cms
68. 위와 같음
69. A. Jethmalani. "Travalis of joint ventures." www.economictimes.indiatimes.com/articlesshow/msid-863830 September 26, 2004.
70. T. Kostova and S. Zaheer (1999). "Organizational Legitimacy under Conditions of Complexity: The Case of the Multinational Enterprise." *Academy of Management Review*, 24: 64081.
71. R. Kumar (2004). "Interpretative Performance and the Management of Legitimacy in Emerging Market Economies: Lessons from India." *Business and Society Review*, 109:363–388.
72. Bardhan and Patwardhan. "Multinational corporations."
73. 위와 같음.
74. D. Dunn and K. Yamashita (2003). "Microcapitalism and the Megacorporation." *Harvard Business Review*, August: 1–9.

75. D. Dunn and K. Yamashita (2003). "Microcapitalism and the Megacorporation." *Harvard Business Review*, August: 1–9, p. 1.
76. C.K. Prahalad and K. Lieberthal (1998). "The end of corporate imperialism." *Harvard Business Review,* July–August: 69–79.
77. 위와 같음
78. C.K. Prahalad and A. Hammond (2002). "Serving the world's Poor, Profitably." *Harvard Business Review*, September 4–11, 80:9.
79. E. Szwajkowski (2000). "Simplifying the Principles of Stakeholder Management: The Three Most Important Principles." *Business and Society*, 39: 379–396.
80. M. Yaziji (2004). "Turning Gadflies into Allies." *Harvard Business Review*. February: 1–8.
81. P. Ghandikota (2002). When "Power Failures" Undermine International Business Negotiations: A Negotiation Analysis of the Dabhol Power Project. Mald Thesis, Boston, MA: Fletcher School of Law and Diplomacy.
82. Ghandikota에서 인용. "Power Failures' Undermine."
83. 위와 같음.

제 9 장 인도에서 협상과 문제해결

이 장의 표어들은 Henry Ford. Cited in G.R. Shell (1999). *Bargaining for Advantage: Negotiation Strategies for Reasonable People*, p. 76. New York: Penguin; cited in W. Mastenbroek (1999). "Negotiating as Emotion Management," p. 49. *Theory, Culture, and Society*, 16: 49–73; C. Wilhelm (2002). "Part 3: Doing Business in India." *Asia Times,* February 20; M. Kammeyer (2001). The other customs barrier. *Export America*, April, pp. 32–33; Comment of a Danish manager. Cited in M. Hughes (2002). *A Theoretical and Empirical Analysis of Chinese and Indian Negotiating Behavior.* 출판되지 않은 석사 논문, Aathus Scholl of Business, Denmark; 저자의 덴마크 출신 매니저와의 인터뷰에서 가져왔다.

1. N.J. Adler (2002). *International Dimensions of Organizational Behavior*, p. 210. Cincinnati, OH: Southwestern Publishing Company.
2. L. Copeland and L. Griggs (1985). *Going International: How to Make Friends and Deal Effectively in the Global Market Place*. New York: Random House.
3. M. Watkins (1999). "Negotiating in a Complex World." *Negotiation Journal*, July, pp. 245–270; S. Weiss (1993). "Analysis of Complex Negotiations in International Business: The RBC perspective." *Organization Science*, 4:269–300.

4. D.A. Lax and J.K. Sebenius (1986). *The Manager as a Negotiator.* New York: Free Press.
5. M. Watkins (1999). "Negotiating in a Complex World," p. 250.
6. 위와 같음.
7. 위와 같음.
8. J.K. Sebenius (2002). "The Hidden Challenge of Cross Border Negotiations." *Harvard Business Review*, March: 76–85.
9. J.W. Salacuse (2003). *The Global Negotiator. Making, Managing, and Neding Deals around the World in the Twenty-First Century.* New York: Palgrave-Macmillan; J.M. Brett, W. Adair, A. Lempereur, T. Okumura, P. Shikhirev, C. Tinsley, and A. Lyttle (1998). "Culture and Joint Gains in Negotiation." *Negotiation Journal*, January: 61–85; J.L. Graham and N.M. Lam (2003). *The Chinese Negotiation*, October 1, 2003. R. Kumar (1999). "A Script Theoretical Analysis of International Negotiating Behavior." In R.J. Bies, R.J. Lewicki, and B.H. Sheppard (Eds.) *Research on Negotiation in Organizations*, Vol. 7, (pp. 285–311). CT: JAI Press.
10. Kumar. "Script Theoretical Analysis."
11. J.L. Graham and Y. Sano (1984). *Smart Bargaining: Doing Business with the Japanese.* New York: Harper Business.
12. J.M. Brett (2000). "Culture and Negotiation." *International Journal of Psychology,* 35: 97–104.
13. E.S. Glenn, D. Witmeyer, and K.A. Stevensen (1997). "Cultural Styles of Persuasion." *International Journal of Intercultural Relations*, 1: 52–66; Adler. *International Dimensions.*
14. J.W. Salacuse (2003). *The Global Negotiator,* J.M. Brett et al. (1998), "Cultural and Joint Gains in Negotiation," R. Kumar (1999), "A Script Theoretical Analysis."
15. Kumar. "Script Theoretical Analysis."
16. M.K. Kozan (1997). "Culture and Conflict Management. A Theoretical Framework." *International Journal of Conflict Management,* 8: 338–360.
17. R. Brislin, K. Cushner, C. Cherrie, and M. Young (1986). *Intercultural Interactions: A Practical Guide.* Newbury Park, CA: Sage.
18. R. Kumar (1999). "Communicative Conflict in Intercultural Negotiations: The Case of America and Japanese Business Negotiations." *International Negotiation Journal,* 4: 63–78

19. R. Kumar (2004). "Brahmanical Idealism, Anarchical Individualism, and the Dynamics of Indian Negotiating Behavior." *International Journal of Cross Cultural Management*, 4: 39–58.
20. 위와 같음.
21. R. Cohen (1997). *Negotiating across Cultures: Communication Obstacles in International Diplomacy*. Washington, DC: United States Institute of Peace Press.
22. 덴마크 출신 매니저의 말. Hughes. *Chinese and Indian Negotiating Behavior*에서 인용.
23. C. Rufin, U.S. Rangan, and R. Kumar (2003). "The Changing Role of the State in the Electricity Industry in India, China, & Brazil: Differences and Explanations." *American Journal of Economics and Sociology*, 62: 649–675.
24. A.C. Filley (1975). *Interpersonal Conflict Resolution*. Glenview, IL: Scott Foresman.
25. J.Z. Rubin, D.G. Pruitt, and S.H. Kim (1994). *Social Conflict: Escalation, Stalemate, and Settlement.* New York: McGraw Hill.
26. R. Kumar and V. Worm (2005). "Institutional Dynamics and the Negotiation Process: Comparing India and China." *International Journal of Conflict Management*에 실릴 예정.
27. C. Wilhelm (2002). "Part 3. Doing Business in India." *Asia Times*, February 20.
28. J. Brockner and B.M. Wiesenfield (1996). "An Integrative Framework, for Explaining Reaction to Decisions." *Psychological Bulletin*, 120: 189–211.
29. M. Deutsch (1975). "Equity, Equality, and Need: What Determines Which Value Will be Used as a Basis for Distributive Justice?" *Journal of Social Issues*, 31: 137–149.
30. R. Pillai, E.S. Williams, and J.J. Tan (2001). "Are the Scales Tipped in Favor of Procedural or Distributive Justice? ′An investigation of, the US, India, Germany, and Hong Kong." *International Journal of Conflict Management*, 12: 312–332.
31. J.B.P Sinha and R.N. Kanungo (1997). "Context Sensitivity and Balancing in Indian Organizational Behavior." *International Journal of Psychology*, 32: 92–105.
32. R. Kumar (1996). "Order Amid Chaos: Doing Business in India." *Asian Wall Street Journal*, May 23: 23.
33. R. Kumar (2005). "Contracts and the Dynamics of Exchange Relationships in India." In R. Ajami, C.E. Arrington, F. Mitchell, and H. Norreklit (Eds.) *Globalization, Management Control, and Ideology* (pp. 99–111). Copenhagen: Djof Publishing.

인도 비즈니스 문화의 이해

DOING BUSINESS IN INDIA

2008년 12월 6일 초판 인쇄
2008년 12월 17일 초판 발행

지은이 라제쉬 쿠마르 · 아난드 쿠마르 세티
옮긴이 최동주 · 김희원
펴낸이 한민희
펴낸곳 삼성북스
책임편집 박신유 ‖ **표지그림** 최수정

등록번호 제6-0024호 ‖ **등록일자** 1979. 8. 4
주소 서울특별시 동대문구 회기동 60-99 (우130-872)
Tel (대)02-966-0845, 02-966-7188
Fax 02-966-6280
E-mail sspub@unitel.co.kr

ISBN 978-89-91502-57-4 03320
값 15,000원